UNI-WISSEN

Udo Friedrich/Martin Huber/Ulrich Schmitz

Orientierungskurs
Germanistik

Klett Lerntraining

Bibliografische Information der Deutschen Nationalbibliothek
Die Deutsche Nationalbibliothek verzeichnet diese Publikation in der Deutschen
Nationalbibliografie; detaillierte bibliografische Daten sind im Internet
über http://dnb.d-nb.de abrufbar.

Auflage 4 3 2 1 | 2017 2016 2015 2014
Die letzten Zahlen bezeichnen jeweils die Auflage und das Jahr des Druckes.
Dieses Werk folgt der reformierten Rechtschreibung und Zeichensetzung. Ausnahmen
bilden Texte, bei denen künstlerische, philologische oder lizenzrechtliche oder andere
Gründe einer Änderung entgegenstehen.
Das Werk und seine Teile sind urheberrechtlich geschützt. Jede Nutzung in anderen als
den gesetzlich zugelassenen Fällen bedarf der vorherigen schriftlichen Einwilligung
des Verlages. Hinweis zu § 52a UrhG: Weder das Werk noch seine Teile dürfen ohne
eine solche Einwilligung eingescannt und in ein Netzwerk eingestellt werden. Dies gilt
auch für Intranets von Schulen und sonstigen Bildungseinrichtungen.
Fotomechanische Wiedergabe nur mit Genehmigung des Verlages.

© Klett Lerntraining, c/o PONS GmbH, Stuttgart 2014. Alle Rechte vorbehalten.
www.klett.de/uniwissen
Redaktion: Manfred Ott
Umschlaggestaltung: Sabine Kaufmann, Stuttgart
Satz: Kassler Grafik-Design, Leipzig
Druck: AZ Druck und Datentechnik GmbH, Kempten
Printed in Germany
ISBN 978-3-12-939024-5

Inhalt

1 Einleitung: Verstehen — 6

2 Zeichen – Regeln – Ordnung — 10

   1 Zeichen — 10
   2 Regeln — 12
   3 Strukturen — 16
   4 Sprache als historische Zeichenordnung — 26
   5 Die Sprache der Dinge — 29
   6 Die Sprache der Gesten — 32
   7 Literarische Zeichen — 33
   8 Komplexe Zeichensysteme der Moderne — 36

3 Performanz — 43

   1 Sprache in Aktion — 43
   2 Sprechen als Handeln — 46
   3 Kulturelle Performanz — 49
   4 Textuelle Performanz — 51
   5 Poetik der Performanz — 53
   6 Theater — 56
   7 Theater als soziales Handeln — 57
   8 Theaterpraxis um 1800 — 58
   9 Elemente der Dramenanalyse — 59
   10 Literatur und Performanz — 61

4 Medialität — 63

   1 Medialität und Sprache — 63
   2 Medialität und Literatur — 66
   3 Mündlichkeit – Schriftlichkeit — 68
   4 Text und Bild — 70
   5 Medialität und Literarizität — 71
   6 Buchdruck — 73
   7 Medienrevolution und Literatur — 75
   8 Inszenierte Mündlichkeit — 77
   9 Medien in der Literatur — 77
   10 Massenmedien und Internet — 80

5 Textualität — 82

1. Was ist ein Text? — 82
2. Textualität — 86
3. Etymologie — 88
4. Text und Ordnung (Textkohärenz) — 89
5. Textsorten – Gattungen — 91
6. Textphilologie und Hermeneutik – Historisches Textverstehen — 96
7. Kontext – Intertextualität – Kultur als Text — 103

6 Erzählen — 106

1. Anthropologie des Erzählens — 106
2. Erzählen im Alltag — 107
3. Erzählen und Ordnung — 109
4. Modalitäten des literarischen Erzählens — 115
5. Erzählen in der Moderne — 117
6. Fiktionales Erzählen/Fiktionalitätsprobleme — 122
7. Kultur und ihre Narrative — 125

7 Rhetorik – Poetik – Ästhetik — 128

1. Rhetorik, Poetik, Ästhetik entdecken — 128
2. Rhetorik: Metrik – Topik — 128
3. Dichtung als Poetik und Ästhetik — 132
4. Poetik und Ästhetik der Moderne — 137
5. Rhetorik, Poetik und Ästhetik im Alltag — 146

8 Ausblick: Kontexte — 149

1. Politik — 149
2. Institutionen — 150

Anhang — 152

1. Quellentexte — 152
2. Forschungsliteratur — 152
3. Weiterführende Literatur — 156
4. Internetressourcen — 156
5. Glossar — 157

Vorwort

Dieses Buch in der Reihe UNI-WISSEN Germanistik gibt einen ersten Einblick in die Welt der Germanistik. Weniger einzelne Fakten, sondern vielmehr funktional eingeordnetes Verständnis wollen wir vermitteln: Zusammenhänge, die das Wissen der Disziplin bilden. Das Buch richtet sich an Abiturientinnen und Abiturienten, Studienanfänger im ersten Semester und alle, die sich über die Inhalte eines Germanistikstudiums informieren wollen. Das Fach Germanistik ist so reich und vielfältig, dass rund 170 Seiten keinen auch nur annähernd vollständigen Überblick liefern können. Den müssen Sie sich in Ihrem Studium nach und nach erst erarbeiten. Aber wir können Ihnen auf dem Weg dahin helfen. Wenn Sie dieses Buch gelesen haben, wissen Sie schon recht gut, worum es in der Germanistik geht, welche Fragestellungen und Probleme auf Sie warten und wie alles mit allem zusammenhängt. Sie können dann entscheiden, was Sie interessiert, und beurteilen, was die verschiedenen Studiengänge und -angebote von Ihnen verlangen. Je tiefer Sie später einsteigen, desto differenzierter werden Sie die Dinge sehen. Und wenn Sie zwischendurch mal verloren gehen sollten im Dickicht der Wissenschaft, ziehen Sie dieses Buch wieder hervor und finden heraus, an welcher Stelle der germanistischen Landkarte, die es Ihnen in großem Maßstab zur Hand gibt, Sie sich gerade befinden.

Sie interessieren sich bereits für Sprache und Literatur. Wir möchten Ihnen mit diesem Band Lust auf eine differenzierte Erforschung des Kosmos von Sprache und Literatur machen, wie sie nur ein Studium der Germanistik bieten kann. Nehmen Sie zusammen mit uns die intellektuelle Herausforderung an!

Udo Friedrich/Martin Huber/Ulrich Schmitz
September 2008

1 Einleitung: Verstehen

Svenja sagt: „Wir verstehen uns, nicht wahr?" Tom entgegnet: „Nein, ich verstehe dich nicht." Solche Ereignisse hat jeder tausendfach erlebt oder wahrgenommen, am eigenen Leibe, durch Erzählungen, im Fernsehen, in Büchern – jeweils mit unterschiedlichsten Personen, Rollen, in allen möglichen und unmöglichen Lagen unter den unterschiedlichsten Umständen, heute und früher. Menschen kommunizieren miteinander und bemühen sich um wechselseitige Verständigung, in ein und derselben Situation oder über große Entfernungen oder Zeiträume hinweg. Unser Glück und Wohlbefinden hängen davon ab, wie gut das jeweils gelingt.

Verstehen als Thema

Das ist das Grundproblem der Germanistik, ihr Thema am Beispiel der deutschen Sprache und Literatur. Im Alltag unterstellen wir meist, dass wir uns, jedenfalls auf einer banalen Ebene, ohne weiteres verstehen. Wenn ich am Postschalter 10 Briefmarken zu 55 Cent kaufe, bekomme ich sie auch. Wieso eigentlich? (In der Sparkasse oder in einem anderen Land würde ich für die gleichen Worte verständnislos angestarrt.) Wieso funktioniert alltägliche Kommunikation einigermaßen selbstverständlich? Wann, wie und warum gelingt sie nur teilweise oder gar nicht mehr? Unter welchen Umständen bemerken wir Missverständnisse, und wie gehen wir damit um? Wie sieht es bei Telefonaten aus, E-Mails, Chat? Bei Liebeserklärungen, wissenschaftlichen Aufsätzen, Gebrauchsanweisungen? Bei der Lektüre von Gedichten? Romanen aus dem 19. Jahrhundert? Mittelalterlichen Handschriften?

Neugierde und Wissenschaft

Was von allein zu funktionieren scheint, wird von Wissenschaftlern durchleuchtet und kritisch hinterfragt. Das ist in Natur- und Sozialwissenschaften so, aber auch in Sprach- und Literaturwissenschaften. Warum? Diese kindliche Frage ist der Motor von Wissenschaft überhaupt. Neugierig schaut man hinter die Kulissen: Was läuft da ab? Wieso? Könnte das auch anders gehen? Kann man davon etwas abgucken oder verbessern?

Wissenschaft sieht mehr

Im Alltag unterstellt man normalerweise, dass wir einander verstehen. Das ist auch sehr praktisch, denn wenn wir das dauernd in Frage stellten, würden wir einander ständig blockieren und kämen keinen Schritt weiter. Wissenschaft hat aber das Privileg und die Aufgabe, tiefer zu blicken und mehr zu sehen. In ihrem Denken und Tun setzt sie die alltäglichen Routinen vorübergehend außer Kraft und betrachtet sie unter ungewohnten Gesichtspunkten, damit man dahinter kommt und es vielleicht besser machen kann. Wissenschaft ist ein Fest, das den Alltag beflügelt. Freuen Sie sich auf die Lust Ihres Studiums!

Sprach- und Literaturwissenschaft also gehen ganz im Gegensatz zu den Gewohnheiten des Alltags davon aus, *daß sich das Mißverstehen von selbst ergibt und das Verstehen auf jedem Punkt muß gewollt und gesucht werden.* So formulierte es FRIEDRICH SCHLEIERMACHER schon im Jahre 1838 (SCHLEIERMACHER 1977, 92). Können wir seinen Text heute verstehen? Wie gut, wie genau, wieso überhaupt und mit welchen Mitteln? Germanistik beschäftigt sich mit der Möglichkeit und Wirklichkeit von Verstehen und Missverstehen. Nicht mehr und nicht weniger. Und das ist ziemlich viel. Während Sie dieses Buch lesen (und es zu verstehen suchen!), werden Sie merken, dass dieses vielleicht unscheinbare Thema es (was?) in sich hat. Es ist ein weites Feld, unsere halbe Kultur.

Germanistinnen und Germanisten, das wissen Sie nun schon, sind Fachleute für wechselseitige Verständigung, also für Sprechen und Zuhören, Schreiben und Lesen. Man kann es auch komplizierter ausdrücken: Experten für Sprach- und Textproduktion, Sprach- und Textverstehen sowie deren mediale Vermittlung. Mit dem Studium der Germanistik können und sollen auch Sie solche Fachleute werden. Das qualifiziert Sie dann für Berufe, in denen es professionell um Verstehen von (deutscher) Sprache und Literatur geht: in Schule und Hochschule, Erwachsenenbildung, Verlagen, Presse und anderen alten und neuen Medien, PR- und Kommunikationsabteilungen anderer Firmen im In- und Ausland und überall dort, wo professionell gesprochen und geschrieben wird.

Experten für Verständigung

Im Germanistikstudium erarbeiten Sie sich systematisches und historisches Wissen rund um die deutsche Sprache und Literatur und deren Vermittlung; und Sie entwickeln, pflegen und fördern ein reflektiertes Sprachbewusstsein, das Ihnen erlaubt, Sprache und Literatur mit anderen Augen zu sehen und folglich sorgfältiger und effektiver damit umzugehen, als Nichtprofis das können.

Das Germanistikstudium

Die verschiedenen Teilbereiche der Germanistik setzen unterschiedliche Schwerpunkte.
1. Im sprachwissenschaftlichen Zweig geht es um Sprachsystem und Sprachgebrauch (vornehmlich der Gegenwart, doch unter Berücksichtigung der Sprachgeschichte).
2. Die Literaturwissenschaft kümmert sich um ästhetisch geformte sprachliche Erzeugnisse (Lyrik, Drama, Prosa) und ihre Entstehungs- und Wirkungsbedingungen.

Die drei Teilfächer

Kapitel 1 Einleitung: Verstehen

3. Die germanistische Mediävistik liefert für beide Seiten ein historisches Kontrastwissen über das Mittelalter, das die geschichtliche Bedingtheit auch aller späteren Epochen einschließlich unserer Gegenwart verdeutlicht.

Ziel des Orientierungskurses

Eine solche Einführung in die Germanistik kann nur einen ersten Einblick bieten und gewiss keinen Gesamtüberblick. Es ist aber das erklärte Ziel dieses Bandes, das Fach Germanistik so darzustellen, dass die drei Teilfächer Linguistik, Literaturwissenschaft und Mediävistik über sechs Kernthemen miteinander verbunden werden. Damit soll sichtbar gemacht werden, dass bei aller Differenzierung der Teilfächer auch analoge Fragestellungen und Verfahren existieren, die zwar ihre je fachspezifischen Ausprägungen besitzen, die aber vielfach voneinander profitieren. Zwar hat jedes Teilfach seine eigene Systematik und Geschichte, doch gibt es auch zahlreiche Verknüpfungen und Überschneidungen. Die Vernetzung in diesem Band soll helfen, über die Präsentation von Kernthemen und historischen Grundlinien das Gesamtverständnis des Faches zu fördern.

Der systematische Anspruch

Systematische Kategorien wie Zeichen, Performanz, Medialität, Textualität, Erzählen, Rhetorik und Ästhetik betreffen eminent sowohl den Umgang mit Sprache als auch mit Literatur und verorten die Germanistik zugleich im Spannungsfeld von Tradition und Aktualität. So werden aktuelle systematische Forschungsfelder vorgestellt und zugleich in ihrer historischen Genese entfaltet. Die Akzentuierung der systematischen Ebene des Bandes und der einzelnen Kapitel fällt notgedrungen zu Lasten des historischen Überblicks aus, den Einführungen traditionell bieten. Vieles konnte daher hier nicht aufgenommen oder nur angedeutet werden. Detaillierte Autorenportraits etwa, Gattungsgeschichte, Epochenproblematik und viele linguistische Einzelthemen mussten zugunsten der exemplarischen Skizzierung großer Linien in den Hintergrund treten. Textbeispiele sind auf wenige, klassische Beispiele beschränkt. Nicht einmal konnten alle aktuellen Felder gleichmäßig berücksichtigt werden, denkt man etwa an Sozialgeschichte, Diskursanalyse, Genderforschung oder Literaturtheorie. Solche komplexen Felder müssen einem späteren Band vorbehalten werden. Diese Einführung vermittelt daher weniger stoffliches als vielmehr das methodische Grundlagenwissen, Verbund- und Reflexionswissen, das jede und jeder braucht, die oder der erfolgreich Germanistik studieren möchte.

Die folgenden sechs Kapitel bilden eine Art Homepage Ihrer persönlichen Germanistik in Buchform, in die Sie sich während Ihres Studiums immer tiefer hineinklicken. Damit Sie die Übersicht nicht verlieren, ist am Ende des Bandes ein **Glossar** beigefügt. Hier können Sie Begriffe und Definitionen jederzeit nachschauen, wenn Sie deren Bedeutung nicht mehr genau erinnern, etwa was eine Abbrevatio, parole oder ein Zauberspruch ist. Am Ende jedes Kapitels finden Sie zudem jeweils **Fragen**, die Ihrer Lernkontrolle dienen. Wenn Sie diese beantworten können, wissen Sie, dass Sie das Kapitel verstanden haben. Unsere Aufgabe sehen wir darin, Ihnen die Germanistik in großen Zügen verständlich zu machen. Ihre Aufgabe ist es, das alles irgendwie zu verstehen.

Eine Art Homepage für das Germanistikstudium

2 Zeichen – Regeln – Ordnung

1 Zeichen

Beispiel

In FRANCIS FORD COPPOLAS Verfilmung von MARIO PUZOS Roman *Der Pate* (1972) wird eine kugelsichere Flak-Jacke, in die ein toter Fisch eingewickelt ist, bei der Corleone-Familie abgegeben. Clemenza, einer der Empfänger, bemerkt: „*Das ist eine sizilianische Nachricht. Sie bedeutet, dass Luca Brasi bei den Fischen liegt."* (Im englischen Original heißt es „*sleeps with the fishes"* – also ermordet wurde). Wie ist es möglich, dass tote Gegenstände etwas ganz anderes bedeuten als sie selbst sind?

Was ist ein Zeichen?

Dazu braucht es mindestens zwei Kommunikationspartner mit einer irgendwie gemeinsamen Geschichte, also einem gemeinsamen Hintergrund, vor dem das aktuell Gemeinte zu verstehen gegeben werden kann. Im Film steckt die Familie, die Luca Brasi hat strangulieren lassen, einen toten Fisch in dessen Jacke und kann davon ausgehen, dass die Gegenseite die Anspielung verstehen wird. Ein Gegenstand wird verwendet, um eine bestimmte Botschaft zu vermitteln. In genau dieser Form geht das nur einmal, in dieser konkreten Situation. Wenn es gelänge, aus solchen ad hoc erfundenen Zeichen allgemeiner geltende Zeichen zu entwickeln, die unabhängig von einer speziellen Konstellation funktionieren, dann wäre Kommunikation allgemein möglich, auch jenseits von einzelnen Fällen und über persönliche, zeitliche und räumliche Entfernungen hinweg.

Das bilaterale Zeichenmodell

Eben das ist Menschen gelungen. Im Laufe ihrer langen Geschichte haben sie ganze Universen von Zeichen erfunden – so viele, dass manchmal behauptet wird, wir deuteten alles als Zeichen, und auch die Wissenschaften seien nichts anderes als hoch entwickelte Künste zur Konstruktion und Deutung von Zeichen (sei es der Natur, sei es der Gesellschaft). Zeichen ist alles, das für anderes steht als sich selbst. Wenn jemand einen Ausdruck als Inhalt versteht, gibt oder liest er ein Zeichen.

1 Zeichen

lateinisch	deutsch	Beispiel	Semantik	Linguistik	Sprachbeispiel
Aliquid stat pro aliquo	Etwas steht für Anderes	gespreizte Finger „Sieg!"	Bedeutendes Bedeutetes	Ausdruck Inhalt	„Ich liebe dich!" [Wortlaut] [Nun ja: was man darunter versteht]

Das bilaterale Zeichenmodell

Davon gibt es drei Arten.
1. Ikonische Zeichen (wie realistische Fotos und Abbildungen) sind dem, was sie zeigen, strukturell ähnlich.
2. Indexikalische Zeichen (wie ein pfeifender Teekessel, der anzeigt, dass Wasser kocht) stehen in einem ursächlichen Zusammenhang mit dem, was sie anzeigen.
3. Symbolische Zeichen (wie das Vorfahrt-achten-Schild in der Nebenstraße) hingegen erhalten ihre Bedeutung durch konventionelle Zuschreibung.

Drei Arten von Zeichen

Der tote Fisch in der Jacke hat von allen drei Zeichenarten etwas, und das macht die Botschaft in diesem Falle leichter zu durchschauen. In gewisser Hinsicht ist der Fisch in der Jacke, so makaber das wirkt, dem ermordeten Luca Brasi ähnlich (ikonisch); gerade darin steckt eine zusätzliche Beleidigung. Die Jacke selbst weist keine Schusslöcher auf; der Empfänger kann also schließen, dass ihr Inhaber nicht erschossen, sondern auf andere Art umgebracht wurde (indexikalisch). Beides zusammen reicht aber nicht zur Entzifferung der Botschaft aus. (Es brauchte sich ja überhaupt nicht um ein Zeichen zu handeln, sondern lediglich um einen ebenso geschmack- wie bedeutungslosen schlechten Scherz.) Der Absender geht vielmehr zu Recht davon aus, dass der ihm bekannte Empfänger in derartige „sizilianische" Gepflogenheiten der Kommunikation eingeweiht ist (symbolisch).

Name	Verhältnis zwischen Ausdruck und Inhalt	Beispiel
Ikon	strukturell ähnlich	Porträt ähnelt dem Vorbild
Index	ursächlich aufeinander bezogen	Schmerz zeigt Krankheit an
Symbol	konventionell geregelt	Wörter bezeichnen Vorstellungen

Die drei Arten von Zeichen

Kapitel 2   Zeichen – Regeln – Ordnung

Menschliche Kommunikation

Menschliche Sprache operiert mit symbolischen Zeichen. Sprachliche Zeichen, zum Beispiel das Wort *Nachricht*, sind dem, was sie bezeichnen, weder strukturell ähnlich noch ursächlich verbunden. Wir verstehen sie nur deshalb, weil wir gemeinsam gewohnt sind, diesem bestimmten Ausdruck praktischerweise einen mehr oder weniger bestimmten Inhalt zuzuordnen. Clemenzas Hinweis *„Das ist eine sizilianische Nachricht"* verbindet sprachliche Zeichen, die innerhalb einer Sprachgemeinschaft durch stillschweigende Übereinkunft (Konvention) allgemein anerkannt werden, zu einem Zeichenkomplex, der eben aufgrund solcher Übereinkunft dechiffriert, also verstanden werden kann, weil Sender und Empfänger sozusagen über den gleichen Schlüssel verfügen. Wer Deutsch beherrscht, hat diesen Code per Spracherwerb gelernt.

Syntax, Semantik, Pragmatik

So gesehen ist das, was wir deutsche Sprache nennen, eine Menge von Zeichen und Regeln zur Benutzung dieser Zeichen, welche die Sprecherinnen und Sprecher des Deutschen im Laufe ihrer Kommunikationsgeschichte erarbeitet und sozusagen stillschweigend vereinbart haben, um sich untereinander verständigen zu können. Germanistik untersucht, wie sie das tun. Dabei kümmert sie sich auch um die dreierlei Beziehungen, in denen jedes Zeichen steht:
- zu anderen Zeichen (syntaktisch),
- zu dem, was sie bedeuten (semantisch), und
- zu Zeichenbenutzern, die sie verwenden (pragmatisch).

Name	Beziehung des Zeichens	Beispiel
syntaktisch	zu anderen Zeichen	„Wir"<->„protestieren" [beachte den Plural]
semantisch	zum Inhalt	[die Beziehung zwischen Ausdruck und Inhalt]
pragmatisch	zu Sprechern und Hörern	[z.B. Entschlossenheit, Ironie, Aufforderung]

Die drei Relationen von Zeichen

2   Regeln

Was ist Germanistik?

Germanistik ist die Wissenschaft von der deutschen Sprache und Literatur. Das ist ein weites Feld. Ungefähr hundert Millionen Menschen verkehren täglich in deutscher Sprache. Sie regeln damit ihr gesellschaftliches Zusammenleben, sie drücken sich aus, wollen verstanden werden und Mitmenschen beeinflussen. Sie tun das in

Wort und Schrift, in unterschiedlichsten Gesprächs- bzw. Textsorten, Kommunikationsformen und Medien. Und viele von ihnen erfreuen sich daran, dass mit sprachlichen Mitteln Kunstwerke geschaffen wurden und werden: Sie lesen, hören und schreiben Gedichte, Erzählungen, Romane, gehen ins Theater, schauen Filme an oder hören Lieder.

„Hi Svenja, mein Rechner is grad kaputt – kannze mir ma das Lied da downloaden?" Das ist so ein Beispiel. Zwei Menschen in einer Situation. Einer hat ein Problem und bittet den anderen um Hilfe. Ohne Sprache geht das nicht – oder sagen wir: nur mit unendlich viel mehr Aufwand an Mühe, Zeit und Nerven. Nehmen wir an, Svenja sei guter Laune und begänne zu rappen: *„Kannze mirma, kannze mirma, kannze mirma das Lied da da da da da da downloaden?"* Schon wäre der banale alltägliche Text sprachspielerisch ästhetisiert, und wir befänden uns auf dem Weg zu „schöner" Literatur.

Sprechen kann jeder, und Literatur lesen und ein bisschen machen eigentlich auch. Wozu braucht man da Wissenschaft? Wissenschaft sammelt, systematisiert und erzeugt Wissen. Sie dient der nachprüfbar kontrollierten Verarbeitung unserer Erfahrung mit der Welt. Wissenschaftler artikulieren gezielte Erfahrungen im Umgang mit der Welt, sammeln und ordnen sie, machen sie bewusst, allgemein zugänglich und vielleicht wiederholbar; und sie bemühen sich, sie zu verstehen und für praktisches Handeln verfügbar zu machen. Auf diese Weise entstehen neues Wissen und ein neuer Zugang zur Wirklichkeit, der uns ohne Wissenschaft verborgen bliebe. Die Welt hat nicht auf die Wissenschaft gewartet. Sie funktioniert auch so. Doch mit Wissenschaft kommen wir ihrer Funktionsweise auf die Spur und können sie besser beeinflussen. Fraglos gilt das für Physik, Chemie, Biologie, Medizin und wohl auch für Mathematik, Psychologie, Soziologie und manch andere Wissenschaften. Aber für ganz banale Alltagsverrichtungen wie sprachliche Kommunikation? Und für so einzigartige Kunstwerke wie GOETHES *Faust* oder CELANS *Todesfuge*?

Wozu Wissenschaft?

Betrachten wir unsere banale Alltagsszene. In Wirklichkeit kommt diese Äußerung außer in diesem Lehrbuch natürlich nirgendwo so vor. In der konkreten Situation wurde sie ja nicht geschrieben, sondern gesprochen. Tom hat mit seinen Sprechwerkzeugen Schallwellen so geformt, dass Svenja, weil sie Deutsch kann, deren Gestalt erkennt und versteht, was er meint. So ist das immer bei Zei-

Kommunikation im Alltag

Kapitel 2   Zeichen – Regeln – Ordnung

chen, auch bei nicht-sprachlichen: Eine materielle Grundlage wird nach bestimmten Regeln zu einem Ausdruck geformt, dem in einer Regelgemeinschaft ein bestimmter Inhalt zugeordnet wird. Hier auf dem Papier sind es keine Schallwellen, sondern Farbpigmente. (Auf dem Bildschirm wären es Pixel.) Da wir keinen akustischen, sondern einen optischen Kanal benutzen, müssen wir andere Regeln anwenden, mit denen wir diesen Farbpigmenten eine Form geben, denen man bestimmte Inhalte zuordnet.

Die Erfindung der Schrift

Um dazu aber fähig zu sein, muss man nicht nur den Regeln unbewusst folgen wie jeder Alltagssprecher, also sprechen können. Vielmehr muss man sie aktiv durchschauen, also Sprache kennen. Man muss die geltenden sprachlichen Regeln artikulieren, ordnen, reflektiert zugänglich und für praktisches Handeln verfügbar machen. Kurz: Man muss wissenschaftlich mit Sprache umgehen. Genau das begannen unsere Vorfahren vor ungefähr 6.000 Jahren, als sie Schrift und damit eine der größten und folgenreichsten Erfindungen der Menschheitsgeschichte erdachten. Und genau das müssen auch Schulkinder tun, wenn sie unsere heutige Schrift erlernen sollen.

Schrift und Laute

Es wäre ja noch recht einfach, wenn jedem gleichartigen Laut ein Buchstabe entspräche. Dafür brauchte man ‚nur' herauszubekommen, was gleichartige Laute sind (man versuche das einmal bei sich selbst, und erst recht bei verschiedenen Sprechern) und dann jedem Laut ein bestimmtes grafisches Zeichen zuzuordnen. Allerdings käme dann ein Schriftsystem heraus, das zwar leicht zu schreiben, aber schwer zu lesen wäre, allein schon weil man die Verwandtschaften zwischen unterschiedlich klingenden, inhaltlich aber ähnlichen Wörtern nicht leicht erkennen würde (etwa bei „Hant" und „Hende").

Funktionen der Schrift

Betrachten wir unseren Beispieltext: *Hi Svenja, mein Rechner is grad kaputt – kannze mir ma das Lied da downloaden?* Der erste Buchstabe „H" entspricht dem gesprochenen Hauchlaut; das scheint also zu stimmen. Bei anderen Wörtern (z. B. *Rechner* oder *Wahnsinn*) bezeichnet der gleiche Buchstabe aber etwas völlig anderes. Und wie steht es mit dem zweiten Buchstaben, dem „i"? Gilt nicht, weil englisch? Nun, im Englischen sieht es noch erheblich komplizierter aus; also lassen wir das. Nächster Buchstabe: „S". Dass er groß geschrieben wird, soll nicht etwa anzeigen, dass der zugehörige Laut besonders nachdrücklich artikuliert würde, sondern dass es sich um einen Nomen handelt. Das aber weiß der noch

so perfekte Sprecher (z. B. ein Kind oder ein Analphabet) nicht, wenn er nicht zusätzliches Reflexionswissen erworben hat. Schrift ist eine wissenschaftliche Erfindung. Wer schreiben lernt, geht wissenschaftlich mit Sprache um. Er muss etwas wissen, was zwar in Sprache steckt, was aber keineswegs jeder weiß.
Und setzen wir noch eins drauf. Ganz nebenbei haben wir etwas Wichtiges unterschlagen, nämlich den Zwischenraum zwischen dem zweiten und dem dritten Buchstaben, also dem „i" von *Hi* und dem „S" von *Svenja*. Diesem Zwischenraum, der Leertaste, entspricht in der gesprochenen Sprache nichts. In der Schrift allerdings bedeutet dieses Nichts etwa so viel wie die Null in der Mathematik – und wurde auch entsprechend spät erfunden. Dieser Zwischenraum (*lat.* spatium) bildet überhaupt nichts von der gesprochenen Sprache ab, denn wir machen keine Pause zwischen den Wörtern. In der gesprochenen Sprache gibt es überhaupt keine Wörter. Man probiere es aus, höre noch so genau hin, zeichne den Ton auf und bestimme die Grenze, den richtigen Schnitt! Es gibt keinen. Wörter sind eine Erfindung der Schrift. Sätze übrigens auch. Umfasst unsere Beispieläußerung einen Satz, zwei oder drei? Es gibt gleich gute Argumente für alle drei Antworten.

Sprache und Schrift

So viel zur Schrift. Wer schreiben will, muss eine reflektierte Haltung zur Sprache einnehmen. Schrift bildet gesprochene Sprache nicht einfach in einem anderen Modus eins zu eins ab, sondern analysiert sie, bereitet sie auf, formt sie um und stellt schließlich eine ganz andere Weise zur Verfügung, mit Sprache umzugehen. Der Inhalt dieses Buches zum Beispiel hörte sich in freier Rede ziemlich anders an; und ein Telefonbuch oder das Bürgerliche Gesetzbuch gäbe es ohne Schrift überhaupt nicht.

Wissenschaft von den Zeichen

Wir sehen, dass Wissenschaft eine andere Weise eröffnet, mit Wirklichkeit umzugehen, und zwar sowohl theoretisch als auch praktisch. Grundschullehrer erleben täglich, wie ihre Schülerinnen und Schüler eine ganz neue, nämlich wissenschaftliche, Haltung ihrer Sprache gegenüber entwickeln müssen, um erfolgreich schreiben zu lernen.
Auch angehende Germanistik-Studierende haben im Laufe ihrer Schulzeit eine Menge über Sprache gelernt. Manches davon haben sie vergessen. (Welche Wortarten und Satzglieder enthält Toms Beispieläußerung?) Anderes ist ihnen in Fleisch und Blut übergegangen, ohne dass sie darüber nachdenken. (Wieso schreibt man *Svenja* nicht „Sfännja"? Wieso spricht man es nicht mit einem

Kapitel 2   Zeichen – Regeln – Ordnung

weichen/s/vorne [wie in *Susi, sag mal ‚Saure Sahne'*], dann einem /w/[wie in *Vera* oder *Vase*] und einem langen /eh/[wie in *Emil* oder *Eber*] aus, also etwa/zwehnja/? Das ist doch immerhin seltsam.) Und Drittes wiederum liegt ihnen so tief in dem Beispieltext verborgen wie Kindern die Geheimnisse der Sprache in der Schrift.

Linguistik

Im linguistischen Teil des Germanistik-Studiums geht es um alle solche Fragen. Allerdings werden sie sehr viel systematischer behandelt. Wie funktioniert Sprache? Wie ist sie aufgebaut? Welchen Regeln folgt sie und warum? Was machen Menschen mit ihr, und was macht sie mit Menschen? Warum, wie, wozu? Kann man das beeinflussen, lernen, beherrschen, verändern, und wie?

3 Strukturen

Das Ganze verstehen und seine Teile analysieren

Wenn MICK JAGGER im Rolling-Stones-Konzert *A Bigger Bang* 2007 in einer überwältigenden Licht-Ton-Video-Animations-Show vor der megalomanen Opernkulisse „*I can't get no satisfaction*" dahinschmelzt, dann lassen wir uns von einem wohlkomponierten Ensemble ästhetischer Effekte überwältigen, ohne lange darüber nachzudenken. Wenn man es detaillierter beschreibt, kommt man einzelnen Bestandteilen dieses Ereignisses auf die Spur, verliert aber leicht deren Zusammenhang, der den Kosmos dieses Konzerts doch erst so einzigartig macht. Das ist ein grundsätzliches Problem von Wissenschaft: Je präziser man Bestandteile isoliert und analysiert, desto mehr läuft man Gefahr, ihr Zusammenspiel aus dem Blick zu verlieren: Wieso ist das Ganze mehr als die Summe seiner Teile?

Im breiten Spektrum von Gegenständen, Perspektiven und Methoden haben die Wissenschaften unterschiedliche Antworten auf diese Frage gefunden. (Folglich kann man die gleiche Frage auch an die Wissenschaft selbst richten.) Wir stellen in diesem Kapitel eine vor, die im 20. Jahrhundert von der Sprachwissenschaft entwickelt wurde und auf viele andere wissenschaftliche Disziplinen ausstrahlte.

Individueller Ausdruck

Konzentrieren wir uns auf den sprachlichen Teil in MICK JAGGERS Botschaft, so fallen zunächst die prägnant-überzeichnete Intonation, die charakteristische Aussprache, das besondere Profil seiner Stimme auf. Das ist höchst individuell, einzigartig und in exakt dieser Weise unwiederholbar. Das ist an sich nicht etwa ein Zeichen besonderer Genialität, sondern zeichnet jede menschliche Äußerung aus. Wenn jemand ein und dieselbe Äußerung dreimal hintereinander ausspricht, seine Stimme dabei aufzeichnet und die drei Ereignisse durch sehr genaues Zuhören oder besser noch mit geeigneten technischen Geräten (etwa aus einem Mischpult oder Akustik-Labor) vergleicht, so wird man feststellen, dass keine zwei dieser drei Äußerungen physikalisch deckungsgleich sind. Die Unterschiede zeigen Dimensionen an, nach denen Sprecher ihre Äußerung bewusst oder unbewusst modulieren, die ihre unverwechselbare Persönlichkeit ausdrücken, ihre Tagesform anzeigen (Stimme ist Stimmung) und von äußeren Faktoren der jeweiligen Situation abhängen.

Wenn wir nun von all solchen individuellen Variablen der einzelnen Situation einmal absehen (= abstrahieren), dann bleibt an JAGGERS Text etwas Überindividuelles, Allgemeines, in gewissem Sinne Zeitloses. Sonst könnten wir jetzt, in diesem Buch, gar nicht darüber sprechen. Ja, wir könnten einander nicht verstehen, wenn Sprache nicht über einem allgemeinen Code operierte, der uns alle (oder jedenfalls die Mitglieder einer Sprachgemeinschaft) miteinander verbindet, weil wir ihn kennen, teilen und als gültig anerkennen. Wer Englisch beherrscht, versteht zum Beispiel (mehr oder weniger gut), was *„satisfaction"* bedeutet und was die ganze Songzeile ausdrücken soll. Dieser Code ist das, was man gemeinhin „Sprache" nennt, wenn man zum Beispiel davon spricht, dass man eine Fremdsprache erlernen will. Im Folgenden wollen wir nun etwas näher betrachten, wie eine Sprache grundsätzlich aufgebaut ist.
Wir ahnen, dass das Ganze der Sprache mehr ist als die Summe ihrer Teile. Was aber sind die Teile in der Sprache? Schauen wir genauer hin, sozusagen durchs Sprachmikroskop. Warum singt JAGGER „*I*" und nicht „*A*" oder „*O*", warum „*get*" und nicht „*let*" oder „*got*"? Schon winzige Abwandlungen ändern den ganzen Sinn oder machen den Text sprachlich falsch, und zwar ganz unabhängig von Micks individueller Aussprache.

Sprachcodes

Oben ging es um das Verhältnis von geschriebener und gesprochener Sprache. Dort war provisorisch von „gleichartigen Lauten" die Rede, die in der gesprochenen Sprache immer wieder vorkommen. In der Sprachwissenschaft heißen solche gleichartigen Laute „Phoneme". Man kann sie durch einen einfachen Trick aufspüren. Man vergleicht nämlich je zwei verschiedene, möglichst kurze und möglichst ähnlich klingende Wörter miteinander, wie *leise* und *Reise*, *Kuchen* und *kochen*, *setze* und *setzt*. (Dabei kommt es nur auf

Phoneme

Kapitel 2 Zeichen – Regeln – Ordnung

die gesprochenen Laute an, nicht auf geschriebene Buchstaben.) Wenn sich die beiden Wörter in ihrer Aussprache nur an einer Stelle unterscheiden, dann zeigt der Gegensatz an dieser Stelle jeweils zwei Phoneme an, in unseren Beispielwörtern also *l* vs. *r*, langes *u* vs. offenes *o*, kurzes *ö* (der so genannte Schwa-Laut) vs. *t*. Wer das einmal eine halbe Stunde lang mit möglichst unterschiedlichen Beispielen ausprobiert, wird schon 30 oder 35 Phoneme entdecken. (Das ist auch ein schönes Spiel mit kleinen Kindern auf langen Autofahrten. Linguisten nennen es Minimalpaaranalyse.) Im Deutschen gibt es rund 40; auch die anderen Sprachen der Welt kommen mit wenigen Dutzend Phonemen aus.

Wissenschaftliches Vorgehen

Was war an dieser kleinen Übung wissenschaftlich? Wir sind einer bestimmten Methode (einem Verfahren, einer Spielregel) gefolgt, die klar definiert ist und zu gleichen Ergebnissen führt, selbst wenn sie von unterschiedlichen Personen angewendet wird; und wir haben dabei etwas herausgefunden, was wir vorher noch nicht wussten. (Wir operieren zwar immer schon mit Phonemen – so funktioniert unsere Sprache einfach –, aber die meisten wissen es nicht.)

> **DEFINITION**
>
> *Phoneme sind kleinste bedeutungsunterscheidende Einheiten der Sprache.*

Nun könnte man denken, diese Phoneme seien die kleinsten Bausteine der Sprache. Tatsächlich gelten sie als die kleinsten bedeutungsunterscheidenden Einheiten in der Sprache; und so funktionieren sie ja auch, wie die Beispiele gezeigt haben. Linguisten behaupten nun, dass es Phoneme in der materiellen Wirklichkeit gar nicht gebe, sondern nur in unseren Köpfen, und zwar überhaupt nur dadurch, dass wir Unterschiede zwischen verschiedenen Phonemen machen. Phoneme sind also nicht unabhängig von uns einfach da (wie Steine, Vögel oder Wolken); sondern jede Sprachgemeinschaft erkennt unterschiedliche Grenzen zwischen den individuell erzeugten Formen der Schallwellen als allgemein gültig an.

Unterschiedliche Sprachregeln

Beim Sprechen folgen wir nämlich sprachlichen Regeln, also Spielregeln für unseren sprachlichen Verkehr. Spielregeln unterscheiden immer zwischen Merkmalen, die für die Geltung des Spiels wichtig sind, und anderen Aspekten des Geschehens, die dafür keine Rolle spielen. Nur beim Elfmeter muss der Torjäger beim Schuss an einer bestimmten Stelle genau elf Meter vom Tor entfernt sein, sonst kann er aus beliebiger Entfernung schießen. Ob die Finger des Schachspielers schwarz sind oder weiß, ist für das Spiel unbedeutend, nicht aber die Farbe der Figuren. So auch in der Sprache. In südostasiatischen Sprachen etwa spielt der Unterschied zwischen *r* und *l* keine Rolle. Daher die etwas albernen Chinesen-Witze. Chinesen können sehr wohl r-Laute und l-Laute produzieren. Der Unterschied zwischen beiden Gruppen wirkt im Chinesischen aber nicht bedeutungsunterscheidend. Umgekehrt gilt im Deutschen das gelispelte *s* als Sprachfehler (wird aber als *s* eingestuft), während es im Englischen als *th* von anderen bedeutungsunterscheidenden s-Lauten klar unterschieden wird und also ein eigenes Phonem ist.

Das ist der Grundgedanke des Strukturalismus, einer faszinierenden völlig neuen Weltbetrachtung: Nicht objektive Elemente von Realität, sondern konventionell geregelte Unterschiede unserer Wahrnehmung machen Wirklichkeit aus. Hartgesottene Strukturalisten ziehen daraus die Konsequenz, zwischen den Spielregeln und ihrer Anwendung strikt zu unterscheiden und sich nur mit ersteren zu beschäftigen. Die Spielregeln machen das Sprachsystem (frz. *langue*) aus, also den Wortschatz und die Grammatik. Und die Anwendung ist der Sprachgebrauch (frz. *parole*), also die Art und Weise, wie MICK JAGGER und alle anderen Sprecher in den unterschiedlichsten Situationen damit tatsächlich umgehen. Die Beherrschung des Regelsystems heißt Kompetenz, ihre Anwendung Performanz.

Strukturalismus

DEFINITION

Die zentralen Unterscheidungen des Strukturalismus bei der Betrachtung von Sprache sind:

Langue	*das abstrakte Sprachsystem*
Parole	*der konkrete Sprachgebrauch*
Kompetenz	*Beherrschung des Regelsystems*
Performanz	*Anwendung der Regeln*

Nun kann man natürlich darüber diskutieren, für welche Zwecke diese Trennung sinnvoll ist und ob es nicht auch lohnt, den konkreten Sprachgebrauch mit wissenschaftlichen Mitteln zu untersuchen. Beim Fußball kann ja zum Beispiel die Analyse unterschiedlichster, jeweils für sich einzigartiger und unwiederholbarer Spielsituationen einschließlich der Entfernungen verschiedener Spieler von der Torlinie etwa für Trainingszwecke äußerst hilfreich sein. Und im Falle der Sprache, wo die Regeln ja nicht von der FIFA, einer Regierung oder sonstigen Instanz festgelegt, sondern

Kapitel 2 Zeichen – Regeln – Ordnung

von den Sprechern selbst in ihren Sprachspielen unterschwellig sozusagen immer wieder neu ausgehandelt und also verändert werden, könnte das Verhältnis von Sprachgebrauch und Sprachsystem ja besonders delikate Probleme bergen.

Phonetik und Phonologie

Aber stellen wir uns, wie Wissenschaftler das gerne machen, einmal vorübergehend auf einen bestimmten Standpunkt und schauen die Welt von dort aus an. (Das hat Wissenschaft mit Kunst gemein: Sie zeigt die Wirklichkeit unter ungewohnten Perspektiven.) Dann reduziert sich das Material der deutschen Sprache auf ein geordnetes Netz von etwa 40 fürs Sprachspiel relevanten Unterschieden, die man entlang solcher Dimensionen wie vokal vs. konsonantisch, bei Vokalen lang vs. kurz, bei Konsonanten stimmhaft vs. stimmlos, dental vs. nasal und so weiter ordnen kann. Im Einzelnen erforscht das die Phonologie, also die Lehre von den Phonemen – im Gegensatz zur Phonetik, die die akustische Realisierung der Phoneme untersucht, welche für die Geltung des sprachlichen Spiels ohne Belang ist. Ob eine Person hoch oder tief spricht, schnell oder langsam, nuschelt oder schreit – so lange sie die Phoneme unterscheidet, werden wir sie verstehen, weil sie den gleichen sprachlichen Regeln folgt wie wir.

Phoneme und Morpheme

Mit 40 Phonemen allein ist es allerdings nicht getan. Zwar könnten Babys unsere Sprache dann in wenigen Monaten erlernen, aber wir könnten eben auch nur 40 verschiedene Bedeutungen ausdrücken. Damit kämen wir nicht viel weiter als Bienen mit ihrem Schwänzeltanz oder andere Tiere mit ihren jeweiligen Orientierungssystemen. Glücklicherweise haben unsere Vorfahren vor einigen Hunderttausend Jahren aber eine geniale Erfindung bewerkstelligt. Sie macht die menschliche Sprache allen anderen Kommunikationssystemen haushoch überlegen und ist eine der entscheidenden Grundlagen der gesamten menschlichen Zivilisation. Wir können nämlich – es klingt ganz einfach – Phoneme zu größeren sprachlichen Einheiten zusammensetzen. Der stimmhaft-dentale Konsonant /d/ und das lange vokalische /u/ ergeben zusammen die Phonemfolge /du/, der wir eine sprachliche Bedeutung zuschreiben (*du* im Gegensatz zu *ich*). Derartige bedeutungstragende Einheiten, die man nicht weiter zerlegen kann, ohne dass die Bedeutung verschwindet, heißen „Morpheme".

> **DEFINITION**
> *Morpheme sind kleinste, nicht mehr zerlegbare bedeutungstragende Einheiten.*

Die Unterscheidung in diese beiden grundverschiedenen Ebenen des sprachlichen Systems heißt doppelte Artikulation (oder doppelte Gliederung). Die Sprache ist also in zweifacher Stufung gegliedert, nämlich in die kleinsten bedeutungstragenden Einheiten (Morpheme), die sich ihrerseits aus den kleinsten bedeutungsunterscheidenden Einheiten (Phonemen) zusammensetzen. Der Trick besteht darin, dass man auf diese Weise aus einer kleinen Menge sprachrelevanter Unterschiede (Phoneme) eine sehr große Menge bedeutungstragender Elemente (Morpheme) aufbauen kann.

Morpheme

Auf dieser Grundlage geht das dann so weiter: Morpheme können zu (Hunderttausenden oder Millionen) verschiedenen Wörtern zusammengebaut werden, Wörter zu Wortgruppen (Syntagmen), diese wiederum zu Sätzen, diese zu ganzen Texten. So kann man, wie WILHELM V. HUMBOLDT schon im 19. Jahrhundert bemerkte, von endlichen Mitteln unendlichen Gebrauch machen. Frage: Sind die endlichen Mittel das System und der unendliche Gebrauch die *parole*?

Morpheme und Wörter

Nun kann man sich natürlich denken, dass es für alle diese verschiedenen Ebenen Regeln gibt, nach denen wir aus jeweils kleineren Einheiten größere zusammensetzen: phonologische, morphologische, morphosyntaktische, syntaktische und textlinguistische Regeln. Die Gesamtheit dieser Regeln, denen wir folgen, nennt man Grammatik. Grammatik und Wortschatz zusammen machen das aus, was eine Sprache von einer anderen unterscheidet: die *langue* als das einigende Band einer Sprachgemeinschaft.

Grammatik

Das klingt ganz einfach und unterscheidet sich nicht besonders von dem, was die meisten sprachinteressierten Menschen bisher schon wussten. Worin also ganz genau liegt der Clou, die besondere Perspektive des Strukturalismus? Antwort: Dem Strukturalisten kommt es nicht auf die Elemente, sondern auf die Beziehungen zwischen ihnen an. Die Menge der Beziehungen innerhalb des Systems (also der *langue*) nennt er Struktur. Ja, radikaler: Die Elemente existieren überhaupt nur durch ihre Beziehungen zu anderen Elementen. Ein ‚Element' ist nichts anderes als eine bestimmte Position (ein Stellenwert) in einem System. Dieser Gedanke erinnert ein wenig an Mathematik. Doch die Welt der Zahlen (was sind eigentlich Zahlen im Gegensatz zu sprachlichen Zeichen?) ist in sich logisch und unabhängig von historischen Bedingungen. Dagegen existiert die Welt einer Sprache (ihre Spielregeln) allein kraft Anerkennung durch ihre Sprecher, und die verfolgen als oberstes

Elemente und ihre Beziehungen

Kapitel 2   Zeichen – Regeln – Ordnung

Ziel nicht logische Schlüssigkeit, sondern möglichst effiziente Verständlichkeit.

Warum Sprache funktioniert

Deshalb gibt es keinen substantiellen Grund dafür, dass Sprecher des Deutschen systematisch zwischen *r* und *l* unterscheiden, aber nicht zwischen gelispeltem und nicht gelispeltem *s*, wohl zwischen langen und kurzen Vokalen, nicht aber zwischen hohen und tiefen. Sie tun es einfach, weil es sich aus heute nicht mehr rekonstruierbaren Gründen in langen Jahrtausenden so ergeben hat; und sie tun es so lange, wie sie gut damit fahren.

Ordnung der Sprache

Tatsächlich aber gibt es nicht *r*, *l*, langes und kurzes *i* an sich selbst (als Baustein), sondern nur den Unterschied dazwischen (als Gegensatz). Man denke an *rot* und *Lot*, *Miete* und *Mitte* (jeweils als gesprochene Wörter). In vielen anderen Sprachen gelten solche Unterschiede nicht, sondern andere. Die Positionen innerhalb des Systems sind in verschiedenen Sprachen verschieden verteilt. Jede Sprache hat ihre eigene Ordnung und bietet also ihre besonderen Möglichkeiten. Auch wenn jeder Vergleich hinkt, kann man sich das mit dem U-Bahn-Plan einer großen Stadt veranschaulichen. Für den Plan ist es völlig belanglos, ob eine Station groß oder klein, alt oder neu, grau oder gelb gestrichen ist. Vielmehr kommt es allein auf die Position der Station innerhalb des gesamten U-Bahn-Netzes an. Und genau so geht das bei Morphemen und größeren sprachlichen Einheiten. Nicht die physikalische Beschaffenheit, sondern allein der Stellenwert im System spielt eine Rolle für unsere Sprache. Nur auf der Grundlage des gleichen Systems, der gleichen Ordnung der Zeichen, können wir einander verstehen.

Leistungen der Sprache

Kommen wir auf die Ausgangsfrage zurück: Wieso ist das Ganze mehr als die Summe seiner Teile? Aus strukturalistischer Sicht lautet die Antwort wie folgt. Teile sind keine Bauteile, sondern eine Menge von Unterschieden gegenüber anderen ‚Teilen'. Es gibt Regeln dafür, wie man sie zu jeweils komplexeren Mengen zusammensetzen kann (aus Phonemen Morpheme, aus Morphemen Wörter etc.). Dieser grammatische Mechanismus erlaubt es, unendlich viele Zeichen unterschiedlicher Komplexität zu formulieren, denen wir jeweils mehr oder weniger bestimmte Bedeutungen zuschreiben. Genau wegen dieser Leistungsfähigkeit ist das ganze System Sprache (*langue*) mehr als die Summe seiner einzelnen – nun, sagen wir: Positionen und Kombinationen von Positionen. Sie stellt sozusagen das unendliche Repertoire des Sagbaren zur Verfügung. Wenn wir etwas sagen, ziehen wir aus diesem Repertoire die Möglichkeiten, die wir jeweils brauchen, stellen sie nach den gültigen Spielregeln so zusammen, wie wir es brauchen, und äußern zum Beispiel einen ganzen Satz. Dieser Satz ist mehr als die Summe seiner Teile, weil die Beziehungen zwischen den Positionen seine Struktur ergeben:

Mein Rechner is grad kaputt. Je eine bestimmte Reihenfolge der Phoneme ergibt das Possessivpronomen *mein* und das Nomen *Rechner* (die jeweils Morpheme enthalten; auf Einzelheiten verzichten wir hier). Dass beide Wörter nicht für sich allein stehen, sondern durch wechselseitige Beziehungen zusammen eine größere Einheit bilden, erkennt man an einigen grammatischen Merkmalen, die beide teilen, darunter den gleichen Kasus Nominativ. Und diese ‚größere Einheit' erhält auch nur dadurch ihren besonderen Status, dass sie sich im Rahmen einer noch größeren Einheit auf etwas anderes bezieht; konkret: *Mein Rechner* ist hier nur dadurch Subjekt, dass es in Verbindung zum Prädikat (hier nämlich dem Rest des Satzes) steht – und umgekehrt. In der Grammatik existiert etwas überhaupt nur dadurch, dass es sich auf etwas anderes bezieht. (Wie beispielsweise auch eine Nichte nicht an sich selbst Nichte ist, sondern nur durch ihre spezielle Beziehung zu einer Tante oder einem Onkel, die diesen Status wiederum nur dank ihrer Nichte innehaben.)

Einheit der sprachlichen Elemente

Gehen wir noch einen kleinen Schritt weiter. Er ergibt sich aus dem strukturalistischen Systemgedanken. Im vorletzten Abschnitt behandelten wir das Verhältnis von (kleineren) Teilen und (größerem) Ganzen zuerst aus der Sicht des Systems (also der Menge aller sprachlichen Möglichkeiten) und dann aus der Sicht eines Satzes (also eines konkreten Falles). Fangen wir diesmal umgekehrt an. Die Beziehungen innerhalb eines Beispielsatzes (*Mein Rechner is grad kaputt*), etwa zwischen *mein* und *Rechner* oder, eine Stufe höher, zwischen Subjekt und Prädikat, sind Beziehungen zwischen realisierten Einheiten: Man braucht *mein* und *Rechner*, um daraus ein zusammenhängendes Ganzes zu bilden. Diese Art von Beziehungen sind Und-Beziehungen (*mein* und *Rechner*). Jede Entscheidung für die Wahl einer solchen Einheit ist zugleich aber eine Entscheidung gegen andere Einheiten, die grundsätzlich auch an dieser Stelle stehen könnten (z.B. *dein* statt *mein*, *Computer* statt *Rechner*). Diese Art von Beziehungen sind Oder-Beziehungen (*mein* oder *dein* oder *unser* ...).

Oder-Beziehungen

Kapitel 2   Zeichen – Regeln – Ordnung

Und-Beziehungen

Und-Beziehungen nun nennt man syntagmatische Relationen; sie bilden, was sprachlich verwirklicht ist. Oder-Beziehungen hingegen heißen paradigmatische Relationen. Sie geben an, was sprachlich möglich ist. Beide Arten von Beziehungen zusammen machen das System (oder wenn man so will: das Netz) der Sprache aus. Wer sie vollständig beschreibt, hat die grammatische Funktionsweise einer Sprache vollständig beschrieben. Die Untersuchung syntagmatischer Beziehungen (auf unterschiedlichen Größenordnungen) führt zum Beispiel zu Wortbildungsmustern oder zu Satzbauplänen im Deutschen. Die Untersuchung paradigmatischer Beziehungen (in unterschiedlichen Größenordnungen) führt zur Entdeckung grammatischer Kategorien, etwa der Klassen und Subklassen von Wortarten (im Beispiel Possessivpronomen).

SYNTAGMA – PARADIGMA
Syntagmatische und paradigmatische Beziehungen

Die Elemente einer sprachlichen Einheit, zum Beispiel eines Satzes, stehen in **syntagmatischen (Und-)** Beziehungen untereinander. Es sind wirkliche Beziehungen (in der Grafik dargestellt durch einen waagerechten Pfeil).

⟶

Mein Rechner ist kaputt. {Mein} + {Rechner} [nicht etwa: {Meines} + {Rechnern}]
{Mein Rechner} + {ist kaputt}
[nicht etwa: {Mein Rechner} + {sind kaputt}]

Zugleich stehen die Elemente einer sprachlichen Einheit, zum Beispiel eines Satzes, auch in **paradigmatischen (Oder-)** Beziehungen, und zwar zu den Elementen, die vom Standpunkt des sprachlichen Systems her an der gleichen Stelle stehen könnten, im konkreten Fall vom Sprecher aber nicht gewählt wurden. Es sind mögliche Beziehungen (in der Grafik dargestellt durch einen senkrechten Pfeil).

Im folgenden Beispiel wird die erste Zeile tatsächlich gewählt; die anderen (und viele weitere) Alternativen wären grammatisch auch möglich gewesen.

Mein	Rechner	ist	kaputt
Mein	Rechner	ist	defekt
Mein	Computer	ist	defekt
Dein	Computer	ist	defekt
Sein	…	…	…

Strukturalisten versprechen, auf diese Weise sämtliche grammatischen Begriffe methodisch sauber und sachlich eindeutig identifizieren zu können, also dort Ordnung zu schaffen, wo traditionelle Grammatiktheorien unausgegoren, unaufgeräumt und widersprüchlich waren. Wie weit dieses Versprechen eingehalten wird, kann an dieser Stelle nicht näher diskutiert werden. In jedem Fall ergeben sich aus den unterschiedlichen theoretischen Sichtweisen und methodischen Verfahren ganz praktische Konsequenzen, etwa für den Deutschunterricht, für den Fremdsprachenunterricht, für Vergleiche zwischen der Architektur verschiedener Sprachen, für Computerprogramme zur automatischen Übersetzung und so fort.

Wir haben jetzt über die Spielregeln der Sprache gesprochen, nicht über deren tatsächliche Anwendung in konkreten Sprachspielen – wohl über allgemein Gültiges, nicht aber über einzelne Fälle. Oft wird behauptet, der Unterschied zwischen Natur- und Geisteswissenschaften bestehe darin, dass jene Allgemeines (also Vorhersagbares, z. B. gleichförmige Abläufe bei Planetenbewegungen), diese aber einzelne Fälle (also Unwiederholbares, z. B. ein Kunstwerk) erforschten. Erstere seien erklärende, letztere verstehende Wissenschaften. Nach unserem Sprint durch Grundlagen des Strukturalismus dürfte klar sein, dass das so einfach nicht stimmen kann. Denn linguistische Strukturalisten untersuchen sprachliche Spielregeln, also von Menschen gemachte Regeln geistiger Verständigung, so, dass die konkreten einzelnen Fälle allenfalls als Beispiele für Allgemeines herangezogen werden, gerade in ihrer unverwechselbaren Individualität aber irrelevant sind. Linguistische Strukturalisten sind erklärende Geisteswissenschaftler. Und tragen doch zur Untersuchung von Verstehen bei. Diese wechselseitige Beziehung zwischen Erklären und Verstehen gilt für die gesamte Disziplin der Germanistik.

Verstehen und Erklären

Gehen wir zunächst noch einmal zurück an den historischen Ursprung unserer Muttersprache. Dabei geht es nicht um totes sprachgeschichtliches Wissen, das nur für einige Spezialisten interessant ist. Germanistinnen und Germanisten interessieren sich für die deutsche Sprache als eine Zeichenordnung, die seit den ersten schriftlichen Aufzeichnungen Denkstrukturen und kulturelle Praxis enthüllt, ohne deren Kenntnis wir die Sprache und Literatur der Gegenwart nur teilweise verstehen können.

Alte Sprachordnungen

Kapitel 2 Zeichen – Regeln – Ordnung

4 Sprache als historische Zeichenordnung

Beginn des Johannes-Evangeliums

> IN principio erat uerbum   10   In anaginne uuas uuort
> &uerbum erat apud dm ·   hnā thaz uuort uuas mit gote·
> &dī erat uerbum ,   hnā got selbo uuas thaz uuort
> hoc erat Inprincipio   thaz uuas In anaginne
> Apud dm , Omnia per Ipsum   mit gote. Alliu thuruh thaz

Historizität der Sprache

In anaginne uuas uuort inti thaz uuort uuas mit gote: Wenn wir diesen Satz zu lesen versuchen, kommt er uns zugleich fremd und doch irgendwie bekannt vor. Abgesehen davon, dass er zu unserem kulturellen Gedächtnis gehört, identifizieren wir bestimmte Worte ohne Mühe, bei anderen stutzen wir. Es handelt sich um die althochdeutsche Version des Anfangs des Johannesevangeliums: Am Anfang war das Wort. Sie stammt aus dem 9. Jahrhundert und konfrontiert uns mit der historischen Dimension unserer Muttersprache. Offenbar gibt es Wörter, die ausgestorben sind (*anaginne*), andere haben ihre Gestalt verändert (*inti*), wieder andere wurden anders geschrieben (*uuas*), und auch die Syntax hat sich verändert, wie an dem fehlenden Artikel sichtbar wird. Wir haben nicht immer so gesprochen und geschrieben, wie es uns heute vertraut ist. Wir kennen den Sachverhalt aus der Begegnung mit Dialekten, die uns noch heute sprachliche Varietäten vorführen: Der Norddeutsche spricht anders (*ik, dat, appel*) als der Süddeutsche. Die Dialekte aber sind Spuren vergangener historischer Sprachstufen, die von der normierten Hochsprache zunehmend verdrängt werden.

Lautgesetze

Ik gihorta ðat seggen …, einen solchen Satz können wir noch verstehen, weil wir womöglich mit dem ‚Plattdeutschen' (seggen) vertraut sind oder vom Berliner *ikke* Kenntnis haben oder uns an das englische *th* erinnern. Und doch handelt es sich um die erste Zeile der ältesten deutschen Heldendichtung, des *Hildebrandsliedes* aus dem Anfang der althochdeutschen Periode (9. Jh.), vor dessen zweiter Zeile wir schon kapitulieren: *ðat sih urhettun aenon muotin* […]. Einen Satz wie *Dû bist mîn, ich bin dîn* verstehen wir dagegen schon leichter, weil der zeitliche Abstand nicht ganz so groß ist. Nur die Vokalqualität scheint sich in diesem Satz verändert zu haben. Es handelt sich um den Anfang eines der ältesten Liebesgedichte in deutscher Sprache aus dem 12. Jahrhundert. Zwei Wörter zeigen den gleichen lautgeschichtlichen Befund: *î* wird zu *ei*.

4 Sprache als historische Zeichenordnung

Wenn dieser sich verallgemeinern ließe, hätte man schon eine sprachgeschichtliche Regel entdeckt: *dîn* → *dein, mîn* → *mein, bî* → *bei, wîp* → *weib, schrîben* → *schreiben* usw. = neuhochdeutsche Diphthongierung. Mit solchen Lautgesetzen, d.h. regelmäßigen Veränderungen im Phonem- und Morphembestand der Sprache, aber auch in der Syntax beschäftigt sich die historische Sprachwissenschaft. Unsere vertrauten Wörter *Meister* und *Getreide* zeigen historisch gegenüber ihren Ursprungswörtern einen ähnlichen Ausfall von Konsonanten zwischen zwei Vokalen: *ma-g-ister* → *ma-ister*; analog: *getre-g-ede* → *Getre-ide*: *Getreide* kommt von *tragen*! Semantisch gehen auch *heil, heilig* und *heilen* auf die gleiche Wurzel zurück.

Die deutsche Sprache als Zeichensystem existiert nicht von sich aus, sie entsteht in einem langen historischen Prozess. Zunächst nur mündlich gesprochen, findet sie erst über den Kontakt mit der lateinischen Schriftkultur im Frühmittelalter zu einer eigenen schriftlichen Ausdrucksform. Übernommen wird das lateinische Alphabet, doch dieses kennt bestimmte Phoneme nicht, etwa labiodentales [w], die Affrikate [ts] oder das aspirierte H [ch], die aber alle drei im Germanischen vorkommen. Nur mit Hilfe eines Tricks oder durch neu erfundene Buchstaben ließen sie sich in die Schriftsprache umsetzen: [w] = uu; [ts] = z; [ch] = h. Als Medium der mündlichen Verständigung mag Sprache über Jahrhunderte funktioniert haben, die Schwierigkeiten im Verschriftungsprozess legen aber offen, dass Schriftsprache noch einmal anders funktioniert. Nur in einem unendlich mühsamen Prozess werden schriftsprachliche Formen entwickelt, häufig in direkter Anlehnung an eine schon vorhandene Schriftsprache: Latein: *per-fectus* (per = durch + factus = getan, von facere: ‚tun') wird z.B. mit dem seltsamen *duruh-digan* (= Partizip von *dîhan: gedeihen*) übersetzt: ganz gediehen.

Deutsche Sprache als Zeichensystem

Das Zeichensystem der deutschen Sprache funktioniert im Alltag ohne dass wir über seine Regeln oder Ursprünge nachdenken, und doch setzt es sich aus vielen Zeichen zusammen, die historische Prozesse dokumentieren: z.B. die Überlagerung von Kultursprachen, die im Kontakt mit römischer, christlicher und französischer Kultur entstanden ist: römische Kulturtechnik (*planta, vinum, murus, tegula/Ziegel, porta* etc.), christliche Glaubenslehre (*episcopus, crux, claustrum, signare/segnen, operari/opfern* etc.), französische Kulturformen (*turnai, chevalier, palas, amis* etc.): Die Wörter bezeichnen nicht ihre historische Tiefendimension, aber sie zeigen sie

Sprachwandel

27

Kapitel 2 Zeichen – Regeln – Ordnung

an. Die deutsche Schriftsprache entsteht aus der Schichtung verschiedener Verkehrsgemeinschaften, sie macht einen langen Prozess von isolierten Lokalsprachen durch, ehe sie sich im 16. Jahrhundert allmählich zum generalisierten Kommunikationsmedium entwickelt.

Namen als Zeichen

Auch Namen sind Zeichen und verweisen auf etwas. In den germanischen Namen wurden Verwandtschaftsverhältnisse und adeliges Selbstverständnis ausgedrückt. Die germanische Namengebung war häufig zweigliedrig. *Wolfgang, Guntram* oder *Bernhard* sind noch uns vertraute Namen. Überdies waren sie durch Assonanz gekennzeichnet: So spricht das *Hildebrandslied* von drei Generationen *Heribrant, Hildebrant* und *Hadubrant*. Wenn Wörter in an- oder inlautenden Konsonanten gleich klingen, nennt man das Staben („Mann und Maus"), ein Verfahren, durch das die mündliche Dichtung Erinnerung stabilisierte. Der Gleichklang hat aber auch eine semantische Funktion. Er drückt über die Stäbe (H) oder gar über gleich bleibende Bestandteile des Wortes (-*brant*) Verwandtschaft aus. Die Zeichen erhalten ihre Bedeutung (hier: Verwandtschaft) nur in Relation zueinander. Aber auch für sich tragen die beiden Namensglieder jeweils Zeichencharakter (für Zeitgenossen indexikalisch zu verstehen). Sie transportieren kriegerisches Selbstbewusstsein: ahd. *brant* ohnehin, aber auch *heri* = Heer; *hiltia* = Kampf; *'haþuz* = Konflikt. Solche Namen aber waren ursprünglich wohl nicht nur Zeichen, sondern „wirksame" Zeichen, und darin liegt ein ‚signifikanter' Unterschied zu modernen arbiträren Zeichen. Wenn den Zeichen magische Qualität zugesprochen wurde, stand dahinter eine alte Vorstellung von der erzeugenden Kraft der Sprache, die durch den Akt der Benennung wirksam wurde.

Eigennamen

Noch die Christen verbinden die Taufe, d.h. den Akt der Namengebung, mit einem Taufsegen, der das Kind unter den Schutz des Namenpatrons stellt und der früher häufig ein Heiliger war (Antonius → Anton). Der vom Priester im Rahmen eines heiligen Rituals gesprochene Name, das Wort, besaß göttliche Wirkung: … *und Gott war das Wort*. In analoger Auffassung hatte der germanische Adel seine Namengebung gerne an natürliche und kriegerische Semantik rückgebunden. Das Christentum deutet seit dem 4. Jahrhundert die germanische Namengebung um und ersetzt zunehmend die alten Namen durch solche der christlichen Heiligen. Die damit verbundene magische Erwartungshaltung aber bleibt gleich. Hier handelt es sich zeichentheoretisch um einen Vorgang der Umbesetzung, der Substitution (Oder-Relation), der aber nicht grundsätzlich möglich ist, sondern einen kulturgeschichtlichen Prozess markiert.

5 Die Sprache der Dinge

Im Mittelalter hat nicht nur die Sprache Zeichencharakter, sondern mehr noch die Dinge selbst werden als Zeichen aufgefasst. Eine der wirkungsmächtigsten Zeichentheorien der Spätantike, die des Kirchenvaters AUGUSTINUS († 430), unterscheidet nicht Dinge (*res*) und Wörter (*verba*), sondern Dinge und Zeichen (*signa*), wobei die Dinge über ihren Zeichenstatus angeeignet werden. Da aber z.B. Rauch von anderem Zeichenstatus ist als etwa Gesten und Worte, werden Zeichen in natürliche (*signa naturalia*) und gegebene (*signa data*) unterteilt. Das entspricht in etwa den bekannten indexikalischen Zeichen einerseits und den symbolischen andererseits. Wie Indizien in einem Prozess verweisen Dinge als Zeichen immer auch auf etwas anderes als sich selbst (Rauch auf Feuer), und auch Worte sind nur ein spezieller Typus von gegebenen Zeichen, die über sich hinausweisen können. Während Worte als symbolische Zeichen auf der Alltagsebene der Kommunikation normal (differentiell) funktionieren, können sie zugleich auch als Dinge aufgefasst werden und auf etwas anderes verweisen.

Zeichencharakter der Dinge

Wer oder was aber verweist da? Zum konstitutiven Element der „gegebenen Zeichen" gehört, dass sie in kommunikativer Absicht gegeben werden. Zeichen sind also immer Zeichen im Gebrauch. Wenn man die Mitteilungsabsicht nun auch auf die natürlichen Zeichen überträgt, und das tut Augustinus, werden diese zu „gegebenen Zeichen" in einem Kommunikationsprozess zwischen Gott und Mensch: So werden aus unwillkürlichen natürlichen Zeichen intendierte Botschaften Gottes.

ALANUS AB INSULIS, ein berühmter mittelalterlicher Dichter, sah in diesem Sinne die Dinge selbst Gottes Botschaft „predigen". Die Sprache selbst kann also in diesem übergeordneten Sinn als Zeichenarsenal aufgefasst werden, denn das Wort kann nicht nur als *signum*, sondern auch als *res* aufgefasst werden und als solches Zeichen geistigen Sinns werden. Das Kreuz etwa ist als Ding kein bloßes Kreuz, sondern Zeichen der Passion Christi, das Wort selbst – *crux* – verweist aber schon durch das *x* als Signatur im Wortkörper (ikonisch) auf die Passion. Noch das sprachtheoretische Verhältnis von Laut (*vox*) und Wort (*verbum*) lässt sich so

Beispiel „Kreuz"

Kapitel 2   Zeichen – Regeln – Ordnung

auf das Verhältnis von Johannes und Christus *übertragen*: Am Anfang war das Wort (Christus), und sein Apostel Johannes ist seine Stimme (*vox*).

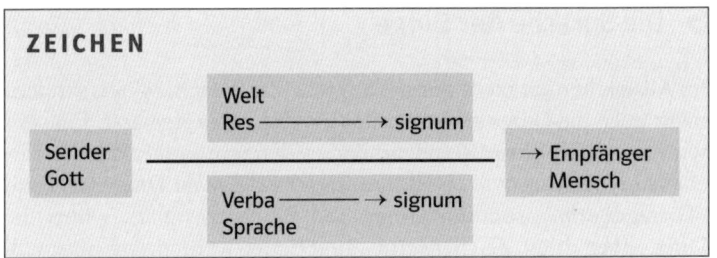

Buchreligion Christentum

Die mittelalterliche Kultur ist eine Kultur von hoher zeichenhafter Verdichtung. Wer an das Mittelalter denkt, assoziiert sogleich das Christentum mit seinem geistlichen Zeichenhaushalt: Die Bibel als Offenbarungsschrift macht das Christentum zu einer Buchreligion mit all ihren Implikationen. Nicht Beobachtung oder Beschreibung, Analyse oder Synthese, sondern Lesbarkeit fungiert im geistlichen Kontext als der primäre Modus von Wahrnehmung der Wirklichkeit: „Diese ganze sinnlich wahrnehmbare Welt ist wie ein Buch, geschrieben vom Finger Gottes" (HUGO V. ST. VIKTOR). Wer die Welt als Buch, Theater oder Kreis auffasst, und das sind Zentralmetaphern der christlichen Weltbetrachtung, impliziert nicht nur, dass es einen Autor, Regisseur oder Konstrukteur gibt, er geht auch davon aus, dass sie vollständig ist und eine Bedeutung (Botschaft) hat und dass sie für den Menschen als Leser, Zuschauer und Mittelpunkt gemacht ist: Anthropozentrik nennt man diese Auffassung vom Menschen im Zentrum von Gottes Schöpfung. Gott ‚schreibt' die Zeichen seiner Botschaft in die Natur, wie er sie in die Bibel geschrieben hat.

Denkform Allegorie

Die Rede vom ‚geistlichen Sinn des Wortes im Mittelalter' hat diese Dominanz der christlichen Wirklichkeitskonstruktion immer wieder betont und an zahlreichen Fällen illustriert. Mittelalterliche Theologen entwickeln eine eigene Denkform, die Allegorese, nach der sich alle Wirklichkeit in geistliche Sinndimensionen hinein auslegen lässt.

Allegorese

Die Allegorese wird in ihrer klassischen Ausprägung als vierfacher Schriftsinn bezeichnet. Jedes Ding und jedes Wort können auf vier Ebenen zeichenhaft, d. h. heilsgeschichtlich ausgelegt werden:

- historisch durch den *sensus historicus* oder *litteralis* (Jerusalem als Stadt);
- zweitens durch den *sensus allegoricus*, der das Verhältnis von Altem und Neuem Testament, von Ankündigung und Erfüllung typologisch bezeichnet: Die Gemeinde Jerusalem im AT als Typus für die Kirche im NT.
- Es folgt der *sensus tropologicus*, der eine ethische Perspektivierung des jeweiligen Gegenstandes zeigt: Wie Jerusalem in der Mitte der Welt, so liegt die Seele in der Mitte des Körpers.
- Die letzte Sinnebene ist der *sensus anagogicus*. Er stellt Beziehungen des Gegenstandes zum Endzeitlichen her, repräsentiert durch das Himmlische Jerusalem in der Apokalypse Johannis.

Sensus historicus   *Jerusalem als geographischer Ort*
Sensus allegoricus: *Jerusalem (AT) als Kirche, Gemeinde (NT)*
Sensus tropologicus: *Jerusalem als Seele: Zentrum des Körpers*
Sensus anagogicus: *Jerusalem als Himmlisches Jerusalem*

Die Differenz zum modernen indexikalischen und symbolischen Zeichenverständnis liegt primär darin, dass der Verweisungszusammenhang des theologischen Zeichenrepertoires nicht offen ist. Wenn die Bibel zum dominanten Fokus wird, durch den die Welt, Natur und Geschichte, Gesellschaft und Individuum in einen spezifisch geistlichen Sinnhorizont gerückt werden, wird Gottes Botschaft zum Zentralsignifikat, auf das alle Entschlüsselungsarbeit hinausläuft. Von daher kann die Allegorese als die ärmste und reichste Denkform zugleich bezeichnet werden: In unendlicher Variation wird immer dieselbe Botschaft gepredigt.

Religiöse Zeichenordnung

Die Menschen lebten im Mittelalter aber nicht nur in der religiösen Zeichenordnung, auch wenn diese große Bereiche der Wirklichkeit übercodierte. Weder existierte ein homogenes Weltbild noch ein übergeordnet gültiges Zeichenregime. Die Perspektive eines Adeligen auf die Welt unterschied sich von der eines Geistlichen, wobei es durchaus Überschneidungen gab. Die Lebenswelt der Bauern war wiederum eine andere, der Raum und die Zeit der Händler ebenso. Zeichenregister und Zeichenträger waren vielfältig und überlagerten einander.

Der mittelalterliche Mediziner liest am Körper die Zeichen der Gesundheit und der Krankheit ab, die Störungen der Säfte und Temperamente, und identifiziert Sanguiniker, Choleriker, Phlegmatiker und Melancholiker. Auch Heilmittel wurden entsprechend

Zeichenordnung Medizin

ihren Zeichenqualitäten ‚entziffert', die sich als Signaturen auf den Kräutern gewissermaßen durch Ähnlichkeit (ikonisch) anzeigten. So kann die äußerliche Ähnlichkeit von Walnuss und Hirn dazu führen, dass Walnüsse gegen Kopfschmerzen empfohlen werden.

Zeichenordnung Physiognomik

Eng zusammen mit der medizinischen ‚Lesbarkeit' des Körpers hängt die Physiognomik, die von Körperzeichen auf den Charakter schließt. Der Körper wird so zum Zeichenträger, der auf seine Substanz hin (ikonisch/indexikalisch) durchsichtig ist, weil diese sich durch Zeichen nach außen bekundet: z. b. große Augen als Zeichen für Dummheit, breite Brust als Zeichen für Tapferkeit usw. Die mittelalterliche Auffassung vom Körper, wie sie in Chroniken und vor allem in literarischen Texten zum Ausdruck kommt, ist hoch komplex und verbindet medizinische, physiognomische, feudaladelige und christliche Körperkonzepte mit ihren jeweils eigenen Zeichenregimen.

6 Die Sprache der Gesten

Politische und soziale Zeichendimension

Der Körper besitzt aber auch eine politische und soziale Zeichendimension. Das Bild des Organismus wurde zur Leitmetapher politischer Ordnung, indem er einerseits Gesellschaft anschaulich als arbeitsteiliges Gefüge präsentiert, andererseits eine naturgegebene Hierarchie der Tätigkeiten unterstellte, die der Struktur der Feudalgesellschaft entgegenkam: der König als Haupt, Adelige und Geistliche als Hände, die Bauern als Füße. Der Historiker GEORGES DUBY hat von den drei Ordnungen gesprochen, nach denen mittelalterliche Gelehrte die Gesellschaft einteilten. Die Ordnung der Gesellschaft in kämpfende Adelige, betende Geistliche und arbeitende Bauern ist eine idealtypische, sie galt aber als naturgegeben: Die Metapher wurde nicht als Metapher aufgefasst, sondern als Beschreibung der Wirklichkeit. Und auch die soziale Interaktion, der Umgang der Menschen miteinander, war in vielen Fällen durch sichtbare körperliche Zeichen bestimmt: durch Kleidung und Gesten, durch Rituale im geistlichen, durch Zeremoniell im weltlichen Kontext. Die Regeln des Verhaltens orientierten sich am sozialen Rang der Beteiligten. Nicht nur wurden Herrschaft und Macht von ausgeprägten Statuszeichen begleitet, auch die Formen der öffentlichen Interaktion waren formalisiert: Gruß, Empfang, Vortritt, Sitzordnung, Rechtsgesten etc. Der Mediävist JEAN CLAUDE SCHMITT hat das als die „Logik der Gesten" bezeichnet.

Über den anders gearteten Zeichenstatus im Mittelalter existiert eine kontroverse Diskussion. Einig aber ist man sich darüber, dass den Signifikanten mitunter eine substantielle Beziehung der Ähnlichkeit oder gar Identität mit ihren Signifikaten unterstellt wurde und eben keine differentielle; einig ist man sich auch darüber, dass verschiedene Zeichenregime nebeneinander existierten und noch nicht synchronisiert bzw. homogenisiert waren. Zu klären bleibt das Problem, ob sich mittelalterliche Zeichenregime grundsätzlich von modernen unterscheiden, ob Namen, Körperzeichen, Gesten und Kleidung in ihrer Zeichenstruktur anders funktionierten, oder ob nur die kulturellen Besetzungen (z. B. adelig, christlich, medizinisch) variierten.

Logik der Gesten

7 Literarische Zeichen

All die verschiedenen Zeichenordnungen der Sprache, Religion, der Medizin und Politik können in die literarische Darstellung eingehen, können zusammenlaufen oder konkurrieren. Semantik und Etymologie der Wörter, die religiöse Zeichendimension von Wörtern und Dingen, der Körper als privilegierter Zeichenträger von Medizin und Charakterlehre, schließlich die Gesten und das Zeremoniell der Politik stiften ganz unterschiedliche Zeichenhorizonte. Ein Weiteres kommt hinzu: Der Zeichenstatus eines Textes verändert sich mit dem Übergang in die Fiktionalität. Der so genannte Fiktionalitätskontrakt, das stillschweigende Einverständnis, dass literarische Texte nicht die Wirklichkeit abbilden, modelliert die Bestandteile der Dichtung, selbst die historischen, in Funktionselemente eines Textzusammenhangs um. Der Dietrich von Bern der Heldensage ist nicht mehr der historische Theoderich. SCHILLERS Maria Stuart, STEFAN ZWEIGS Marie Antoinette sind mehr als die historischen Gestalten, denn in den literarischen Texten entsteht eine Metaebene von Zeichenprozessen, die ihre eigenen Verweisstrukturen besitzt. „Da, wo Sprache dichtet, pflegen wir zu sagen, daß Literatur entsteht" (ANDRÉ JOLLES, 1972, 18).

Fiktionalitätskontrakt

Was wir gerade historisch als Entwicklung von praktischen zu literarischen Zeichen beschrieben haben, kann man auch in eine systematische Frage umformulieren. Wie lassen sich Texte zum praktischen Gebrauch von Literatur zeichensystematisch differenzieren? Auf den Punkt gebracht: Was unterscheidet die Gebrauchsanweisung für den neuen Receiver von einem literarischen Text?

Praktische und literarische Zeichen

Kapitel 2   Zeichen – Regeln – Ordnung

> *Diese Bedienungsanleitung hilft Ihnen beim bestimmungsgemäßen und sicheren Gebrauch des Satelliten-Receivers, kurz Receiver genannt. [...] Receiver anschließen: Achtung! Verbinden Sie den Receiver erst mit dem Stromnetz, wenn Sie ihn ordnungsgemäß an alle Geräte und die Antenne angeschlossen haben. [...] Der Receiver wird über ein Koaxial-Kabel mit Ihrer Satelliten-Antenne verbunden. Das Koaxial-Kabel gehört nicht zum Lieferumfang.*

Sachtext: Ikonische Zeichen

Eine Bedienungsanleitung spricht den Leser direkt an und zielt unmittelbar auf Information und Praxis ab. Der Text expliziert exakt seine pragmatische Funktion „*hilft Ihnen beim [...] Gebrauch*" und gibt über seine grammatische Struktur klare Handlungsanweisungen und Verbote (Receiver erst an alle Geräte und dann ans Stromnetz anschließen). Im Idealfall lässt eine Bedienungsanleitung keine Fragen offen; dazu gehört hier, dass der Text in einem Glossar Fachbegriffe erklärt (Was ist ein Koaxial-Kabel?) und vorsorglich mitteilt, dass der Benutzer das Kabel selbst beschaffen muss. Die Bedienungsanleitung benutzt dabei ikonische Zeichen (Fotos des Geräts oder technische Zeichnungen), denen mittels Zahlenmarkierungen Erklärungen beigegeben sind und die in eine klare zeitliche Handlungsabfolge gestellt sind (Schritt 1, 2, 3). Hier muss nichts interpretiert werden, alle sprachlichen und bildlichen Zeichenstrukturen haben eine klare und eindeutige Bedeutung. Und das erwarten wir auch zu recht – eine Bedienungsanleitung die den Nutzer mit der Frage zurücklässt, wie denn das Gelesene nur zu verstehen sei, ist mehr als ärgerlich.

Sachtext vs. literarischer Text

Unsere Erwartung, dass die Anleitung in einem direkt abbildenden (ikonischen) Verhältnis zum Gegenstand des Receivers steht und den pragmatischen Zweck verfolgt, uns relevante Informationen zum Gebrauch des Gerätes zu bieten, wird unter anderem durch den Haftungsausschluss im Kleingedruckten gleich auf der ersten Seite stabilisiert. „*Für Druckfehler übernehmen wir keine Haftung*". Stünde dieser Satz hingegen auf dem Titelblatt eines Romans wäre das kurios und verstörend, ebenso wie eine Information, die da lauten könnte: „Dieser Roman hilft Ihnen über einige langweilige Momente hinweg und ermöglicht Ihnen den bestimmungsgemäßen Gebrauch Ihrer Individualität. Achtung! Vergessen Sie nicht, dass alle Handlungen und Personen frei erfunden sind. Andernfalls kann es zu Störungen in Ihrem eigenen Leben kommen".
Solche Informationen sind in der Belletristik höchst überflüssig, da es die unausgesprochene Übereinkunft gibt, dass literarische Texte

nicht die Wirklichkeit abbilden – in der fiktiven Welt, die sie zeichnen, dennoch sehr wohl aber mit der Wirklichkeit der Leserinnen und Leser etwas zu tun haben müssen, sonst würden sie nicht gelesen werden. Welche Unterschiede in der Zeichenstruktur zwischen Gebrauchsanweisung und Roman fallen weiter auf? Nehmen wir als Beispiele das zweite Kapitel eines Pop-Romans (STUCKRAD-BARRE *Soloalbum*, 1998, 14):

> *Seit Monaten – ach, seit Jahren (das Ganze dauerte ja insgesamt 4 Jahre!) – wurde die Zweisamkeit wechselseitig immer wieder vernachlässigt, ausgesetzt, beendet und so weiter. Ich habe sie betrogen, ich habe mich anderweitig umgeschaut, mich nicht um sie gekümmert, schubweise dann wieder sehr – jedenfalls war es nie ganz zu Ende. Nun ist es das. Und zwar für immer und endgültig und nichts da mit nochmalversuchen, sondern viel schlimmer: Laß uns irgendwie Freunde bleiben.*

Wovon handelt dieser Text? Zunächst gibt es keine klaren Informationen darüber, wen oder was die Erzählstimme mit „sie" bezeichnet und was genau hier beendet wurde. „Das Ganze", „die Zweisamkeit" sind ebenfalls nur Verweisungszeichen, die keine eindeutige Aussage treffen. Erst mit der abschließenden Wendung „Laß uns irgendwie Freunde bleiben" lässt sich die eigentliche Aussage, dass hier offensichtlich eine vierjährige sexuelle Partnerschaft beendet ist, bestimmen. Dazu benötige ich als Leserin oder Leser aber kulturelles Kontextwissen (oder eigene Erfahrung) zum Gebrauch dieser Redewendung bei Trennungsgesprächen. Es handelt sich also um eine Form symbolischer Zeichenbildung.

Fiktive Welt der Literatur: symbolische Zeichen

Auch auf der grammatischen Ebene weist der Romanausschnitt gegenüber der Bedienungsanleitung Unterschiede auf. Eine Bedienungsanleitung muss auch im fallweisen Gebrauch beim direkten Lesen einzelner Kapitel funktionieren. Bedienungsanleitungen erzielen ihre Kohärenz deshalb durch ständige Wiederaufnahme der ikonischen Zeichen und der handlungspragmatisch relevanten Begriffe: Stereotyp ist vom „Receiver" die Rede, der im Gegensatz zum literarischen Text nie durch sein Personalpronomen „er", „ihn" ersetzt wird. Ein weiterer Unterschied: Der Roman setzt Wissen aus dem vorhergehenden Kapitel voraus. Dort hat der Leser im letzten Satz erfahren, dass das sprechende Ich ein männliches Ich ist, das in einer schwierigen Lebensphase steckt, *„seit Katharina weg ist"*. In immer neuen Ausdrucksmitteln umkreist der Romantext das Titelthema von *Soloalbum*: Einsamkeit, Selbstmitleid, Stolz des Verlassenen, Liebe. „[...] und nichts da mit nochmalversuchen, son-

Sprache der Literatur

dern viel schlimmer: *Laß uns irgendwie Freunde bleiben"*. Was zunächst wie die Abbildung mündlicher Sprache aussieht, ist bei genauer Betrachtung hoch strukturierte und verdichtete Kommunikation mit symbolischer Zeichenbildung, über die die Alltagssprache mit Mehrdeutigkeiten aufgeladen wird.

Symbolische Verdichtung

Was wir eben beschrieben haben, ist nicht erst seit 200 Jahren ein Prinzip zur Zeichenbildung in der Literatur. Bereits die mittelalterlichen Dichter verfügen über unterschiedliche Register der Zeichencodierung, über einen eigenständigen Zeichengebrauch, der den Gehalt der Dichtung in Anschauung überführt. In heroischer und höfischer Dichtung erfahren konkrete, in die Handlung eingeführte Gegenstände wie Waffen, Schmuck, Schätze und selbst Lebewesen wiederholt eine „symbolische Verdichtung" oder „Signalwirkung": Gudruns Ring, Sîvrits oder Rolands Schwert, Rüdigers Schild, Iweins Löwe etc. Neben die geläufigen rhetorischen Sprachbilder treten herausgehobene Objekte als konkretisierte Metaphern bzw. Chiffren und verweisen über ihren instrumentellen Zweck hinaus, ja sie scheinen der verhandelten Problematik eine substantielle Verankerung zu verleihen.

Zeichenregime

Zeichenregime, auch literarische, verändern sich im historischen Prozess. Die mittelalterliche Allegorese läuft als bestimmendes Zeichenregime mit der Reformation aus, die Signaturenlehre als ‚wissenschaftliches' Verfahren endet im Übergang vom 17. zum 18. Jahrhundert mit dem Fortschritt der Medizin, die politische Organismusmetapher wird im ‚mechanischen' 18. Jahrhundert durch die der Maschine ersetzt; und mit dem Aufkommen der Ästhetik endet ungefähr zur gleichen Zeit auch die rhetorisch dominierte Zeichenlehre der Regelpoetik. Mit dem Aufkommen der Ästhetik verliert z. B. die barocke Allegorie ihre Zentralstellung, die in Form von Personifikationsdichtung über lange Zeit erfolgreich die kulturelle Bildsprache beeinflusst hat.

8 Komplexe Zeichensysteme der Moderne

GOETHES Symbolbegriff

Literarische Texte haben die Technik der symbolischen Zeichengebung weiter verfeinert und sind darüber vor allem seit der Goethezeit zu immer komplexeren Zeichensystemen geworden. Die Symbolik der Texte verwandelt nach der Definition von GOETHE dabei *„die Erscheinung in Idee, die Idee in ein Bild, und so, daß die Idee* *im Bild immer unendlich wirksam und unerreichbar bleibt".* (GOETHE, *Maximen und Reflexionen*, 749). Das Symbol verwandelt nach GOETHE also eine Idee in ein Bild, das wir intuitiv und unmittelbar verstehen, ohne es bis in seine Einzelteile zergliedern zu können (das wäre eine Allegorie). Kurz gefasst, die Idee bleibt im Bild erhalten, sie löst sich nicht darin auf.

GOETHE selbst hat in seinem Roman *Die Wahlverwandtschaften* (1809) dieses Konzept der durchgängigen Symbolisierung vorgeführt. Ein Beispiel: Im Roman geht das Ehepaar Eduard und Charlotte das Risiko ein, ihre stabile Zweisamkeit durch eine Einladung an einen befreundeten Hauptmann Otto und die Nichte Ottilie den Anfechtungen der Leidenschaft auszusetzen. Charlotte setzt Eduards Einladungsbrief an den Hauptmann noch eine Nachschrift hinzu und verunstaltet dabei *„das Papier zuletzt mit einem Tintenfleck, der sie ärgerlich machte und nur größer wurde, indem sie ihn wegwischen wollte."* Ohne dass der Leser an dieser Stelle des Romans bereits genaueres wissen kann – Charlotte wird sich in den Hauptmann verlieben –, wird der Fleck, auf den der Erzähler einige Energie verwendet, zum symbolischen Zeichen. In Charlottes Versuch, den Fleck wegzuwischen, das diesen aber nur vergrößert, entsteht ein sinnfälliges Bild, das wiederum mehrfach ausgedeutet werden kann, letztlich aber „unerreichbar" bleibt. Neben der Andeutung einer moralischen Schuld (Befleckung) wird die Idee verbildlicht, dass Menschen die Auswirkung ihrer Handlungen nicht im Griff haben, dass das, was sie zu beherrschen glauben, sich verselbständigt und sie schließlich selbst beherrscht.

GOETHES *Wahlverwandtschaften*

Allerdings wäre es zu stark vereinfachend, von einer teleologischen Entwicklung hin zu einem ambivalenten Zeichencode auszugehen und das Modell der Allegorie als grundsätzlich unmodern zu verstehen. Schon GOETHE hat mit seinem Alterswerk *Faust II* eminent allegorische Literatur geschrieben. In der Dichtung des 19. Jahrhunderts, spätestens bei BAUDELAIRE, wird die Allegorie dann wieder rehabilitiert; und Erzähltexte der klassischen Moderne wie FRANZ KAFKAS *Das Schloß*, *Der Proceß*, THOMAS MANNS *Doktor Faustus* oder auch die Literatur der 1950er Jahre mit MAX FRISCHS *Homo Faber* und WOLFGANG KOEPPENS *Das Treibhaus* gründen ihr Erzählmodell bereits in der Titelgebung offensichtlich auch auf eine allegorische Deutungsstruktur.

Allegorische Literatur

Kapitel 2   Zeichen – Regeln – Ordnung

Arbitrarität

Vielmehr arbeitet die Literatur seit 1800 mit vielfältigen Zeichenstrukturen. Wenn die Beziehung zwischen dem Bezeichnendem, dem Signifikant, und dem Bezeichneten, dem Signifikat, nicht gottgegeben ist und im Sinne einer allegorischen Lesbarkeit decodiert werden kann, sondern als grundsätzlich willkürlich betrachtet wird (der Fachbegriff hierfür ist „arbiträr"), dann entstehen neue Möglichkeiten, aber auch Aufgaben für die literarische Zeichenordnung. Literatur kann textuelle Sinnstrukturen in weiten Kombinationsmöglichkeiten von Symbol, Allegorie und anderen Formen der komplexen Zeichen, wie Metaphern oder Metonymien, aufbauen. Metapher und Metonymie interessieren die Literaturwissenschaft in diesem Zusammenhang nicht nur als rhetorische Stilmittel oder als Epochensignaturen (,Romantik' und der ,Symbolismus' bevorzugen Metaphorik, die Zeit des Realismus arbeitet mit Metonymien); die zugrundeliegenden Zeichenprozesse sind in einer strukturalistischen Perspektive, die wir bereits zu Beginn des Kapitels eingenommen haben, vielmehr Ausgangspunkt für Antworten auf die Frage gewesen, was poetische Sprache von Alltagssprechen unterscheidet.

Metaphern/ Metonymien

Metaphern entstehen durch Bedeutungsübertragung qua Ähnlichkeit, etwa in der Metapher „Drahtesel" für Fahrrad. Metonymien hingegen werden durch Bedeutungsübertragung aufgrund eines Sachzusammenhangs gebildet. In der metonymischen Formulierung „Köln jubelt" wird die Stadt selbst für ihre Einwohner genommen. Der Linguist ROMAN JAKOBSON hat diese Strukturen noch genauer untersucht und die Zeichenprozesse beim Bilden einer Metapher mit dem Begriff der Similarität belegt, während er die Metonymie über einen Prozess der Kontiguität (eben die Berührung über einen sachlichen Kontext) beschrieben hat. Wie lässt sich von dieser Beobachtung auf die Funktionsweise von Literatur schließen? Dazu blicken wir noch einmal auf die Alltagssprache. Für den Satz *Mein Rechner ist kaputt* muss der Alltagssprecher Tom zunächst zwei Operationen vollziehen: Selektion/Substitution und Kombination/Kontextbildung. Tom muss aus verschiedenen sprachlichen Möglichkeiten auswählen, substituiert (ersetzt) dabei einen Begriff durch einen anderen und bildet über Kombination einen Kontext (*sage ich Rechner oder Computer, defekt oder kaputt*). Das haben wir oben als syntagmatische und paradigmatische Beziehungen beschrieben.

8 Komplexe Zeichensysteme der Moderne

Syntagma	Paradigma
Kombination und Kontextbildung	Selektion und Substitution
Mein Rechner + ist + kaputt	Mein PC ist kaputt Mein Laptop ist defekt Dein Rechner ist kaputt Sein Computer ist defekt
Kontiguität (Berührung) metonymisch	Similarität (Ähnlichkeit) metaphorisch

In der literarischen Sprache tritt nun eine bedeutsame Abweichung von der Alltagssprache auf. Kein Mensch würde in der Alltagskommunikation etwa einen Satz aussprechen, wie ihn Richard Wagner im Libretto für seine Oper *Walküre* formt: „Winterstürme wichen dem Wonnemond/in mildem Lichte leuchtet der Lenz". Was ist das Besondere an diesem Satz, was macht ihn zur Poesie?

Während Alltagssprecher einer Sprache sich gewöhnlich zwischen Wörtern entscheiden, die sich in ihrer Bedeutung oder ihrer syntaktischen Funktion ähneln (also „Rechner" und „kaputt" wählen und „Computer", „PC" und „defekt" ausschließen), werden sie in der Poesie hintereinander verwendet und in einen Kontext gebracht. Die Kontiguität entsteht über den Stabreim. Die Alliterationen mit „w" und „l" bilden eine lautliche Similarität und übertragen damit das Modell der Substitution („Wonnemond" oder „Lenz" statt „Frühling") aus der Achse der Selektion (Paradigma) in die Achse der Kombination (Syntagma).

Poesie – Abweichung und Verfremdung

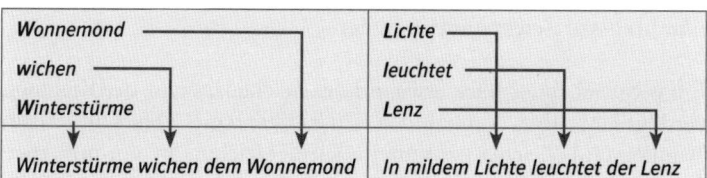

(Link 1992, 93)

Jakobson hat die Tatsache, dass Selektion und Substitution auch auf der Achse der Kombination bestimmt sind, „poetische Funktion" genannt. Diese Funktion ist ein klares Differenzkriterium zu nichtliterarischen Texten. Besonders eignet sie sich freilich zur Beschreibung von Lyrik und zeigt dann, wie Gedichte die Eigenschaften von Sprache selbst ausstellen können. Eine Aufgabe der Literaturwissenschaft ist es, die Formen der Abweichung oder Ver-

Die poetische Funktion

fremdung der Alltagssprache in der Poesie wissenschaftlich zu beschreiben. Dazu gehört auch Wissen über Klangfiguren, Wortfiguren und die sogenannten Tropen, das sind Wendungen, die nicht im eigentlichen Sinn, sondern übertragen verwendet werden.

Zeichenstrukturen erschließen Kulturen

Da Zeichen nur dann als Zeichen funktionieren, wenn sie von jemandem als solche erkannt und decodiert werden, hat die Germanistik auch den Verständnishorizont der Zeichennutzer im Blick. Wer die komplexen literarischen Zeichensysteme verstehen will, braucht dafür deshalb Kenntnis der jeweiligen historisch unterschiedlichen kulturellen Codes oder kollektiver Traumata, in die ein Text eingebettet ist. Eine Deutung von ANDREAS GRYPHIUS' *Thränen des Vaterlandes (anno 1636)* geht ohne Kenntnis der transzendent-religiösen Weltauffassung fehl, ein Verständnis von PAUL CELANS *Die Todesfuge* ist ohne Wissen um die Shoa kaum möglich. Dass Kulturen sich über ihre Zeichensysteme semiotisch „aufschließen" lassen, wie dies vor allem ROLAND BARTHES vermittelt hat, bedeutet, dass zur Literatur noch andere Zeichensysteme hinzutreten, die mit ihren Zeichenstrukturen wiederum die Produzenten wie Rezipienten der literarischen Texte beeinflussen. So kann man etwa sehen, dass heute *vor*modernes Denken, also etwa das klassische Substanzdenken (Modell: Walnüsse als Heilmittel gegen Kopfschmerzen), das die Zeichenordnungen des Mittelalters bestimmt hat, keineswegs völlig bedeutungslos geworden ist. In so manchem Aberglauben, wie der Furcht am Freitag dem 13. oder dem fehlenden 13. Stock im Hochhaus, ganz zu schweigen von dem zunehmenden gesellschaftlichen Interesse an Esoterik, lebt diese unmittelbare Zeichenpraxis weiter.

Beispiel: Kleidercodes

Ein vergleichender Blick etwa auf die Zeichensprache der Kleidung verdeutlicht noch einmal den Zusammenhang von kulturellem Wandel und Zeichenstrukturen. Kleiderzeichen in vormodernen Gesellschaften transportierten eindeutige Aussagen über die Träger: Ein Bauer ist an seiner Kleidung in seiner Stellung innerhalb des Gesellschaftsgefüges (eben als Bauer) zu erkennen. Solche Eindeutigkeiten gibt es heute nur noch in wenigen eng abgegrenzten sozialen Gruppen, etwa als Rangabzeichen im Militär. Fast alle anderen Kleiderzeichen sind wie die literarischen Zeichen in der Moderne generell ambivalent geworden. War bis vor wenigen Jahrzehnten die Sportkleidung indexikalisch Zeichen für die Sportlichkeit des Trägers, scheint das Attribut Sportlichkeit selbstbezüglich geworden und in die Kleidung selbst abgewandert zu sein. Jetzt ist es durch die Mode möglich geworden, dass auch gänzlich „unsportliche" Zeitgenossen sportliche Kleidung in der Öffentlichkeit tragen und damit einen potentiell ambivalenten Zeichencode vertreten, der gar nicht abschließend interpretiert werden kann: „Will Tom in seinem Trainingsanzug nur sportlich aussehen, oder ist er trotz Bierbauch tatsächlich sportlich? Hatte er heute nur keine Lust, sich anders anzuziehen, oder will er bewusst provozieren?"

Wie in der Mode entstehen auch in der Literatur der Moderne Formen des selbstreferentiellen Zeichengebrauchs. Denn in der Moderne verselbständigt sich die Kunst unter anderem dadurch, dass sie auf ihre Darstellungsmittel, z. B. auf die Möglichkeiten und Grenzen der Sprache selbst reflektiert. Gerade bei einst heiligen Texten funktioniert das besonders gut. ERNST JANDL nimmt 1957 in seinem sprachkritischen Gedicht „*Fortschreitende Räude*" auf die ersten Sätze des Johannesevangeliums Bezug:

Selbstbezügliche Zeichen

> him hanfang war das wort hund das wort war bei
> gott hund gott war das wort hund das wort hist fleisch
> geworden hund hat hunter huns gewohnt [...],

JANDL zerlegt und kombiniert die einst heiligen Worte hochprovokativ als Sprachmaterial und markiert dabei unsere gemeinsame Sprache im Sinne einer *fortschreitenden Räude* als heruntergekommen:

> schim schanschlang schar das wort schlund schasch wort
> schar schlei schlott schund flott war das wort schund
> schasch fort schist schleisch schleschlorden schund
> schat schlunter schluns scheschlohnt

Wenige Zeilen später endet das Gedicht in einem „flottsch". Der Provokation korrespondiert aber zugleich eine Huldigung an den heiligen Text. Wie der Künstler ALBRECHT DÜRER sich ähnlich provokativ in der Pose Christi dargestellt hat, so inszeniert Jandl seine konkrete Poetologie, denn diese führt das Gedicht als ein Evangelium der Sprache vor: *und flott war das wort.*

Für Germanistinnen und Germanisten nimmt der Beginn des Johannesevangeliums noch eine andere Bedeutung an: Als Freund des Wortes, als Philologe (*philos/logos*), bezeichnet sich derjenige, der sich intensiv mit der Sprache und der Literatur beschäftigt. Für

Philologie

41

ihn ist das Wort so wenig nur ein reiner Gebrauchsgegenstand wie für den Dichter. Was sie verbindet, ist die Lust an der Sprache, am Produzieren und Rezipieren literarischer Zeichen, die die Alltagsfunktionen von Sprache weit überschreiten. Zeichen, die wir als Buchstaben auf einer Buchseite oder einem Bildschirm wahrnehmen, öffnen eine grenzenlose Welt von Wissen und Erfahrungsmöglichkeiten: Wie alle Leserinnen und Leser lieben und leiden Germanisten mit Lotte und Werther, Emma Bovary und Effi Briest, nehmen die Welt mit den Augen eines Panthers wahr (RILKE *Der Panther*) oder beobachten mit Oskar Matzerath (GRASS *Die Blechtrommel*) Familienereignisse aus einer Perspektive unter dem Tisch. Wie wird daraus allerdings eine professionelle Tätigkeit, die den Anspruch erhebt, literarische Texte besser zu verstehen und vor allem wissenschaftlich zu analysieren, wie Texte funktionieren? Hierzu betrachten wir in einem nächsten Schritt Sprache und Literatur im lebendigen Gebrauch.

FRAGEN
1. Was ist ein Zeichen?
2. Welche Funktionen hat Sprache?
3. Was war im Umgang mit Zeichen und Schrift im Mittelalter anders als es heute ist?
4. Was ist die poetische Funktion der Sprache?
5. Was unterscheidet literarische Texte von Gebrauchstexten?

Performanz 3

1 Sprache in Aktion

Wie weit trägt die strukturalistische Betrachtungsweise aus dem ersten Kapitel? Ist Sprache nur Struktur? Wenn ihre Regeln nicht von einer äußeren Instanz (FIFA, Bundestag) festgelegt werden, sondern nur durch Anerkennung in ihrer Anwendung gelten, verändern sie sich nicht dann auch in ihrem Gebrauch? Schauen wir noch einmal unser Beispiel aus Kapitel 2 an.

Ist Sprache nur Struktur?

„Hi Svenja, mein Rechner is grad kaputt – kannze mir ma dieses Lied da downloaden?" Da tauchen jetzt ja doch ein paar Fragen auf. Ist das überhaupt korrektes Deutsch? Schriftlich würde sich üblicherweise wohl niemand so ausdrücken. Aber selbst in gesprochener Sprache nur unter besonderen Umständen. In einem öffentlichen Vortrag würde das Wort *„kaputt"* kaum vorkommen. *„kannze ma"* geht gar nicht, auch nicht in einer mündlichen Prüfung oder in Süddeutschland. Offenbar gibt es viele verschiedene Varianten, Stile, Register in „der" deutschen Sprache, abhängig von regionaler Herkunft, Geschlecht, Alter, Bildung, sozialer Stellung und jeweiliger Rolle der Sprecher, von sozialer, räumlicher und persönlicher Nähe oder Distanz zwischen Sprecher und Hörer, vom besonderen Anlass und Zweck, der jeweiligen Situation und dem benutzten Medium. Die Linguisten sprechen von Varietäten (wie Fachsprachen, Jugendsprachen, Werbesprachen) oder auch Lekten (wie Dialekten, Soziolekten, Alterslekten usw.) – bis hinunter zu Idiolekten, also dem persönlichen Stil zum Beispiel eines Dichters oder eines anderen Sprechers oder Schreibers. Mit jeder Äußerung identifiziert und inszeniert sich ihr Sprecher auch in seiner Persönlichkeit und Gruppenzugehörigkeit und grenzt sich anderen gegenüber ab. Doch wo hört das allgemeine System (*langue*) auf, und wo fängt die individuelle Verwendung (*parole*) an? Oder ist die Frage schlecht gestellt, und beide hängen wechselseitig voneinander ab?

Varietäten der Sprache

Jedenfalls wankt die Homogenitätsannahme des Strukturalismus, derzufolge zu einer bestimmten Zeit (wie grenzt man sie ab?) eine (wie?) klar definierte Sprachgemeinschaft die gleichen Regeln anerkennt. Nur auf den ersten Blick sieht es so aus, als sei Deutsch eben Deutsch (etwa im Gegensatz zu Französisch oder Suaheli). Doch schaut man sich genauer an, wer wann wie deutsch spricht, zeigt sich ein sehr differenziertes Bild. Jede Person hat unterschiedlichen Zugang und Anteil an diesen Regeln und beherrscht verschiedene

Sprache macht Unterschiede

43

Kapitel 3 Performanz

Varietäten mehr oder weniger gut, andere gar nicht. So besteht jede Sprachgemeinschaft aus Sprechern mit höchst unterschiedlichen sprachlichen Kenntnissen und Fähigkeiten und weist schon in diesem Sinne eine innere Mehrsprachigkeit auf (von Fremdsprachen und Kontakten zwischen verschiedenen Sprachen zu schweigen). Folglich müssen die Sprecher sich jeweils sensibel auf die besonderen Bedingungen der Situation und die vermuteten Regelkenntnisse ihres Gegenübers einstellen. Die Kfz-Mechanikerin spricht mit ihren Vorgesetzten anders als mit ihren Kunden und wiederum anders als mit ihrer zweijährigen Tochter. Nur weil wir gelernt haben, derart flexibel mit sprachlichen Regeln umzugehen, können diese sich ändern und ändern sich auch dauernd. Heute spricht und schreibt man nicht mehr wie vor fünfzig Jahren oder im 18. Jahrhundert und schon gar nicht wie im Mittelalter oder noch früher.

Wie ist Verständigung möglich?

Wieso aber können wir trotzdem einander verstehen? Wie groß darf der Abstand zwischen den Regeln beider Kommunikationspartner sein? Was muss man tun, wenn das Verständnis sich nicht ohne weiteres erschließt (zum Beispiel in der Kommunikation zwischen Arzt und Patient, bei der Lektüre mittelalterlicher Texte oder moderner Lyrik)? Das sind zentrale Fragen, die in der Germanistik systematisch verfolgt werden.

Integration fremder Wörter

Eine ganz kleine Antwort versuchen wir anhand des ersten und des letzten Wortes unseres Beispiels. Wir wissen noch, dass das von Haus aus keine deutschen Wörter sind. (Bei *kaputt* und evtl. *Lied* wissen Alltagssprecher das nicht mehr. Sprachwissenschaftler, hier Etymologen, halten solche historischen Entwicklungen aber nach: *kaputt* übers Kartenspiel *caput machen* = ohne Stich sein von frz. *faire capot* = *kentern*; Lied vielleicht von Lateinisch *laus* = *Lob*.) Wir verwenden sie aber problemlos und integrieren sie mehr oder weniger dicht in die deutschen Regeln, die sich durch solche unscheinbaren Prozesse ihrerseits allmählich ändern. *Hi* wird amerikanisch geschrieben und ausgesprochen (obwohl das auch ein deutsches Wort sein könnte: *hei*, wie aus Schulfibeln bekannt, während man es doch eigentlich *hai* schreiben könnte, weil doch gar kein e ausgesprochen wird – aber lassen wir diese Erinnerung an Kap. 2) Und *downloaden* behält im gegenwärtigen Deutsch in Wort und Schrift zwar seine englische Gestalt, aber wir passen es den deutschen morphologischen Regeln an: Das deutsche Morphem *-en* am Ende zeigt hier eine ganz bestimmte grammatische Bedeutung an, nämlich dass es sich um ein Verb im Infinitiv handelt. Wenn wir ein Partizip daraus machen sollen, geraten wir schon in Schwierigkeiten: *downgeloadet* (wie bei *runtergeladen*) oder *gedownloadet* (wie bei *gefachsimpelt*)?

Wenn man darüber nachdenkt, scheint das arg kompliziert; doch die flinken Alltagssprecher kriegen das alles problemlos hin. Von Kindesbeinen an haben sie gelernt, die üblichen Regeln bei anderen abzuschauen und ihren Zwecken jeweils so anzupassen, wie sie sie gerade brauchen. Das gemeinsam anerkannte Sprachsystem wird im wechselseitigen Sprachgebrauch immer neu realisiert und dabei geschmeidig umgeformt. Das oberste Ziel ist dabei stets, zu verstehen und verstanden zu werden. Unter diesen Maßgaben bilden sich die Regeln hinterrücks heraus und verändern sich auch – ganz so, wie gewohnte Trampelpfade sich ändern, wenn sich ein Hindernis quer stellt oder ein bequemerer Weg gefunden wird.

<small>Sprachwandel durch unsichtbare Hand</small>

Das gilt nicht nur für die sprachlichen Formen, sondern auch für die Bedeutungen. Bedeutungen einzelner ‚Elemente' (wir hatten gelernt, dass dieser Ausdruck hier fragwürdig ist: Positionen in einem System) scheinen mehr oder weniger langlebig. *Rechner* – auf Maschinen bezogen, nicht auf Menschen (da fängt es schon an) – hießen auch vor fünfzig Jahren schon so (obwohl sie ziemlich anders aussahen). Auch heute bezeichnet man damit sowohl große Computersysteme als auch PCs, Taschenrechner und kleine Zubehörprogramme in PCs. Und ein *Lied* war schon immer ein *Lied*. (Denkt man wenigstens. 1980 hätte man *Song* dazu gesagt, und ein *Lied* wäre ein Volkslied gewesen.) Also so ungefähr jedenfalls denken wir, dass ein Wort eine oder mehrere Bedeutungen ausdrücke, ganz im Gegensatz zu anderen Wörtern. Ein *Lied* ist eben kein Lob und kein Knochen und all das andere auch nicht, das wir mit anderen Wörtern bezeichnen. (Achtung! Das war strukturalistisches Denken: Etwas existiert nicht durch seine Identität, sondern durch seinen Unterschied gegenüber Anderem.)

<small>Veränderungen der Bedeutung</small>

Wieso aber verstehen wir *is* als konjugierte Form von *sein* und nicht von *essen*? Dabei hört sich „*Iss!*" doch genau so an und besteht aus denselben Phonemen. (Es ist also ein Ausdruck, der zwei verschiedene Inhalte tragen kann: ein Homonym oder ‚Teekesselchen'.) Offenbar strahlt der Zusammenhang der ganzen Äußerung auf ihre einzelnen Teile aus; und beim Lesen oder Zuhören versuchen wir, alles dadurch richtig zu verstehen, dass wir jeweils kleinere und größere Einheiten in einen plausiblen Zusammenhang bringen.

<small>Zusammenwirken von größeren und kleineren Einheiten</small>

Kapitel 3   Performanz

Situation und Bedeutung

Auch die komplette Äußerung Toms scheint eine klare Bedeutung auch jenseits dieser speziellen Situation zu tragen. Sonst könnten wir sie nicht verstehen, obwohl wir Tom nicht kennen und uns auch nicht in Svenjas Lage befinden. Doch halt! Wer ist überhaupt *Svenja*? Mal ist es diese, mal jene Person. Dieses Wort kann zigtausend verschiedene Menschen bezeichnen. Eine abstrakte Bedeutung (wie *Rechner*) hat es nicht. Und die Bedeutung von *mein* hängt ganz davon ab, wer es sagt, eben *mein* und nicht *dein*. Schließlich: Was heißt „*dieses da*"? Das kommt ganz auf die Situation an und erschließt sich auch nur aus der Situation. Wenn Tom morgen im gleichen Raum auf ein anderes Lied zeigt oder jemand anders jetzt an einem anderen Ort den gleichen Wortlaut ernst meint, bedeutet das jeweils etwas ganz anderes. Wer verstehen will, muss in Betracht ziehen, wer wann wo spricht, und herausfinden, wie der Sprecher die Koordinaten zu verstehen gibt, von denen aus er spricht: ich jetzt hier. Das kann implizit geschehen, doch explizite sprachliche Mittel (darunter Eigennamen, Personal-, Possessiv-, Demonstrativpronomen, Adverbien, unter Umständen aber auch Tempora und andere grammatische Formen) erleichtern die Sache.

Zeigfeld und Symbolfeld

Das Feld, das die unterschiedlichen Ursprungspositionen von Sprecher und Hörer aufeinander bezieht, heißt Zeigfeld der Sprache. Die sprachlichen Instrumente, mit denen wir darin navigieren, heißen deiktische Mittel (von griech. *Deixis* = das Zeigen). Damit können wir situationsunabhängige sprachliche Bedeutungen (z.B. *Rechner*) auf konkrete Situationen beziehen, Allgemeines auf Einzelnes. Aus dem Symbolfeld der Sprache hingegen schöpfen wir die abstrakten Möglichkeiten, die der Sprachgemeinschaft allgemein zur Verfügung stehen. Erst das Zusammenspiel von Symbolfeld und Zeigfeld macht Kommunikation möglich. (Frage: Wie wirken Symbolfeld und Zeigfeld in der sizilianischen Nachricht aus Kap. 2 1. zusammen?)

2   Sprechen als Handeln

Sprechakt

Es sollte klar geworden sein, dass wir beim Sprechen sehr flexibel mit einem Regelsystem umgehen, das wir alle mehr oder weniger gut kennen und anerkennen. Wir nutzen also gemeinsame Regeln, um höchst unterschiedliche sprachliche Handlungen ausführen zu können: fragen, behaupten, mitteilen, versprechen, entschuldigen, bestellen, drohen, beschweren, gratulieren, Sympathie zeigen, beurteilen, verurteilen, warnen, begrüßen, durch die Blume zu verstehen geben und so weiter und so fort. Die Liste scheint unendlich. Sie umfasst mindestens so viele Arten sprachlicher Handlungen, wie es Verben gibt, die sie bezeichnen. Solche Verben, die das bedeuten, was man tut, wenn man sie am Ursprung des Zeigfeldes (ich jetzt hier) äußert, heißen *performative Verben*. Wer sagt „Ich lade Dich heute Abend zum Kino ein", beschreibt damit nicht irgendetwas, sondern vollzieht eine sprachliche Handlung mit entsprechenden Folgen für Sprecher und Hörer. Eine solche Handlung wird *Sprechakt* genannt. Jeder Sprechakt besteht aus einer illokutionären Rolle und aus einem propositionalen Gehalt. Die illokutionäre Rolle bestimmt das Verhältnis zwischen Sprecher und Hörer (Verpflichtung zur Einladung), der propositionale Gehalt drückt aus, worum es sachlich geht (Kinobesuch).

> **DEFINITION**
>
> *Sprechakte sind die kleinsten sprachlichen Äußerungseinheiten. Sie verbinden illokutionäre Rolle (Verhältnis zwischen Sprecher und Hörer) und propositionalen Gehalt (den Sachverhalt, um den es in einer Äußerung geht) miteinander.*

Nun können auch Sprechakte nur über Regeln funktionieren, denen wir alle folgen. Genauer gesagt: Wer ihnen nicht folgt (die Einladung zum Beispiel nicht vollzieht), wird dafür in irgendeiner Weise sanktioniert. Man hat herausgefunden, dass es genau fünf Klassen von Sprechakten (fünf Klassen von Illokutionen) gibt, denen jede sprachliche Äußerung, sei es in Gesprächen, sei es in schriftlichen Dokumenten, sei es in Belletristik oder wo auch immer, zugeordnet werden kann. Entweder trifft man eine Feststellung über die Wirklichkeit (assertiv): *Du hast heute Geburtstag*. Oder man versucht, den Partner zu einer bestimmten Handlung zu bringen (direktiv): *Pack deine Geschenke aus*. Oder umgekehrt man verpflichtet sich ihm oder ihr gegenüber zu etwas (kommissiv): *Danach gehe ich mit dir essen*. Oder man drückt ihm gegenüber eine bestimmte psychische Einstellung aus: *Ganz herzlichen Glückwunsch!* Und schließlich kann man unter jeweils besonderen institutionellen Bedingungen durch sprachliche Äußerungen auch die Wirklichkeit selbst verändern (deklarativ), etwa wenn der Richter den Steuerhinterzieher zu einem Jahr Gefängnis verurteilt.
Für alle diese Klassen von Sprechakten gelten jeweils besondere Regeln und Gelingensbedingungen. Sie werden in Sprachphilosophie und Linguistik auch sehr genau beschrieben. Die Sprechakttheorie untersucht Sprache also nicht unter dem Gesichtspunkt ihres gram-

Klassen von Sprechakten

Kapitel 3 Performanz

matischen Regelwerks, sondern unter dem Gesichtspunkt ihrer Verwendung in sozialen Zusammenhängen.

Die fünf Klassen von Sprechakten

Bezeichnung	Illokution	Beispiel
assertiv	etwas über die Wirklichkeit aussagen	Max ist ein Dieb.
direktiv	jemanden zu einer Handlung bewegen	Zeige ihn an!
kommissiv	sich zu etwas verpflichten	Sonst werde ich es tun.
expressiv	eine psychische Einstellung ausdrücken	Pfui!
deklarativ	die Wirklichkeit verändern	Ich verurteile Sie zu 4 Wochen Gefängnis.

System und Gebrauch

Auf den ersten Blick könnte man denken, Grammatiker betrachteten Sprache als System unabhängig von den konkreten Sprechern, während Sprechakttheoretiker den konkreten Sprachgebrauch untersuchten. Tatsächlich aber zeigt sich die oben besprochene Spannung zwischen allgemeinen Regeln (System, Kompetenz) und konkreter Anwendung im einzelnen Fall (Gebrauch, Performanz) in etwas anderer Weise auch im Falle der Regeln für Sprechakte. Nach Ansicht der Sprechakttheoretiker gelten die allgemeinen Regeln für Sprechakte ganz unabhängig von einzelnen Sprachen überall in der Welt. Sie müssten grundsätzlich so funktionieren, und schon aus logischen Gründen könne es gar keine anderen Arten sprachlicher Interaktion geben.

Sprechakte im Sprachspiel

Wie steht es aber mit der konkreten Anwendung im Sprachspiel? Was ist gewonnen, wenn man jede menschliche Äußerung einer der fünf Klassen zuordnen kann? (*Mein Rechner ist grad kaputt* ist assertiv, *kannze mir ... downloaden* direktiv.) Ist das für empirische Untersuchungen nicht viel zu abstrakt und blutleer? Gibt es Mischungen, Kombinationen, Unklarheiten, Übergänge zwischen den verschiedenen Klassen? (Wie ordnet man die sizilianische Nachricht ein?) Was ganz genau geschieht in den zahllosen Fällen höchst unterschiedlichen Gelingens, Halbgelingens und Misslingens von Sprechakten? Wie wirken Sprecher und Hörer dabei zusammen? Gibt es unterschiedliche Varietäten in der Realisierung von Sprechakten? Der Begründer der Sprechakttheorie JOHN AUSTIN hat in seinen Vorlesungen performativ geradezu vorgeführt, dass eine sprachwirklichkeitsnahe Systematisierung der Performanz scheitern müsse.

System und Performanz

Tatsächlich ist es nicht sinnvoll, eine scharfe Grenze zwischen System und Performanz zu ziehen. Sprachliche Kommunikation lebt davon, dass individuelle Sprachspieler ihre spezifischen Mitteilungsabsichten einander verständlich zu machen suchen; und das kann nur mithilfe von Regeln funktionieren, die auch unabhängig von der einzelnen Person und Situation allgemein gelten. Daraus erklärt sich das fortwährende Wechselspiel nicht nur von Symbolfeld und Zeigfeld, sondern auch von Sprache und Sprechen, System und Gebrauch, allgemeinen Regeln und individueller Anwendung. In jedem Redefluss verändert sich das überlieferte Flussbett der Sprache.

Eine besondere sprachliche Kommunikationssituation liegt vor, wenn das Sprechen bewusst im Kontext eines Rituals stattfindet, etwa bei der Urteilsverkündung durch den Richter. Hier wird nicht nur der deklarative Sprechakt dominant; hinzu kommen noch andere formalisierte nichtsprachliche Elemente, die die Wirksamkeit des Sprechaktes unterstreichen. Der Richter steht erhöht, die Angeklagten und alle Beteiligten erheben sich; der Richter trägt ein dafür eigens hergestelltes Gewand usw. Unschwer lässt sich in dieser Praxis eine Nähe zur inszenierten Kommunikation im Theater erkennen. Gesellschaften verwenden oft ähnliche performative Akte, um ihre funktionalen Institutionen aufrecht zu erhalten und um Kunst zu erzeugen. Und offensichtlich stabilisiert sich dies geradezu wechselseitig. Auch dieses Wechselverhältnis ist ein Forschungsfeld der Germanistik. Besonders spannend ist dabei die Frage, was mit den Sprechakten unter der Bedingung von Fiktionalität passiert. Mit dem *Merseburger Zauberspruch* betrachten wir nun eine Textsorte, die uns Einblick gibt in das Zeitalter vor der geschriebenen Literatur.

Beispiel: vor Gericht

3 Kulturelle Performanz

Phol ende Uuodan   uuorun zi holza.
du uuart demo Balderes uolon   sin uuoz birenkit.
thu biguol en Sinthgunt,   Sunna era suister,
thu biguol en Friia,   Uolla era suister,
thu biguol en Uuodan,   so he uuola conda:
sose benrenki,   sose bluotrenki, sose lidirenki,
ben zi bena,   bluot zi bluoda,
lid zi geliden,   sose gelimida sin!-

Phol und Wodan ritten in den Wald. Da verrenkte sich Balders Fohlen einen Fuß. Da besprach ihn Sindgund (und) Sunna, ihre Schwester, da besprach ihn Frija (und) Volla, ihre Schwester, da besprach ihn Wodan, so gut wie (nur) er es konnte: wie die Verrenkung des Knochens, so die des Blutes, so die des ganzen Gliedes! Knochen an Knochen, Blut zu Blut, Glied an Glied, als ob sie zusammengeleimt wären!   [Übers. H. D. Schlosser]

Merseburger Zauberspruch

Kapitel 3   Performanz

Es beginnt mit einer Erzählung. Berichtet wird vom gemeinsamen Ausritt Phols, Wodans und Balders in den Wald und von einem Unfall, dessen Folgen behoben werden müssen: vermeintlich ein alltäglicher Vorgang. Der *Merseburger Zauberspruch* stammt aus dem 9. Jahrhundert und gibt uns seltenen Einblick nicht nur in germanische Göttervorstellungen, sondern auch in die Darstellungsformen einer Kultur der Mündlichkeit. Wir werfen mit Hilfe der Schrift einen Blick in die Vorgeschichte der Schrift. Trotz seines scheinbar einfachen Inhalts ist der Text formal hochkomplex aufgebaut. Er setzt sich aus Wiederholungsfiguren zusammen: Lautliche Assonanz der Stäbe, offenkundige Dreiergruppen von Namen und Versen. Die Erzählung endet mit drei Imperativen: *ben zi bena, bluot zi bluoda, lid zi geliden!* So wie die Wiederholungen wohl nicht nur der Memorierbarkeit dienen, sondern auch Bestandteil eines medizinischen Rituals sind, so ist auch die Abfolge von Erzählung und Imperativ auf einen praktischen Zweck ausgerichtet: Beschwörung übernatürlicher Hilfe. Wir sind mit einem Stück geschickt geformter Sprache konfrontiert. In unserem Einführungsband ist es ein Text, ursprünglich aber war es wohl ein Spruch, eine Sprachhandlung. Er stand nicht für sich, sondern war Bestandteil eines Heilungsrituals, an dem die Stimme und vermutlich auch Heilmittel und Gesten beteiligt waren. Der Zauberspruch gehört also in den größeren Zusammenhang einer Aufführungspraxis, die sich vom Alltagshandeln sichtbar durch ihre Formalisierung (Feierlichkeit) unterschied. Er war mehr als Text, so wie die gesprochenen Worte auch mehr als Worte waren: Sie sollten wirksame Worte werden. Das heidnische Ritual ließ sich übrigens leicht in ein christliches umformen: Die heidnischen Götter werden z. B. durch christliche Heilige ersetzt (*Trierer Zauberspruch*). Die Verlagerung der Aufmerksamkeit von der textuellen auf die handlungsleitende Funktion von Literatur nennt man Performanz: Sprache und Texte stehen immer auch in Handlungszusammenhängen und erfüllen als Handlungen einen spezifischen Zweck. Von Sprechakten (*ben zi bena* = Befehl) her ist uns das vertraut, es trifft aber auch auf Texte zu, speziell auf mittelalterliche.

Mündlichkeit im Mittelalter

Zaubersprüche repräsentieren im Mittelalter aber nur einen Ausschnitt aus einem breiten Spektrum performativer Akte. Die frühmittelalterliche Kultur ist stark durch Inszenierungsformen geprägt, besonders sichtbar in hochoffiziellen Akten wie Krönungs-, Huldigungs- oder Bestattungsritualen. Das hängt mit dem dominanten Rang der Mündlichkeit und mit dem öffentlichen Status sozialer Kommunikation zusammen. Auf Reichs-, Hof- und Gerichtstagen zum Beispiel versammelte sich eine Gesellschaft, die ihre öffentlichen Anliegen direkt und unter Anwesenden verhandelte. Auch solche Kommunikation unterschied sich von Alltagskommunikation durch ihren hohen Grad an Formalisierung. Die Treffen besaßen institutionellen Charakter und hatten die performative Funktion, Gesellschaft als geordnete vor- und aufzuführen. Für eine Kultur, die noch über keine funktionalen Institutionen verfügt – z. B. Legislative, Jurisdiktion, Exekutive –, wurde hier Gesellschaft als Gesellschaft für das Kollektiv überhaupt nur sichtbar.

Die mündlichen Beratungen mit ihren Reden, Dialogen und Wortgefechten waren gleichfalls von unmittelbaren performativen Strategien geprägt: anklagen, fordern, versprechen, drohen, befehlen, schwören etc. All das vollzieht sich nicht oder kaum schriftgestützt. Neben den pragmatischen und konfliktträchtigen Teil solcher Versammlungen trat das Fest: Auch dies hatte mit seinem gemeinsamen Mahl, mit Gesprächen, Aufführungen, Spielen und Gesangsvorträgen die Funktion, Gesellschaft als geordnete und friedliche Gemeinschaft zu inszenieren: aufzuführen. Wichtig bleibt auch hier der öffentliche und funktionale Charakter sozialer Interaktion. Solche mündlichen Formen von sozialer Kommunikation aber sind flüchtig und über ihren Einsatz in einer Oralitätskultur hinaus nicht tradierbar. Nur noch indirekt, über Briefe und Chroniken, d. h. über Schrift, können wir rekonstruieren, dass es im westeuropäischen Frühmittelalter etwa an den adligen und auch an einzelnen geistlichen Höfen eine stetige Unterhaltungskultur, getragen von Schauspielern, Sängern und Erzählern, gegeben hat, die den Argwohn der Kleriker provozierte.

Funktionen der Mündlichkeit

4 Textuelle Performanz

Besser lassen sich die Bedingungen für die geistlichen Formen von Performanz rekonstruieren. Die entstehende althochdeutsche Literatur erwächst seit dem 8. Jahrhundert allmählich aus einer Kultur der Mündlichkeit heraus, steht aber schon in enger Verbindung mit der Schriftlichkeit (Latein). Hier stehen sich aber nicht strikt lateinisch gelehrte Schriftlichkeit und volkssprachige Mündlichkeit gegenüber. Auch die Kultur der Geistlichen war trotz der Fixierung auf Schrift und Lektüre der Bibel stark mündlich und performativ geprägt: Gebete sprechen, Psalmen und Hymnen singen,

Geistliche Aufführungssituationen

Kapitel 3 Performanz

Predigten halten und hören, Unterricht (Vorlesung!) geben und Disputationen veranstalten, schließlich Legenden vorlesen: All diese semioralen Kommunikationsformen nahmen bedeutenden Raum in der geistlichen Kommunikation ein. Auch sie sind hochgradig formalisiert und dadurch von Alltagskommunikation unterschieden: der Kirchenraum als Aufführungssituation. In der althochdeutschen Epoche dominieren entsprechend mündlich geprägte pragmatische Textformen die Überlieferung.

Stimme und Riten

Sie alle stellen Sprechhandlungen dar, durch die ein gemeinschaftlicher Zweck und eine Gruppenidentität hergestellt wurden. Indem die Texte der Heiligen Schrift mündlich im feierlichen Ritual aufgeführt und gesungen wurden, entstand sowohl ein Gemeinschaftsgefühl als auch ein intensiverer Kontakt zum Heiligen. Die Stimme ist in der komplexen Aufführungssituation des Rituals aber auch hier nur ein Faktor neben anderen, neben rituellen Handlungen, heiligen Requisiten und Zeichen, durch die die Präsenz des Heiligen befördert wird. Das mittelalterliche Theater, das so genannte Geistliche Spiel, schließt direkt hier an. Indem es öffentlich, in der Regel in unmittelbarer Nähe des Kirchraums, aufgeführt wurde und eine Nähe zu Liturgie und Ritual besaß, demonstriert es seine performative Qualität. Im Oster-, Passions- und Fronleichnamsspiel werden zentrale Ereignisse der Heilsgeschichte in den entsprechenden Festzeiten vor einer breiten Öffentlichkeit aufgeführt. Ähnlich der Liturgie, doch in loserer Form, banden die Spiele die Zuschauer bereits durch ihren Vollzug in ein ‚heiliges' Geschehen ein, durch das die Grenze zwischen Aufführungsraum und Rezeptionskontext durchlässig wurde. Das Schauspiel erweist sich als erweiterter Gottesdienst.

Mündlichkeit – Schriftlichkeit

Mittelalterliche Literatur nimmt sichtbar einen anderen sozialen Ort ein und erfüllt andere Funktionen als moderne Literatur. Die mittelalterliche Gesellschaft ist eine semiorale Gesellschaft, d. h. sie steht auf der Schwelle zwischen Mündlichkeit und Schriftlichkeit. Anders als die frühmittelalterliche orale Gesellschaft der Zaubersprüche verfügt sie schon über Schrift und Texte, bindet diese aber weiter an Mündlichkeit zurück, realisiert sie vielfach im Modus der Mündlichkeit. Für moderne Leser ist es schwer, sich einen Umgang mit Literatur vorzustellen, der rein auf Mündlichkeit oder auf der Grenze von Mündlichkeit und Schriftlichkeit sich situiert. Die Germanistik hat denn auch lange die überlieferten Dokumente nur als Texte gelesen und ihren Aufführungscharakter ignoriert. Wie aber funktionieren Produktion und Rezeption von Literatur unter den Bedingungen der Mündlichkeit, in welchen Aufführungsformen wird Schrift in Mündlichkeit überführt?

5 Poetik der Performanz

Selbst mit zunehmender Verschriftlichung im 12. und 13. Jahrhundert bewahrt sich der performative Charakter volkssprachlicher Literatur. Obwohl auch mit Lektüre als Form der Rezeption gerechnet werden muss, bleibt die Aufführung volkssprachlicher Literatur Bestandteil öffentlicher Kommunikation, zum Beispiel im Rahmen des Festes oder in geselliger Runde. Prologe mittelalterlicher Epen enthalten vielfach Appelle an ein imaginiertes Publikum: Die Texte wurden vorgelesen. Wie der Zauberspruch und der Gottesdienst ist literarische Kommunikation in eine komplizierte Aufführungssituation eingebunden, an der neben der Stimme auch zahlreiche andere Faktoren – Musik, Gesten, Zeichen etc. – beteiligt sind.

Weltliche Aufführungssituationen

Am Minnesang, der zentralen Lyrikform des Mittelalters, lässt sich der Befund zur Performanz mittelalterlicher Literatur exemplarisch illustrieren. Minnesang ist nicht Lese-, sondern Aufführungskunst. Wir verfügen zwar über keine empirischen Belege für Aufführungen, dennoch ist Aufführung als kommunikationstheoretische Kategorie unverzichtbar, wenn man die Besonderheit des Minnesangs fassen will. Der öffentliche Rahmen bedingt, dass solcher Minnesang nicht Erlebnis- und Ausdrucksmedium eines Individuums, sondern Rollenlyrik ist, die Liebe im Horizont sozialer Wertevorgaben thematisiert. Die Lieder selbst tragen Spuren von performativen Strategien: Wenn WALTHER VON DER VOGELWEIDE ein Lied mit der Wendung beginnt *Ir sult sprechen willekommen, der iu niuwe maere bringet, daz bin ich*, nimmt er die Rolle des Boten und damit einen vertrauten öffentlichen Rollentypus ein, verbindet also die konkrete Aufführungssituation des Minnesangs auf einem Fest mit einem bekannten Aufführungsmuster der Politik. Dichter und Sänger realisieren also ihre Werke nicht nur in einem öffentlichen Raum, sie spielen auch in ihren Texten mit Rollenmustern und Aufführungssituationen.

Minnesang

Das kann zu paradoxen Konstellationen führen. REINMAR DER ALTE gilt als der exemplarische Sänger der Minneklage. Immer wieder

Liebe und Öffentlichkeit

Kapitel 3   Performanz

thematisiert er in seinen Liedern die Differenz von öffentlicher höfischer Freude und innerem Liebesleid. Der Unterschied zwischen einer text- und performanzorientierten Zugangsweise wird hier besonders deutlich: Wenn REINMAR die Spaltung von Freude und Leid nur seinem Text anvertraut, das Verheimlichen seines ‚seelischen' Zustands geradezu feiert, artikuliert sich eine Spannung zwischen subjektivem Geheimnis einerseits und Gemeinschaft andererseits. Wenn das Lied aber vor dem höfischen Publikum aufgeführt wird, Reinmar seine Spaltung vor aller Augen und Ohren kund tut, wird sein Geheimnis öffentlich. Das Lied erhält durch die Aufführung eine andere Qualität, wenn der Sänger seine Spaltung vor dem Publikum ausstellt. Das ist als „performativer Selbstwiderspruch" beschrieben worden (MÜLLER): Das, worüber der Sänger spricht (singt), und das, was er zeigt, steht nicht nur in Spannung zueinander, sondern wird auch als Spannung ausgestellt.

KÜRENBERGER
Falkenlied

Das Spiel mit Aufführungssituationen und Bildfeldern kann zu raffinierten Gebilden führen wie etwa im KÜRENBERGER *Falkenlied*:

> *Ich zôch mir einen valken   mêre danne ein jâr.*
> *dô ich in gezamete,   als ich in wolte hân,*
> *und ich im sîn gevidere   mit golde wol bewant,*
> *er huop sich ûf vil hôhe   und vlouc in anderiu lant.*
>
> *Sît sach ich den valken   schône vliegen,*
> *er vuorte an sînem vuoze   sîdîne riemen,*
> *und was im sîn gevidere   alrôt guldîn.*
> *got sende sî zesamene,   die geliep wellen gerne sîn!'*   MF 8,33

Erzählen und Aufführen

Wie im *Merseburger Zauberspruch* setzt sich das Lied aus einem narrativen und einem perfomativen Teil zusammen, wie dort ist der Text durch zahlreiche symmetrisch arrangierte Wiederholungsfiguren gekennzeichnet. An die Stelle der Heilungsformel ist in der höfischen Aufführungssituation der Wunsch nach Vereinigung getreten. Darüber hinaus überführt erst die letzte Zeile, der performative Akt vor dem Publikum, die Erzählung vom Falken in eine metaphorische Aussage.

Literatur als Handlung

Dass mittelalterliche Literatur für die Aufführung gemacht worden ist, dass sie mithin einen Handlungsaspekt enthält, lässt sich auch den epischen Texten selbst entnehmen. Von den Heldenliedern der althochdeutschen Zeit, die als Lieder vorgetragen wurden und die mit Ausnahme des *Hildebrandsliedes* verloren sind, bis zu den schriftlich konzipierten Heldenepen und höfischen Romanen des 12./13. Jahrhunderts, die vorgelesen wurden, dominierte eine „konstitutive Mündlichkeit" mit ganz pragmatischen Interessen. Die höfische Literatur ist voll von Szenen und Situationsentwürfen, in denen gehandelt wird, voll von Reden, Dialogen, Empfängen, Beratungsszenen und Festen. Heldenepik und höfische Literatur inszenieren mithin Situationen, die in der semioralen Kultur des Adels vertraut waren, verleihen ihnen aber über das literarischen Medium einen Mehrwert an Bedeutung: Die performativen Akte bilden mithin die Wirklichkeit nicht ab, allenfalls die ihnen zugrunde liegenden Handlungsmuster, die sie zu einer überhöhten Aussage stilisieren. Die Texte üben in die kulturelle Performanz ein und reflektieren sie zugleich.

Bilden im Hochmittelalter Kirche und Hof die zentralen Orte für die Aufführung von Literatur, so erweitert sich der Raum der Performanz in der Frühen Neuzeit: Handwerkerpoesie, Fastnachtspiel und Humanistendrama werden im 15. und 16. Jahrhundert weitgehend von neuen städtischen Gruppen getragen. Das Humanistendrama wird vielfach noch im Umkreis des Fürstenhofes aufgeführt. Autoren wie JOHANNES REUCHLIN stehen als Erzieher, Juristen oder Diplomaten im Dienst des Fürsten und erfüllen aufgrund ihrer Schrift- und Sprachkompetenz praktische Aufgaben. Als *poeta doctus* [gelehrter Dichter] aber tritt der Humanist auch schon in eigener Sache hervor. In kleinen Zirkeln, so genannten Sodalitäten, versammelt sich eine Gelehrtengesellschaft (*res publica litteraria*), die den Umgang mit antiker Literatur pflegt und selbst Dichtung produziert. Das im höfischen Kontext aufgeführte Humanistendrama, das inhaltlich noch didaktischen Zwecken dient, bietet nicht nur dem Fürsten Gelegenheit, sich als Mäzen und Kenner der Künste, als *princeps litteratus*, zu inszenieren, sondern auch den Humanisten, das Selbstverständnis einer aufkommenden Gelehrtenkultur öffentlich vorzuführen: Durch die lateinische Sprache, durch ausgefeilte gelehrte Reden und Dialoge wie auch durch ein Rahmenprogramm von Fürstenpreis und Lobgedichten auf den Autor weist die Aufführung über ihren Inhalt hinaus und wird zugleich als Handlung einer neuen Humanistenkultur sichtbar.

Theater im Humanismus

Kapitel 3 — Performanz

PERFORMANZ		
Aufführungs-kontext	Text als Handlung	Rezeptionskontext
Hof	Minnesang, Spruchdichtung Heldenepik, Höfischer Roman	Adelige: Wertediskurs
Kirche	Gebet, Predigt, Hymnus, Legende, Geistliches Spiel	Kleriker, Gläubige: Glaubenslehre
Stadt	Fastnachtspiel, Meistersang, Humanistendrama	Patriziat, Handwerker, Gelehrte: Unterhaltung Wissensdiskurs

6 Theater

Unmittelbarkeit des Theaters

Theater ist die Kunstform, in der unmittelbar vor dem Zuschauer Handlung entwickelt wird. Kein distanzierendes Kommunikationsmedium, wie das gedruckte Buch oder der Film, vermittelt zwischen dem theatralen Akt und dem Zuschauer. Im Theater wird Sprache unmittelbar zur Handlung, und selbst sprachloses Handeln kann Teil der Literatur werden – man denke nur an das sprechende Erröten, Erbleichen oder die stummen Tränen der Heldinnen und Helden auf der Bühne. Eine Perspektive auf das Theater als performative Kunst per se setzt deshalb ein Interesse voraus, das weit über den geschriebenen Theatertext hinausgeht. Zur Aufführung eines Theaterstücks gehört mehr als nur der Text; das unspielbare Lesedrama ist dabei der Grenzfall, der die Regel bestätigt. Um Sprache als Handlung zu entfalten, entwickelt bereits der Text das ganze Arsenal der Sprechakte im Zusammenspiel von Symbolfeld und Zeigfeld (siehe oben). Zu den Worten des Autors kommt jedoch noch die körperliche Präsenz der Schauspieler hinzu, insbesondere ihre Stimmen und Gesten, die ein Regisseur aufeinander abzustimmen hat. Hierzu treten noch das visuelle Erlebnis, das Beleuchtung und Szenenbild erzeugen, sowie zusätzlich die Hintergrundgeräusche oder die Musik.

Theater als Gegenstand der Kultursemiotik

Im Zusammenspiel von Szene, Beleuchtung und Musik, Wort, Kostüm, Bewegung, hervorgebracht von kostümierten Schauspielern, werden hochkomplexe Zeichensysteme entfaltet (s. Kap. 2), die kulturell und historisch variieren. Diese Zeichensysteme für unseren deutschsprachigen Kulturraum historisch zu untersuchen und zu verstehen, ist ein Forschungsinteresse der Germanistik. Ein besonders fruchtbarer Gegenstand für diese kultursemiotischen Beobachtungen ist das Theater, da sich Gesellschaft in ihren funktionalen Teilbereichen gerne in Form von Ritualen selbst vergewissert, die sie auch auf die Bühne stellt. Unter dieser Perspektive entsteht eine Gattungsgeschichte des deutschsprachigen Theaters, die zugleich eine Kulturgeschichte ist. Neben den frühen Formen der gesellschaftlichen Aufführungspraxis im geistlichen Spiel, die wir oben kurz erwähnt haben, seien hier nur einige weitere Eckpunkte der Theatergeschichte genannt.

7 Theater als soziales Handeln

Eine der umfassendsten Theaterformen hatte die Kultur des Barock (ca. 1620–1720) entwickelt, dessen *theatrum mundi* als Abbild und Sinnbild der Welt funktionierte. In der Praxis des höfischen Festes fielen theatrale Darstellung und Selbstdarstellung des eigenen sozialen Ranges zusammen. So wurde in Wien am 13. und 14. Juli 1668 als Höhepunkt des Hochzeitsfestes von Kaiser Leopold I. mit Margarita von Spanien als Gesamtkunstwerk PIETRO ANTONIO CESTIS Oper *Il pomo d'oro* mit etwa 1.000 Personen in einem eigens dafür errichteten Theater aufgeführt. In die Aufführung integriert waren nicht nur professionelle Sänger und Musiker, sondern eben auch der gesamte Hof bis hin zum Kaiser selbst. Die barocke Oper war nicht nur Kunst, sondern politische Repräsentation, in der sich die Gesellschaft ihrer selbst vergewisserte. Zu dieser Form der barocken höfischen Selbstdarstellung gehörte es, dass die Grenzen zwischen Bühne und sozialem Leben verschwammen.

Politische Repräsentation im Barock

Gegenüber dem barocken Konzept von Welt als einem einzigen Schauspiel mit Gott als allmächtigem Regisseur, der am Ende zwischen Schein und Sein zu unterscheiden weiß, bildet sich im späten 18. Jahrhundert ein Theaterbegriff heraus, der auf einzelne, konkret abgrenzbare soziale Prozesse abzielt. Mit Theaterstücken wie GOTTHOLD EPHRAIM LESSINGS *Miss Sara Sampson* (1755) und *Emilia Galotti* (1772) etabliert sich ein Typus von Theater, der auf die Inszenierung von Wirklichkeit durch einzelne soziale Gruppen – hier das Bürgertum – setzt. Im Mittelpunkt der Theaterstücke stehen Prozesse der Selbstinszenierung dieser Gruppen, denn das Theater in seiner unmittelbaren Wirkung ist besonders dafür geeignet, programmatische Konzepte von Individualität, sozialer oder politischer Identität zu vermitteln. Die Geschichte des deutschsprachigen Dra-

Soziale Prozesse und Selbstinszenierung bürgerlicher Identität im 18. Jhd.

mas bietet hierfür eine lange Beispielkette von den Humanitätskonzepten der klassischen Weimarer Dramen (FRIEDRICH SCHILLER, *Maria Stuart*) über das soziale Drama (GEORG BÜCHNER, *Woyzeck*, GERHART HAUPTMANN, *Die Weber*), Vorstellungen eines neuen Menschen im Expressionismus (ERNST TOLLER, *Die Wandlung*) bis hin zu politischen Botschaften in den Dramen BERTOLT BRECHTS (*Die heilige Johanna der Schlachthöfe*).

8 Theaterpraxis um 1800

Plurimediale Nummernprogramme

Dabei war das praktizierte Theater in der zweiten Hälfte des 18. Jahrhunderts weit von dem entfernt, was uns heute mit Blick auf kanonische Theatertexte (LESSING, GOETHE, SCHILLER) und das Reformprojekt des Theaters der Weimarer Klassik durch die Brille des bildungsbürgerlichen 19. Jahrhunderts projiziert wird. Theater war keineswegs die Sittenschule und moralische Anstalt im Sinne FRIEDRICH SCHILLERS. Diese Dramentexte haben nur einen verschwindend geringen Anteil an der tatsächlichen Fülle von Gattungen und theatralen Formen, die die Spielpläne der Zeit füllten. Die Theaterpraxis bot vielmehr ein auch thematisch breites Spektrum: von lateinischen Passionsspielen, Puppenspielen, französischen Opern und Singspielen bis zu Schäferspielen, Fastnachtsschwänken, Ballett und Pantomime. Ein Theaterabend um 1780 hatte einiges mit der Spektakelästhetik eines „Event" im 21. Jahrhundert gemeinsam. Theaterabende dauerten etwa vier Stunden und waren „Nummernprogramme", die aus wohl aufeinander abgestimmten Einzelteilen bestanden und das gesprochene Wort nie ohne Begleitung von Musik oder Tanz auf die Bühne stellten: Nach einer Sinfonie oder Ansprache an das Publikum folgte ein kurzes Vorspiel, Ballett oder eine Illumination. Nach einem weiteren Intermezzo schloss sich das Hauptstück des Abends an. Erneut getrennt durch eine Sinfonie, endete die Aufführung mit einem rührenden Nachspiel oder einem Ballett und den Schlussreden.

Theater als sozialer Treffpunkt

Theater war ein sozialer Treffpunkt für gemischte Unterhaltung und Zerstreuung ebenso wie ein öffentlicher Raum, in dem es möglich und erlaubt war, intensive Gefühle zu erleben und diese auch nach außen zu zeigen.

Aufführungsort	„Aufführung" (Text als Handlung)	Kontext
Hoftheater (Barock)	Oper als Theatrum Mundi	Fürstenhof (Selbst-) Repräsentation, Selbstinszenierung der fürstlichen Repräsentationskultur und der beanspruchten Macht
Theater in den Städten des 18. Jahrhunderts	Theater (z. B. bürgerliches Trauerspiel), Singspiel, Musik, Ballett	Bürger/literarische Öffentlichkeit Selbstinszenierung der Gruppenwerte (bürgerliche Moral, Individualität), soziales Handeln, Unterhaltung, ästhetischer Diskurs
Literarische Zirkel/Salon	Romane, Gedichte, Theaterstücke	Bürger/Künstler Selbstinszenierung der Gruppenwerte, Autonomie der Kunst, Individualität, soziales Handeln (Freundschaft)

9 Elemente der Dramenanalyse

Theater – so ist unschwer zu erkennen – ist ein weitgespanntes Forschungsfeld. Was interessiert die heutige Germanistik daran insbesondere? Als Textwissenschaft greift die Germanistik zunächst auf die überlieferten Dramentexte zurück, versteht diese jedoch nicht nur als Lesedramen, sondern schließt aus Hinweisen im Text (Nebentext und Bühnenanweisungen) und aus Rezeptionszeugnissen zurück auf die Aufführung des Textes als theatrales Ereignis mit sozialer Handlungsrelevanz. Am Theatertext selbst interessieren die Gestaltung der einzelnen Figur wie auch die Figurenkonstellationen, in denen die dramatischen Konflikte aufgebaut und vermittelt werden. Neben den rhetorischen Strukturen des Sprachhandelns liegen auch die Kommunikationsstruktur und die Art der Informationsvermittlung im Blickfeld: Welche der Figuren weiß wann wie genau Bescheid? Wie steht es mit der Informationsver-

Theater und Dramenanalyse

Kapitel 3 Performanz

mittlung an den Zuschauer? Wissen die Zuschauer mehr als die Figuren? Entwickelt sich die Handlung auf ein unbekanntes Ziel hin (Zieldrama), oder liegt diese Handlung im Vorfeld, und das Drama verfolgt das Ziel, zu klären, wie es dazu kam (analytisches Drama)?

Wirkungskonzeptionen

Literaturwissenschaftler interessieren sich darüber hinaus auch für die Wirkungskonzeptionen der Dramen, die mit der bewusst offen gehaltenen Grenze zwischen Rolle und Person arbeitet. Im antiken Theater bezeichnet *persona* die Gesichtsmaske der Schauspieler, mit der die Rolle typisiert wurde. Aufgrund der medialen Unmittelbarkeit und theatralen Illusion vergessen die Zuschauer für die Dauer des Spiels, zwischen Person und Rolle zu unterscheiden. Dies ist die Grundlage für die Wirkungsdisposition des Theaters, deren Kern seit der Antike eine psychologische Konzeption ist. In der Antike sollte die Tragödie Jammer und Schauder hervorrufen und den Zuschauer darüber von diesen Affekten befreien. Die Dramenkonzeption der Aufklärung verändert diese von ARISTOTELES tradierte Konzeption. LESSING fordert, dass sich der Zuschauer in das Unglück des Helden hineinversetzen soll, um so selbst Mitleid zu entwickeln. Das Theater des 18. Jahrhunderts möchte über eine rationale Steuerung der Leidenschaften die Affekte in tugendhafte Fertigkeiten (die Empathie) ummünzen.

Der Zuschauer

Auch der Zuschauer selbst und die veränderten Funktionen, die ihm zugedacht werden, sind ein Forschungsfeld. Kulturhistorisch aufschlussreich ist es zu beobachten, wie der Zuschauer im 18. Jahrhundert zunächst als ein wesentlicher Teil des Theaterprozesses wahrgenommen wurde, denn die Wahrnehmung der Zuschauer untereinander im beleuchteten Zuschauerraum und ihre gemeinsame emotionale Reaktion auf das Spiel gehören mit zum Theaterabend. Davon geben uns zahlreiche Rezeptionszeugnisse über Theatertumulte Zeugnis. Im 19. Jahrhundert wird der Zuschauer im Konzept des bürgerlichen Theaters (Guckkastenbühne) wieder ruhiggestellt und ins Dunkel des Zuschauerraums verbannt. Erst im Kontext der Avantgardebewegung der Jahrhundertwende um 1900 wird der Zuschauer wiederentdeckt.

Verfremdung der Unmittelbarkeit des Theaters

BERTOLT BRECHTs Versuch, die Unmittelbarkeit des Theaters durch bewusste Verfremdung zu brechen, bildet hier eine Gegenposition. BRECHT hält den Zuschauern Schilder mit der Aufschrift „Glotzt nicht so romantisch" entgegen und macht so eine „kulinarische"

Rezeptionshaltung unmöglich. Durch Elemente der epischen Informationsvermittlung (Lieder, reflexive Kommentare) versucht aber auch er, die gewünschte Wirkung beim Zuschauer zu erreichen. Im Zuge der Kunst der *performances* seit den 1950er Jahren wird der Zuschauer dann zum aktiven Teil der Kunst – oder sogar zu ihrem Gegenstand, wie in PETER HANDKES *Publikumsbeschimpfung* (1966).

10 Literatur und Performanz

An diesem kleinen Ausschnitt aus der Theatergeschichte zeigt sich zugleich die enge Bindung der literarischen Kultur an die Aufführung, denn im Kontext des Theaters und anderer semiöffentlicher Kreise wie Salons und Lesezirkeln wurden auch andere Gattungen, vor allem lyrische Gedichte, dargeboten. Aus heutiger Sicht, die zumeist von der stillen, vereinzelten Lektüre von Romanen und Gedichten ausgeht, ist es wichtig zu wissen, dass gerade auch am Beginn der modernen Lyrik um 1770 die Rezeption dieser neuen „empfindsamen" Texte im performativen Kontext einer Lesung im gemeinsamen Kreis stand. Der Dichter KLOPSTOCK reiste von Zirkel zu Zirkel, wurden dort wie heute ein Popstar empfangen, um dann Oden oder Teile aus dem *Messias* vorzutragen. Nur vor dem Hintergrund derartiger gemeinsamer Lektüreerlebnisse, die über textuelle Performanz eine Gruppenidentität hergestellt hat, wird die berühmte Szene aus GOETHES *Die Leiden des jungen Werthers* (1774) möglich, in der Lotte und Werther nach einem Gewitter am offenen Fenster mit einem einzigen symbolischem Zeichen („Klopstock") ihre Gefühle kommunizieren:

Textuelle und kulturelle Performanz

> […] *sie sah gen Himmel und auf mich, ich sah ihr Auge thränenvoll, sie legte ihre Hand auf die meine und sagte – Klopstock! Ich versank in dem Strome von Empfindungen, den sie in dieser Loosung über mich ausgoß.*

An dieser kleinen Szene lässt sich noch einmal festhalten: Nicht nur das Theater, auch Erzähltexte und Lyrik arbeiten mit Mitteln der Performanz (Blicke, Tränen, Berührungen). Mit diesen performativen Anteilen konstituiert Literatur eine Form von Handlung, die sich auf soziales Handeln bezieht und dabei diese Wirklichkeit oft erst herstellt. Ohne die entsprechende Literatur gäbe es keine (oder zumindest eine andere) Vorstellung und damit auch eine andere Lebenspraxis von Freundschaft, Familie und ‚empfindsamer' Liebe.

Literatur erzeugt soziales Handeln

Kapitel 3 Performanz

Ähnlich wie wir dies bereits am Minnesang und dessen Poetik des Perfomativen gesehen haben, stellt der Erzähltext *Werther* Merkmale empfindsamen Verhaltens aus (gefühlsbetonte Naturbetrachtung auf der Basis gemeinsamer Lektüremuster) und repräsentiert damit für die zeitgenössischen Leserinnen und Leser zugleich das sozialkommunikative Handlungsmuster „Empfindsamkeit".

Theatralität

Die wissenschaftliche Forschung hat für diese Phänomene der besonderen Betonung von Körperlichkeit, Wahrnehmung und Inszenierung in Literatur, Kunst und Alltagskultur den Begriff „Theatralität" geprägt. Mit Theatralität werden Elemente der Aufführung zusammengefasst, die zwar für das Theater typisch sind, aber auch unabhängig von Formen des etablierten Theaters in der Kultur anzutreffen sind, etwa in Festen und gesellschaftlichen Ritualen, wie wir das auch im Mittelalter beobachten konnten. In das Blickfeld geraten dabei insbesondere jene bedeutsamen kulturellen Ereignisse, in deren Vollzug vor ihren Mitgliedern und vor Fremden sich die Gesellschaft ihrer gemeinschaftlichen kulturellen Traditionen und Identität versichern können. Die Forschungen zur Performativität und Theatralität, die ihre Wurzeln in der Ethnologie wie der Theaterwissenschaft haben, haben uns vorgeführt, Gesellschaften in ihren unmittelbaren und Texte in ihren mittelbaren sprachlichen Handlungszusammenhängen zu betrachten.

Aspekte der Theatralität betreffen also nicht nur das Spiel auf dem Theater, sondern jede Form von Performanz in der Kultur und öffentlichem Leben. Gerade in der literarischen Kultur spielen heute performative Aspekte und die Bezugnahme auf sie wieder zunehmend eine wichtige Rolle. Wer sich moderne Lautgedichte oder Formen der Inszenierung von unmittelbarer Lautkunst und Literatur in einem *poetry slam* vor Augen und Ohren führt, dem wird sogleich klar, dass neben Schrift und Text performative Faktoren eine entscheidende Rolle in Produktion und Rezeption von Literatur spielen: eben die Aufführungssituation.

FRAGEN
1. Was ist ein Sprechakt?
2. Welche Funktionen hat ein Zauberspruch in der Welt des Mittelalters?
3. Wie hängen Aufführungsorte und literarische Gattungen zusammen?
4. Was alles umfasste ein Theaterabend im 18. Jahrhundert?
5. Was meint in der Literaturwissenschaft der Begriff Theatralität?

4 Medialität

1 Medialität und Sprache

Morgens eröffnet der Radiowecker den Tag, die Zeitung begleitet das Frühstück, auf dem Weg zur Arbeit bringt das Autoradio Nachrichten und Musik, im Büro wollen Briefe, Faxe und E-Mails gelesen und beantwortet werden, Festnetztelefon und Handy klingeln, die Tochter schickt eine SMS aus der Schulpause, Geschäftsbriefe werden in die automatische Spracherkennung diktiert, Infos aus dem World Wide Web sind zu recherchieren, die Homepage muss überarbeitet werden, nach Feierabend bieten beispielsweise Kinos sowie weit über hundert Fernsehprogramme Information, Werbung und Unterhaltung – der liebe lange Tag wird von Medien aller Art begleitet. Massenmedien (z. B. Presse, Rundfunk, Fernsehen, Teile des World Wide Web) verteilen alle nur erdenklichen Informationen an große Mengen von Lesern, Hörern und Zuschauern; interpersonale Medien (z. B. Telefon, Brief, SMS, E-Mail) ermöglichen zwischenmenschliche Kommunikation über große Entfernungen. Was sind eigentlich Medien? Und was hat die Germanistik damit zu tun?

Überall Medien

„Medium" ist ein lateinisches Wort für *Mitte, Mittler*. Wie alle anderen Wörter benutzen wir es für ein großes Spektrum möglicher Bedeutungen. Alltagssprachlich bezeichnet man damit oft die Menge aller Institutionen, die unter erheblichem technischem, menschlichem und finanziellem Aufwand Informationen in der Gesellschaft sammeln, erzeugen und verteilen. So sind „die Medien" (nämlich Massenmedien) ein allseits beliebtes Nutz- und Schimpfobjekt. In anderen Zusammenhängen denkt man weniger an die Inhalte und mehr an die technische Übertragungsform, vor allem im Falle interpersonaler Medien wie etwa Faxgeräten, Laptops und multimedialen Mobiltelefonen. In beiden Fällen spielt – wie meist bei Kommunikation – die Sprache eine besondere Rolle.

Bedeutung von 'Medien'

Vor allem für die Sprachwissenschaft sind Medien deshalb aus zwei Gründen interessant. Erstens kann man Medien leicht als Datenquelle nutzen, wenn man Sprache und Kommunikation wissenschaftlich untersuchen will. Wer zum Beispiel wissen möchte, ob die Präposition „wegen" häufiger den Dativ (*wegen dem Computer*) oder den Genitiv (*wegen des Computers*) regiert oder wie sich werbesprachliche und jugendsprachliche Elemente zueinander verhalten, kann an medialen Texten umfangreiche Auszählungen und

Medien und Sprachwissenschaft

Kapitel 4 Medialität

Untersuchungen vornehmen (am besten selbst wieder mit technischen Geräten). Zweitens kommt natürlich die Frage auf, ob und ggf. wie technische Kommunikationsgeräte Sprachverwendungsweisen beeinflussen. Wir wissen, dass sich schriftliche von mündlicher Kommunikation nicht nur pragmatisch und funktional, sondern auch strukturell unterscheidet. Auch verwendet man Sprache beispielsweise in (bestimmten) Büchern anders als in (bestimmten Teilen von) Zeitungen und in anderen Kommunikationsformen. Warum aber ist das eigentlich so, und worin genau liegen die Unterschiede? Und was geschieht mit Sprache im Kontext von Bildern, sei es in Zeitschriften, auf Plakatwänden oder im Internet? Inwieweit hängen beobachtete Unterschiede mehr vom Thema ab, und in welcher Weise spielen die kommunikationstechnischen Mittel eine Rolle? Wie und warum genau unterhält man sich beim Chat anders als in persönlicher Kommunikation von Angesicht zu Angesicht? Kann man in Medien dichten? Wie unterscheidet sich ein Fernsehkrimi von einem Buchkrimi, wie die Verfilmung eines Romans vom Roman, wie Hyperfiction von herkömmlicher Dichtung?

Medialität und Sprache

All diese Fragen berühren das Verhältnis von Medialität und Sprache. Medialität heißt dabei die scheinbar banale Tatsache, dass Sprache nicht ein rein geistiges Medium ist, sondern dass wir Geist und Materie in der konventionell geprägten Form von (z. B. sprachlichen) Zeichen miteinander verbinden: kein Ausdruck ohne Inhalt, kein Inhalt ohne Ausdruck. Die materielle Grundlage von Zeichen (z. B. Schallwellen, Farbpigmente, Pixel) und damit auch die technische Form ihrer Übertragung (durch Medien) beeinflusst in irgendeiner Weise auch die Zeichen und die Botschaften selbst. Herauszufinden, in welcher Weise, unter welchen Umständen und in welchem Maße das geschieht, gehört zu den Aufgaben der Germanistik: Kann man mittelalterlichen Zaubersprüchen ihre mündliche Herkunft ansehen? Wie arrangieren HRABANUS MAURUS damals und Webdesigner heute Schriftbildlichkeit? Welche Auswirkungen hat die Erfindung und Ausbreitung des Buchdrucks auf die deutsche Sprachgeschichte? In welcher Weise wirken Massenmedien im 19. und 20. Jahrhundert demokratisierend auf die deutsche Sprache? Sind Telefongespräche anders gestaltet als unmittelbar persönliche Gespräche? Wie unterscheidet sich computervermittelte Kommunikation von anders- und von nicht-technisierter Kommunikation? Wie wirkt sich die wirtschaftlich begründete und kommunikationstechnisch ermöglichte Globalisierung auf das Varietätenspektrum (einschließlich fremdsprachlicher Einflüsse) der deutschen Sprache aus? Sterben zum Beispiel Dialekte und kleinere Sprachen zugunsten großer Weltsprachen aus, oder wächst möglicherweise umgekehrt die ökologische Vielfalt von Sprachen in der Welt? Welche Folgen hat das für die Weltliteratur? Welche Chancen, Risiken und Nebenwirkungen bergen moderne Kommunikationstechniken für alltägliche Kommunikation, Sprachverwendungsweisen und die Zukunft von Sprache und Literatur?

All das sind Fragen, die – für den deutschen Sprachraum – die Germanistik bearbeitet. Dabei gibt es durchaus (diskutierenswerte) Positionen, die den Einfluss von Medien für größer halten als den von Sprache. „Nicht die Sprache, in der wir denken, sondern die Medien, in denen wir kommunizieren, modellieren unsere Welt. Medienrevolutionen sind deshalb Sinnrevolutionen, sie remodellieren die Wirklichkeit und schaffen eine neue Welt" (ASSMANN 1990, 2 f.). Dass Medien den Alltag verändert haben, wird angesichts der Mediengesellschaft, in der wir leben, und des Siegeszugs des Internet kaum jemand bestreiten. Wie stark Reality-TV, medientechnische Überwachungssysteme und computergenerierte Wirklichkeiten Eingang in unsere Erfahrungswelt gefunden haben, zeigt sich u.a. daran, dass sie längst publikumswirksam Gegenstand der Unterhaltungsindustrie mit Filmen wie PETER WEIRS *The Truman Show* (1998) oder LARRY WACHOWSKIS *The Matrix* (1999) geworden sind.

Sprache vs. Medien

Auch der hintersinnige, zu seiner Entstehungszeit in den 1960er Jahren hoch umstrittene Aphorismus von MARSHALL MCLUHAN zur Wechselwirkung von Wahrnehmung, Ästhetik und Medien „The medium is the massage" ist heute bereits ein Allgemeinplatz in der Wirklichkeit der Mediengesellschaft. Nicht nur ein großer Teil unseres Wissens, sondern auch viele unsere Erfahrungen und Wahrnehmungen der Welt werden durch Medien vermittelt, ohne dass wir diesen Prozess und seine Inhalte medienneutral überprüfen könnten – denken wir nur an den globalen Markt der Nachrichteninformationen.

"The medium is the massage"

Doch standen Medien schon immer im Verdacht, kein harmloses Verbindungsglied zwischen Subjekt und Welt zu sein, insbesondere kein unverzerrtes Bild der Wirklichkeit geben zu können. Dieser Vorwurf ist ein alter Topos der Medienkritik; er reicht von PLATONS Kritik an den mangelnden Qualitäten von Sprache und Schrift zur Abbildung des menschlichen Erkenntnisvermögens bis zur Skepsis

Medienkritik

gegenüber massenmedial konstruierter und vermittelter Wirklichkeiten.
Medien bilden Realität nicht ab, sondern vermitteln jeweils eine Form und Vorstellung von ‚Welt'. Jede Medientechnologie, von der mündlichen Kommunikation bis zum digitalisierten Produzieren, Speichern und Verteilen von Daten in der Computertechnologie, entwickelt ihre eigene ‚Sprache', eigene Weltbilder und Erkenntnismodelle.

Germanistik als Medienwissenschaft

Die Sprachwissenschaft interessiert sich dafür, in welcher Weise und mit welchen Folgen die verschiedenen Kommunikationsmodi (mündliche Sprache, Schrift, Bild usw.) bei der Konstruktion medialer Welten zusammenspielen und wie sich Sprachsystem und Sprachgebrauch unter dem Einfluss neuer Medien verändern. Aus Sicht der Literaturwissenschaft ist es sinnvoll, die Literatur als eine Vermittlungsinstanz zwischen mehreren Medien zu betrachten. Unter diesem Blickwinkel schärft sich der Blick für das Spezifische dieser Kunstform gegenüber anderen Kommunikationsformen, etwa gegenüber dem Film oder Fernsehen.

2 Medialität und Literatur

Mediale Referenzrahmen

Versteht man Literatur als eine auf besondere Weise ästhetisch geformte Ausdrucksweise unter anderen Kommunikationsformen, wird sie zugleich in einen größeren Kontext gestellt. Wenn es richtig ist, dass auch Literatur ihren Referenzrahmen nicht eins zu eins widerspiegeln kann und ebenso wie der Film seine Bezugs-‚Realität' konstruiert, heißt das andererseits, dass Kultur jeweils Produkt und Effekt eines Zusammenspiels von je ganz bestimmten Konstellationen von Medien ist.

‚Medien'

Unter ‚Medien' versteht man zunächst klassische Kommunikationsmittel wie Stimme, Schrift und Körper; aber auch die Sprache selbst gilt manchmal als Medium; oder aber Technologien wie Handschrift, Buchdruck, Computer, Foto, Film Telegraph etc. Am strengsten und klarsten definiert man Medien als technische Hilfsmittel der Kommunikation. Sie funktionieren nicht neutral, sondern hängen von gesellschaftlichen Prozessen ab und beeinflussen sie. In einem umfassenderen Sinne kann man Medien deshalb auffassen als „komplexe institutionalisierte Systeme um organisierte Kommunikationskanäle von spezifischem Leistungsvermögen" (Saxer 1998, 54).

2. Medialität und Literatur

Medien transportieren Informationen über Raum und Zeit und können deshalb auch dem kulturellen Gedächtnis als Speicher dienen.

> **DEFINITION**
>
> Medien sind
> (1) im strengen Sinne technische Hilfsmittel der Kommunikation;
> (2) im weiteren Sinne die großen Institutionen, die mit technischen Einrichtungen Informationen in der Gesellschaft sammeln, erzeugen und verteilen.

Um die historisch variablen Medienkonstellationen und die Stellung der Literatur in diesem Kontext erforschen zu können, greift die Germanistik auf Wissen über die einzelnen Transport- und Speichermedien aus der Medien- und Kommunikationswissenschaft zurück. Für Sprach- und Literaturwissenschaft interessanter ist das Zusammenwirken von wahrnehmungspsychologischen, kognitiven und emotionalen Voraussetzungen, der Rezeption und Interpretation von Medien: eben die Medialität von Sprache und Literatur. Dass Faktoren der Medialität nicht nur neueren Ursprungs sind, sondern auch die Kommunikation vergangener Zeiten prägen, zeigt sich schon zu Beginn der deutschen Literaturgeschichte in althochdeutscher Zeit. Bereits am Zauberspruch, um noch einmal dieses Beispiel aufzugreifen, lassen sich verschiedene Ebenen von Medialität unterscheiden. Ein Zauberspruch wird mündlich aufgesagt in der Hoffnung, dass der gewünschte Effekt eintritt. Der Spruch wirkt gewissermaßen über die Stimme, die mittels Erzählung und Appell (Performanz) die herbei gerufenen Kräfte *vermitteln* möchte. Was aber ist hier eigentlich das Medium: die Stimme, die rituelle Technik oder der metaphysische Bote (Götter/Heilige)? Kaum jedenfalls die Schrift. Wenn im 12. Jahrhundert demgegenüber die Mönche von St. Viktor die Heilige Schrift morgens rituell durch das Kloster tragen, damit das Buch selbst die Mönche weckt, und wenn Isaac von Stella predigt, Christus selbst sei für uns zum Buch, ja im Buchstaben Fleisch geworden, hat sich offensichtlich etwas verändert: Das Buch und die Schrift sind an die Stelle der Stimme getreten. Hier wird nicht das Wort Fleisch, sondern das Wort wird zur Schrift. Im Zauberspruch wie im Bibelritual scheint noch eine alte Semantik von Medium durch, die der Beschwörung übernatürlicher Mächte dient.

Geschichte der Medien

Literarische Kommunikation hängt immer auch von ihrer medialen Vermittlung ab. Es macht einen Unterschied, ob ich eine Geschichte höre oder lese, ob ich ein Bild gleichen Inhalts betrachte oder

Mündlichkeit – Schriftlichkeit

67

Kapitel 4 Medialität

einen Film anschaue. Je nachdem über welches Medium ich mir einen Gegenstand aneigne, verändert er sich. Mündlichkeit scheint auf den ersten Blick nicht so harten Vertextungszwängen zu unterliegen wie Schriftlichkeit, an die striktere Anforderungen an Verbindlichkeit, Kohärenz und Ausdruck gestellt werden, und doch ist ihre Darstellung, wie schon der Zauberspruch zeigt, nicht regellos. Doch welchen Regeln folgt sie?

3 Mündlichkeit – Schriftlichkeit

Medienkonkurrenzen

Die Konkurrenz unterschiedlicher Medien setzt historisch früh an. Schon die Antike kennt die Konkurrenz von Mündlichkeit und Schriftlichkeit, denkt man an die homerischen Epen, die von einer lange zurückliegenden mündlichen Kultur Auskunft geben, aber schon in Schriftform. Wenn antike Historiker von Heldenliedern der Germanen berichten, muss auch für die Entstehung der deutschen Literatur eine schriftlose Phase vor dem 8. Jahrhundert vorausgesetzt werden. Die Oral-Poetry-Forschung (LORD/PERRY) hat uns weit reichende Kenntnisse von schriftlosen Kulturen und ihren spezifischen Kommunikations- und Erinnerungstechniken vermittelt.

Oralität

Zu den medialen Bedingungen von Mündlichkeit gehört traditionell (anders als heute), dass mündliche Rede ausschließlich in Kommunikationszusammenhängen stattfindet, die Anwesenheit erfordern, unmittelbaren Kontakt von Sprecher und Hörer. An zahlreichen Einleitungsformeln können wir ablesen, dass Sagenwissen vom Hörensagen her tradiert wurde: *Ik gihorta that seggen*: „Ich habe erzählen hören". Die Rhetorik ist die genuine Disziplin mündlicher Kommunikation, weil sie nicht nur Strategien der Überzeugung/Überredung, sondern auch mündlich gestützte Erinnerungstechniken vermittelt. Die Stimme ist in diesem Fall nicht nur Medium der Kommunikation, sondern auch der Archivierung. Man verinnerlicht das Wissen *by heart, par cœur*, was auf Lateinisch *re-cor-dari* zurückgeht. Oralitätskulturen verfügen über erstaunlich komplexe Techniken der Erinnerung; sie reichen vom rituellen Toten- über das narrative Heldengedenken bis hin zu praktischen Techniken des Memorierens von Wissen. Solche Kommunikation zeichnet sich durch eine besondere Form von Ökonomie aus. Nicht nur unterliegt mündliche Tradierung einem größeren Selektionsdruck als schriftliche: Nur kollektiv Relevantes wird erinnert. Die Darstellungs- und Kommunikationsformen müssen auch auf die Kapazi-

3 Mündlichkeit – Schriftlichkeit

täten des natürlichen Gedächtnisses Rücksicht nehmen. Deshalb ist es notwendig, das erinnerungswürdige Wissen immer wieder aufzuführen, es wiederzuholen, zu wiederholen. Deshalb dominieren kurze Formen wie Sprüche oder Lieder, längere Lieder werden in Strophen, d.h. in memorierfähige Einheiten abgeteilt, die Strophen werden wiederum durch Formeln und Wiederholungen, durch Rhythmus und Reim (Stabreim) gegliedert und für die Erinnerungsarbeit aufbereitet.

Sobald die Schrift eingeführt ist, ist das Gedächtnis entlastet, und das Wissen kann sich vom Wissenden trennen. Kulturelles Gedächtnis wird in Schrift ausgelagert. Mit der Verschriftung von mündlicher Rede verändert sich aber nicht nur die Sprache, sondern auch der Gegenstand. „Pure ‚Verschriftung' – also die getreuliche Wiedergabe im graphischen Medium – geht praktisch immer einher mit ‚Verschriftlichung', einer Anpassung an die Bedingungen des graphischen Mediums." (SCHAEFER, 2003, 168). So tradieren die Heldenlieder der *Edda* den Stoff der Nibelungensage wohl noch in einer der Mündlichkeit nahe stehenden Textform (ca. 50 Strophen), und doch sind gewiss auch sie schon durch Schriftlichkeit geprägt. Das *Nibelungenlied* mit seinen 39 Aventiuren und 2.379 Strophen (in der Handschrift B) besitzt demgegenüber dann schon sichtbar eine buchepische Konzeption. Der Medienwechsel hin zur Schrift verändert grundlegend die Bedingungen literarischer Kommunikation.

Verschriftung – Verschriftlichung

Umgekehrt passt sich die Literatur ihrerseits den Bedingungen der Mündlichkeit an. Die Kultur der Mündlichkeit wird also nicht einfach durch eine Kultur der Schriftlichkeit abgelöst, etwa in der Gegenüberstellung von mündlicher Volkssprache und schriftlichem Latein. Eher muss man sich zahlreiche Übergangszonen vorstellen, in denen Schriftlichkeit in die Felder der Mündlichkeit eindringt (*Hildebrandslied*) und Mündlichkeit ihrerseits die Schriftlichkeit beeinflusst. Die Aneignung von Schrift durch gar nicht oder nur wenig alphabetisierte Laien vollzieht sich über die Stimme, etwa durch Vorlesen oder leises Mitsprechen. Über solche begleitende Artikulation bleibt das Medium der Schrift hier noch in einem anderen Sinn körpergebunden.

Mündlichkeit

Die Verschriftung von höfischer Liebeslyrik (Minnesang) und politischer Lyrik (Sangspruch) am Ende des 13. Jahrhunderts bestätigt eindringlich diesen mediengeschichtlichen Wandel. Minnesang ist

Fingierte Mündlichkeit

69

Kapitel 4 Medialität

Vortragsdichtung vor einem höfischen Publikum, sie findet in einer Aufführungssituation unter Anwesenden statt, an der die Stimme, begleitende Musik und Gesten beteiligt sind, nicht aber Schrift. Die diffizile Textur ihrer Lieder, so wie die überlieferten Handschriften sie dokumentieren, ist aber wohl ohne begleitende Schriftlichkeit schwer vorstellbar. Und wenn dem *Nibelungenlied* eine Programmstrophe vorgeschaltet wird, die mit der Zeile beginnt: *Uns ist in alten maeren wunders vil* **geseit** und mit den Worten endet: *von küener recken strîten muget ir nu wunders* **hoeren sagen**, dann wird hier „Mündlichkeit fingiert". Der Text wird an die alte Tradition angebunden, obwohl er sie schon nicht mehr repräsentiert. Noch in der Darstellung selbst bewahren mittelalterliche Epen einen Zug zur Mündlichkeit, zum Beispiel in szenischer Gestaltungsform durch ausführliche Beratungsszenen, Dialoge und inserierte Erzählungen.

4 Text und Bild

Verschriftlichung – Verbildlichung

Mit dem Medienwechsel von der Mündlichkeit zur Schriftlichkeit entsteht erst eine mediale Beziehung von Schrift und Bild: die illustrierte Handschrift. Schon die Sprache verfügt von sich aus über eine genuine Zeigefunktion (Zeigfeld), darüber hinaus über spezifische Strategien der Visualisierung – nämlich Beschreibungen, Metaphern, Exempel. Diese werden weiter unterstützt durch die Buchillustration. Seit dem frühen Christentum wird über die Funktion von Bildern in der Lehre gestritten. Gegen Widerstände hatte GREGOR DER GROSSE um 600 zu didaktischen Zwecken Bilder als „Schrift der Laien" explizit empfohlen: *pictura litteratura laicorum*. In der Vermittlung der göttlichen Botschaft wird das Wort hier gewissermaßen zum Bild. Ganz unterschiedliche Formen von Buchillustrationen lassen sich nachweisen: Von der beiläufigen Marginalie und ausgemalten Anfangsbuchstaben (Initialen) über gegliederte Illustrationen bis hin zu Bildprogrammen und eigenständigen Bilderzählungen finden sich mannigfache Umsetzungen. Solche komplexen Bildprogramme weisen aber über die schlichte Laiendidaxe hinaus. Die Illustrationen der Epenhandschriften zeigen häufig öffentliche Aufführungssituationen (Gericht, Mahl, Turnier, Beratung etc.), d. h. performative Szenen, in denen gesellschaftliches Handeln jetzt auch optisch sichtbar gemacht wird. Mit dem Anwachsen der Schriftlichkeit im 12. und 13. Jahrhundert ist offenbar eine steigende Tendenz verbunden, dem neuen literarischen oder pragmatischen Inhalt auch visuell Ausdruck zu verleihen. Das Bild kann zur Illustration, zum Kommentar, zum Repräsentationsindex werden. Das heißt die Verschriftlichung des Lebens hängt eng mit der Verbildlichung zusammen.

5 Medialität und Literarizität

Verschriftung der Mündlichkeit seit dem 8. Jahrhundert war also mehr als ein schlichter Übertragungsakt, sie war konzeptionelle Neugestaltung. Für die mündliche Dichtung des Frühmittelalters ist der Vortrag das zentrale Aufführungsmittel. „Wenn man Vortragsdichtung verschriftet, ändert sich ihre Existenzweise fundamental." (HAUG, 1994, 379). Der Medienwechsel wird daher auch mit veränderten Möglichkeiten der literarischen Gestaltung in Verbindung gebracht.

Medienwechsel

Bedingt die Medialität eine veränderte literarische Technik? Die mündliche Heldendichtung zeigt ein vertrautes und übersichtliches Milieu der Handlung: den politischen Konflikt von Stämmen als Sippenkonflikt. Szenische Darstellung mit Monolog und Dialog prägen die Erzählung, ebenso klare Handlungsstrukturen mit Reziprozität: Vergehen vs. Rache; schließlich „Verdichtung des Geschehens in symbolischer Gegenständlichkeit" (HAUG, 1994, 385): Ringe, Schätze, Gefäße, Waffen als bedeutungstragende Zeichen. Der Sänger verfügt über einfache Situationsentwürfe, einfache Erzählmuster und einprägsame Dingsymbole, die er im variationsreichen Vortrag vor seinem Publikum darbietet. Das Medium der Mündlichkeit bedingt nicht nur spezifische Darstellungstechniken, es beeinflusst auch die Textualität der Dichtung. Statt eines Ursprungstextes existieren nur variable Fassungen; Dichten wird als Kombinations- und Variationskunst bestehender Inhalte, Muster und Bilder aufgefasst.

Mit dem Medienwechsel von gesprochenem zu geschriebenem Wort verändern sich auch die literarischen Techniken. Die Fixierung der Sprache durch Schrift zieht andere Techniken der Produktion und der Rezeption nach sich. Im Prozess der Verschriftlichung erhalten die variierten Geschichten eine fixe Gestalt und somit der Text eine Identität. Die rhetorischen Techniken, die schon die Produktion der Lieder gesteuert hatten, dienen nunmehr dazu, die „schriftlichen Texte an eine orale Umwelt anzupassen." „Als wesentliches Ergebnis der medientheoretisch gespeisten Lektüre

Vom gesprochenen zum geschriebenen Wort

Kapitel 4 — Medialität

der Epen kann gelten, daß durch den Einsatz der Schrift Erkenntnismöglichkeiten verwirklicht werden", die in den älteren Medien nicht zur Verfügung standen. Die rhetorischen Techniken werden unter den Bedingungen der Schrift komplexer einsetzbar (WANDHOFF 1996, 385f.).

Inventio

1. Inhaltlich (*inventio*) können unterschiedliche Traditionen, Zeiten und Räume zusammengeführt und in „neuartige Erzählräume" gefasst werden.

Dispositio

2. Die Anordnung des Stoffs (*dispositio*) erhält neue Möglichkeiten, so dass komplexere Handlungsfolgen und Erzählstrukturen entstehen, die nur über eine wiederholte Lektüre wahrgenommen werden können.

Elocutio

3. In der Stilistik (*elocutio*) verändert sich der Status der Beschreibung. Descriptiones nehmen zunehmenden Platz ein und dienen dazu, die höfische Lebensform ausgedehnt und plastisch vor Augen zu führen: Die Funktion der Erinnerung geht in die der Dokumentation über.

ut pictura poiesis

Dass das dichterische Wort selbst zum Bild werden soll, ist der Rhetorik lange bekannt: *ut pictura poiesis*. Unter medientheoretischer Perspektive verändert sich jedoch der Blickwinkel. Durch den Einsatz „visualisierender Schreibweisen", wie er in zahlreichen Beschreibungen und szenischen Darstellungen zum Ausdruck kommt, passt die höfische Kultur, die ihren Zusammenhalt stark über Sichtbarkeit definiert, die Texte an ihre nicht durch Schrift geprägte Lebensform an (WANDHOFF 1996, 385ff.).

MEDIALITÄT			
Frühphase	Oralität	Reine Mündlichkeit	Kommunikation unter Anwesenden
Hochmittelalter	Vokalität	mündlich gestützte Schriftlichkeit	Aufführung von Schrift
Spätmittelalter	Schriftlichkeit	Ausdifferenzierung von Mündlichkeit und Schriftlichkeit	Trennung von Wissendem und Wissen
ab ca. 1450	Typographie	Technisch reproduzierte Ausbildung eines anonymen Marktes	Schriftlichkeit

6 Buchdruck

Der entscheidende Schritt zur körperlichen Trennung von Wissen und Wissendem tritt indes mit dem Buchdruck ein. Seit der Erfindung beweglicher Lettern um 1450 verändern sich die kulturellen Bedingungen der Schriftlichkeit selbst. Zum einen erweitert die größere Distribution des gedruckten Buches das Kommunikationsfeld der Schrift. Während viele Handschriften Unikate darstellten und den Textbestand jeweils variabel überlieferten, lässt sich durch den Druck das Wissen in typographisch identischer Gestalt weithin verbreiten. Das schriftlich fixierte Wissen löst sich aus seinem unmittelbaren Situationsbezug und Gebrauchszusammenhang aus der Kommunikation unter Anwesenden: Lehrer – Schüler, Meister – Geselle, Sänger – Publikum. Indem derart Produktions- und Rezeptionsprozess auseinander treten, wird das verschriftete Wissen dekontextualisiert. An die Stelle der klösterlichen Skriptorien oder der höfischen Schreibstuben treten Druckereien, die über den Handel den Markt mit seinem anonymen Kundenkreis bedienen.

Dekontextualisierung

Mit dem Buchdruck sind die Voraussetzungen für moderne Massenkommunikation geschaffen. Nun kann ein einziger Mensch mit einem Kommunikationsakt seine Meinung gleichzeitig vielen an unterschiedlichen Orten mitteilen. Die Reformation mit ihren kulturellen, sprachlichen und literarischen Folgen wäre ohne die Drucktechnik für Flugschriften so nicht möglich gewesen. Der Kirchenreformator MARTIN LUTHER ist mit seinen Schriften zugleich ein herausragendes Beispiel für die Anwendung rhetorischer Techniken in der Schriftsprache, denn der Erfolg seiner Schriften beruht nicht zuletzt auf deren sprachkünstlerischer Gestaltung. Dies gilt auch für seine Übersetzung der Bibel ins volkssprachliche Deutsch (*Die gantze Hl. Schrift Deudsch*, Erstdruck 1534), die massenhaft nachgedruckt in so noch nicht dagewesener Weise zur Ausbildung einer überregionalen deutschen Hochsprache beigetragen hat.

Massenkommunikation

Mit der technischen Veränderung von Schriftlichkeit gewinnt zugleich die Archivfunktion zusätzliche Bedeutung: Der Buchdruck verändert aber auch die Verschriftungsformen, vor allem in Bezug auf die Organisation von Fachwissen. Kommt es in der Spätphase des Handschriftenzeitalters schon zu einer „Literaturexplosion" (KUHN), so setzt mit dem Buchdruck ein Prozess ein, der „Verschriftlichung des Lebens" genannt wird (GIESECKE). Das typographische

Archivfunktion

Kapitel 4   Medialität

Medium hat Folgen für die Aufführungssituation von Schrift. Während die Fachliteratur diffizile Strategien entwickelt, um Wissen unabhängig von mündlicher Unterweisung zu vermitteln, etwa durch Verschriftung und Verbildlichung von Handlungsfolgen (Gebrauchsanweisung), lässt sich bei der schönen Literatur eine andere Tendenz beobachten. Die mittelalterlichen Versepen, aber auch andere Erzählstoffe, werden vielfach vom Vers in Prosa übersetzt, d. h. eine mündliche Kommunikationsform wird in eine schriftliche übertragen. Darüber hinaus entfallen viele Bestandteile der ursprünglichen Aufführungssituation (z. B. Prologe, Beschreibungen, spezifisch adelige Umgangsformen) zugunsten neuer, eher allgemeiner Wirkungsstrategien: z. B. Moralisierungen, Alltagser-fahrung.

Darstellungstechniken im Druck

Der Buchdruck im 16. Jahrhundert verändert die medialen Darstellungsmöglichkeiten literarischer Texte: weg von sozial privilegierten Gruppen hin zu freier Autorschaft und allgemeinem Publikum. Für lange Zeit, bis ca. 1550, werden weitgehend alte Bestände in den Druck überführt. Gutenbergs Erfindung bietet einen leichteren Zugang zu den bereits vorhandenen Wissensbeständen des Handschriftenzeitalters. Es wird quantitativ mehr von dem gedruckt, was es bereits gibt: mehr antike Klassiker, mehr Bibeln, Erbauungsliteratur oder Briefwechsel humanistischer Gelehrter. Im Barock, im Zeitraum zwischen 1550 und 1650, wird mit unterschiedlichsten Ordnungsentwürfen etwa der barocken Enzyklopädie (ALSTED) experimentiert, zwischen 1650 und 1750 etabliert sich das Buch als autonomer Wissensspeicher zur enzyklopädischen Erfassung der Welt. Das leise Lesen wird dabei zunehmend zur hauptsächlichen Vermittlungsform in der Unterhaltungskultur. Das Buch übernimmt deshalb im Laufe des 18. Jahrhunderts die Rolle eines funktionalen Äqivalents zu anderen Aufführungsformen. Die sinnlichen Defizite gegenüber der Aufführung werden ab 1750 durch neue künstlerische Ausdrucksformen ausgeglichen, die die performativen Aspekte betonen. Dabei entstehen u. a. literarische Darstellungsformen der inszenierten Unmittelbarkeit in der Erlebnislyrik wie auch das dramatisierende, szenische Erzählen oder der Einsatz von anderen Kommunikationsmedien wie dem Brief im Kontext des Romans. Damit sind die Voraussetzungen für die medialen Darstellungsformen von Literatur geschaffen, die uns heute noch vertraut sind. Zugleich wird nun Literatur als moderne Kunstform möglich, die ihren medialen Status selbst reflektiert.

7 Medienrevolution und Literatur

Was ist eine Medienrevolution? Wir sprechen von Medienrevolutionen immer dann, wenn sich durch Medien die Formen des Zusammenlebens und der Kommunikation in einer Kultur grundlegend ändern. Die Geschichte zeigt allerdings, dass Medienrevolutionen immer auch mit sozialen Revolutionen einhergehen. So ist auch die moderne Literatur Effekt einer Medien- wie Sozialrevolution. Mediale Voraussetzungen sind neben der Drucktechnik u.a. der gleichmäßige Schriftsatz und dessen spezifische Wirkung auf unsere Fähigkeit, schriftliche Formen wahrzunehmen und interpretierend zu verstehen. Das gleichmäßige Schriftbild ermöglichte nicht nur eine Erhöhung der Lesegeschwindigkeit, sondern veränderte nachhaltig die Wahrnehmung von geschriebenen Texten. Aus dem langsameren lauten Lesen in der Gruppe konnte das vereinzelte leise Lesen ‚im Kopf' werden. Erst mit dieser Technik lassen sich Bücher sozial unkontrolliert massenweise verschlingen, exzessives Lesen ist möglich. Die ‚Lesesucht' im späten 18. Jahrhundert ist ein frühes Beispiel für vermeintlichen Medienmissbrauch – übrigens, die öffentliche Debatte um die nach Ansicht der Kritiker viel zu viel lesenden Mädchen und Frauen wird damals wie heute für übermäßige Fernseh- und Internetnutzung mit nahezu den gleichen Argumenten eines ursächlichen Zusammenhangs zwischen exzessivem Medienkonsum und asozialem Verhalten und Gewalt geführt.

Mediale Voraussetzungen für moderne Literatur

Im Zusammenspiel von technischen Entwicklungen und sozialen Voraussetzungen, insbesondere der Ablösung der Ständegesellschaft durch eine funktional bestimmte Gesellschaft, in der sozialer Aufstieg möglich ist, ist die Literatur der Ort, an dem die Voraussetzungen für moderne individualistische Subjektbildung ausgebildet und vermittelt werden. Die sozialen Grundlagen für den veränderten Gebrauch der Literatur liegen in Prozessen der Demokratisierung und Säkularisierung des 18. Jahrhunderts. Je mehr der Mensch als ein Wesen gedacht wird, das nicht mehr in vorgegebene Ordnungen hineingeboren wird, der Mensch vielmehr die Möglichkeit (und auch die Pflicht) hat, sich selbst zu entwerfen, wird die Selbstreflexion „Wer bin ich?" zur Daueraufgabe. Da der Mensch nicht mehr durch seine Geburt ein bestimmtes Mitglied der Gesellschaft ist, sondern seinen Platz selbst suchen kann, muss er sich selbst bilden und in eine Gemeinschaft sozialisieren. Genau für diese

Soziale Voraussetzungen

Kapitel 4 — Medialität

Form der Dauerreflexion im 18. Jahrhundert ist die Literatur offensichtlich die geeignete Kommunikationsform. Heute unter den Bedingungen einer Mediengesellschaft haben andere Massenmedien diese Funktion übernommen.

Intensive und extensive Lektüre

Um 1750 bietet die Literatur aufgrund ihrer spezifischen Medialität u. a. in Form des neu etablierten Romans die geeignete mediale Vermittlungsinstanz zur Subjektbildung. Dies geht Hand in Hand mit der Alphabetisierung in den Städten, die Lesefähigkeit und damit Lesebedürfnis für neue soziale Schichten und darin ganz besonders bei den Frauen schafft: An die Stelle des wiederholten intensiven Lesens eines oder weniger Bücher (zumeist der Bibel oder anderer Andachtsbücher) tritt das Verlangen nach extensiver Lektüre immer neuer literarischer Bücher mit Themen wie Liebe, Ehe, Kindheit und Familie und Beruf.

Die Forschung zum Buchhandel kann dies aus Messkatalogen auch mit Zahlen belegen: Die gesamte Titelproduktion wächst zwischen 1740 und 1800 von ca. 750 auf ca. 2500. Während der Anteil der Erbauungsliteratur in diesem Zeitraum etwa gleich bleibt, wachsen die „schönen Künste" und insbesondere die Dichtung im Verhältnis 1:13. Noch deutlicher kommen die Vorlieben der neuen Leserinnen und Leser im Blick auf die Romanproduktion zum Vorschein. Für das Jahrzehnt von 1750–1760 sind 73 Romane verzeichnet, für die Jahre 1791–1800 hingegen 1623 (nach Schön, 1987, 44).

Literarische Öffentlichkeit

In der gedruckten Kommunikation über Printmedien (Bücher, Almanache, Zeitschriften und Journale) konstituiert sich im 18. Jahrhundert eine literarische Öffentlichkeit. Es entsteht ein Literaturbetrieb mit Verlegern, Literaturkritik, zahlendem Lesepublikum, unabhängigen Autoren, mit Vertriebsstrukturen über Lesegesellschaften und Leihbibliotheken, wie wir es noch heute kennen. Die literarische Öffentlichkeit des 18. Jahrhunderts konstituiert sich aber nicht nur über die Printmedien, der handschriftliche Brief bleibt weiterhin ein relevantes Kommunikationsmedium der beteiligten Akteure. Die Literatur greift dieses Doppelverhältnis des Kommunizierens mit Medien über Medien auf und macht im fiktionalen Briefroman den pragmatischen Brief aus der Alltagskommunikation zu einer literarischen Darstellungsform. Und dies ist nur ein Beispiel dafür, wie Literatur die Funktion der Medien für sie selbst befördert und reflektiert. In den medialen Konstellationen, die Literatur selbst inszeniert, spiegelt sich ihre Medialität.

8 Inszenierte Mündlichkeit

Das Medium Brief beeinflusst die Darstellung und Mitteilung von Subjektivität und Subjektbildung in der Literatur des 18. Jahrhunderts mit am stärksten. Lange Zeit war der Brief ein Medium für hoch institutionalisierte und formalisierte Kommunikationsprozesse in Handel, Recht und öffentlichem Zusammenleben. Briefe als interpersonelle Medien waren stark formalisiert und erforderten Spezialkenntnisse der Rhetorik und der gesellschaftlichen Konventionen. Im 18. Jahrhundert wird der Brief als eine Darstellungsform neu entdeckt, die ganz im Gegensatz dazu die unmittelbare mündliche Rede in die Schrift überführen soll. Das gute Gespräch wird zum Vorbild für eine neue Form des privaten Briefs, in dem Freundschaft gepflegt wird. Für die Literatur wird der Brief zunächst im europäischen Phänomen des Briefromans relevant (RICHARDSON).

Briefroman

Wenig später nimmt der junge GOETHE die Textsorte Briefroman und vermittelt mit dieser Form der inszenierten Mündlichkeit in *Die Leiden des jungen Werthers* (1774) in der Literatur ganz neu eine Unmittelbarkeit von Gefühlen und subjektivem Erleben. Der Briefroman als solcher verschwindet sehr bald wieder, die literarische Darstellungstechnik der eingelegten Briefe in längeren Erzähltexten gehört seitdem jedoch zum erzählerischen Repertoire: als Dialog zwischen Abwesenden mit der Funktion, Vergangenes zu vergegenwärtigen und unterschiedliche Zeitebenen momenthaft zu überblenden („während Du diese Zeilen liest, bin ich bereits in Paris"). Als zeitgenössische Variante des 21. Jahrhunderts erlebt der Brief gegenwärtig als eingelegte E-Mail in Romanen wieder eine Renaissance (JOHNATHAN FRANZEN *The Corrections*).

Medien und Gefühle

9 Medien in der Literatur

Moderne Literatur gewinnt ihre Attraktivität u. a. dadurch, dass sie in einer selbstreflexiven Wendung andere Medien als Teil ihrer eigenen Medialität mitreflektiert. So ist es ist kein Zufall, dass in GOETHES *Werther* in der zentralen Liebesszene wiederum ein Buch die Rolle des Verführers übernimmt. In literarischen Texten werden diese medialen Konstellationen häufig an Schlüsselstellen inszeniert – die sich dann noch als beigegebene Illustration im verstärkenden Text-Bild-Bezug verdoppeln lassen. Allen technischen

Text – Bild-Bezüge

Kapitel 4   Medialität

Medien (Gemälde, Fotografie, Film) in literarischen Texten kann diese Funktion zukommen. Besonders die optischen Medien finden in der Literatur Verwendung, um das Zusammentreffen von Mensch und Medium und die Auswirkungen auf Weltwahrnehmung, Wirklichkeit und Bewusstsein zu reflektieren. Der Blick durch ein Fernglas oder auch aus einem Fenster (E.T.A HOFFMANN *Der Sandmann*, *Vetters Eckfenster*) inszeniert die spannungsvolle Vermittlung von Innen- und Außenwelt.

Literarische Montagetechnik

Die Auswirkungen der technischen Form der Medien auf die literarischen Darstellungsformen sind ein Forschungsfeld der Germanistik. Als Reaktion auf die Struktur des Mediums Zeitung und seine optische Darstellung der Inhalte in Spalten entsteht bereits im 18. Jahrhundert *Cross-reading* als geistreiches Gesellschaftsspiel, bei dem der Text in einem mehrspaltigen Buch nicht wie üblich, sondern über die Kolumnen hinweg zeilenweise gelesen wird. Dieses satirische Verfahren verwendet noch KARL KRAUS um 1900 in seiner Zeitschrift *Die Fackel* und etabliert damit eine Form von Collage- und Montageverfahren, die im Dadaismus weiterentwickelt wird und auch zum Darstellungsmittel des großen Zeitromans wird. ALFRED DÖBLIN hat in seinem Roman *Berlin Alexanderplatz* (1929) buchstäblich mit der Schere ausgeschnittene und eingeklebte Ausschnitte aus Zeitungen, Lexika und anderen Informationsquellen eingebaut. Da den Lesern diese Montagen durch das einheitliche Druckbild nicht markiert werden, vermittelt der Text über das ästhetische Prinzip der Dekontextualisierung von Wissen den Lesern unmittelbar die Erfahrungswelt der modernen Großstadt und ihrer Medien. Der Leser selbst muss die Sinndifferenzen erkennen, einzelne Muster erkennen (Gemeindeordnung, medizinisches Handbuch, Tageszeitung) und die Teile sinnhaft wieder dem ursprünglichen Kommunikationszusammenhängen zuordnen.

Neue Medien nach 1900

Zu den optischen Medien kommen im 19. Jahrhundert die Fotografie und dann der Film hinzu. Mit dem Telefon, dem Grammophon, der Telegraphie, im 20. Jahrhundert dann dem Radio und schließlich dem Tonfilm geraten die einstigen Leitmedien Schrift und Buchdruck endgültig unter Konkurrenzdruck und müssen ihren Status verteidigen. Schriftgestützte (literale) Wahrnehmungs- und Denkstrukturen werden durch die analogen Medien in Frage gestellt, gleichzeitig entsteht durch diese Medien eine sensible Wahrnehmung für die tatsächlichen Defizite bei der Beschreibung optischer, akustischer und audiovisueller Sinneserfahrungen, die in der

Herausforderung des Leistungspotentials der Literatur neue Anwendungsweisen hervorbringen.

Im 20. Jahrhundert lässt sich eine direkte Einwirkung des Films und seiner Wahrnehmungsweise auf die Literatur beobachten. Die Literatur übernimmt die „filmische" Sehweise als ein adäquates Konzept zur Darstellung der modernen Lebenswelt in der Großstadt. DÖBLIN hat in *Berlin Alexanderplatz* etwa in der Straßenbahnfahrt des Helden zu Beginn des Romans die Wahrnehmung von Franz Biberkopf so wiedergegeben:

Film und Literatur

> *Er drehte den Kopf zurück nach der roten Mauer, aber die Elektrische sauste mit ihm auf den Schienen weg, dann stand nur noch sein Kopf in der Richtung des Gefängnisses. Der Wagen machte eine Biegung, Bäume, Häuser traten dazwischen.*

Während DÖBLIN auf diese Weise von einem Wahrnehmungsschock seines Helden erzählt, greift die zeitgenössische Literatur den Film auch affirmativ auf. IRMGARD KEUNS *Das kunstseidene Mädchen* (1932) lässt aus der Perspektive der Protagonistin in schnell wechselnden, präzisen Bildern und harten Schnitten die Lebenswelt der Großstadt Berlin entstehen. In Kombination von Montageprinzip und Ich-Erzählung führt KEUN vor, wie die Protagonistin ihre Wahrnehmungen ausschließlich mit Blick auf ihr Lebensprogramm („Ich will so ein Glanz werden, der oben ist") sortiert.

Ein weiteres prominentes Einsatzgebiet für Medien in der Literatur ist die Erinnerung. Wie wir aus der psychologischen Gedächtnisforschung wissen, werden Erinnerungsprozesse durch Abrufhinweise in Gang gesetzt. Das kann ein Geruch oder ein Geschmack, eine bestimmte Musik oder eine Konstellation aus mehreren Elementen in einer bestimmten Situation sein, oft sind es aber Bilder, wie in unserem privaten Erinnern auch, das wir gerne durch die Fotografie absichern (Urlaubsfotos, Familienalbum). Allerdings werden die Bilder erst durch die dazugehörige Geschichte („Weißt Du noch, als Onkel Hans Tango tanzte…") zur Erinnerung. So gibt es auch bei literarischen Figuren keine Erinnerung, die nicht über die Technik eines erzählten Erinnerungsmediums vermittelt wäre.

Erinnerung

Kapitel 4   Medialität

10   Massenmedien und Internet

Medienvielfalt

Mit Presse, Rundfunk, Fernsehen ergreift der Einfluss medialer Kommunikation die gesamte Gesellschaft, zunächst eher von (sozial) oben nach unten, spätestens mit dem Nationalsozialismus aber bis in ihren (sozial und geographisch) letzten Winkel. Mehr als neun von zehn über zehnjährigen Menschen in Deutschland können heute lesen und schreiben, fast jeder nutzt Radio und Fernsehen sowie Telefon. Das krempelt das gesamte Kommunikationssystem um, erweitert herkömmlich enge Kommunikationsräume bis ins Globale und schafft neue sprachliche Varietäten in großer Vielfalt.

Digitale Medien

Klassifiziert man Medien nach ihrer Speicherkapazität, Reichweite und Frequentierung, sind mit den digitalen Speichermedien und der elektronischen Kommunikation über das Internet gegenwärtig die Grundvoraussetzungen für eine weitere Medienrevolution gegeben. Dazu tragen nicht nur die Geschwindigkeit und potentiell weltweit nahezu zeitgleiche Verfügbarkeit der Inhalte, sondern auch die zunehmende Synästhetisierung bei, die das Internet ermöglicht. Schrift, Bild und Ton sind in diesem Medium gleich weit voneinander entfernt und ergeben Potential für neue transmediale Formen von Sprache, Kunst und Literatur. Zu Beginn des dritten Jahrtausends unserer Zeitrechnung werden hier ungeahnte Triebkräfte von Sprach- und Literaturgeschichte freigesetzt – von Intermedialität über neuartige Kommunikationsformen und Sehflächen bis hin zur Auflösung der gewohnten schriftgebundenen Begriffe von Text und Autorschaft. All diese neuen Tendenzen samt ihren Bedingungen und Folgen zu untersuchen gehört zu den spannendsten Forschungsfeldern der aktuellen Germanistik. Durch neue technische Entwicklungen ist Medialität zu einem zentralen Thema auch in der Lehre geworden.

MEDIALITÄT

Die Erscheinungsformen von Medialität werden historisch immer komplexer. Jedes neue technische Medium ergänzt und erweitert alte Kommunikationsfunktionen und -formen. Hier einige Stichworte zum Nach-Denken:

Medium	Funktionen und Formen
Stimme	Kommunikation + Erinnerung → Lieder, Strophen, Verse, Reime
Schrift	Kommunikation + ausgelagertes Gedächtnis → Vers/Prosa, Großtexte, Kapitel, Text-Bild → Textsortendifferenzierung
Buchdruck	Kommunikation + Archivierung + Distribution → Systematisierung, Dekontextualisierung des Wissens → Paratexte: Titelblatt, Inhaltsverzeichnis, Index → weitere Textsortendifferenzierung
Audiovisuelle Medien	Massenkommunikation + Beschleunigung + Unterhaltung → Multimodalisierung, sekundäre Mündlichkeit → magazinartige Formen
Digitale Medien	Diversifizierung + Hybridisierung → Hypermedialisierung, tertiäre Schriftlichkeit → Modularisierung der Botschaften → Vervielfältigung der Kommunikationsformen

FRAGEN

1. Was untersucht die Sprachwissenschaft an den Medien?
2. Wie verändert sich ein Text im Wechsel von der Mündlichkeit zur Schriftlichkeit?
3. Welche Wirkung hat der Buchdruck?
4. Welche Folgen haben Massenmedien für die Literatur?

5 Textualität

1 Was ist ein Text?

Sätze und Texte

„*Mann, hat der mich wieder zugetextet!*" Wer so spricht, denkt an ‚Text' als Redefluss. Aber nicht ganz ohne Ironie, denn mit ‚Texten' verbinden wir eigentlich geschriebene Texte. Und davon gibt es zahllose Sorten mit jeweils ganz unterschiedlichen Merkmalen. Schon auf den ersten Blick kann man einen Roman von einem Gedicht unterscheiden, eine Gebrauchsanweisung von einer Mathematikaufgabe, eine Pressenachricht vom Wetterbericht, eine Todesanzeige von der Möbelhaus-Annonce, eine Zahlungserinnerung vom Liebesbrief. Doch nicht nur an ihrem Erscheinungsort, ihrer typographischen Gestaltung und anderen visuellen Merkmalen erkennen wir unterschiedliche Textsorten, sondern auch an ihrem kommunikativen Zweck, ihrem Thema, der Art seiner Behandlung, ihrem inneren Aufbau und ihrem sprachlichen Stil. So wie wir gelernt haben, wie man kleinere sprachliche Elemente aneinanderreiht, um ganze Sätze zu bilden, haben wir im täglichen Umgang mit Texten auch prototypische Muster dafür gelernt, wie man Texte üblicherweise bildet.

Muster und Variation

Glücklicherweise kann man diese Muster auch variieren, abändern und mischen. Sonst blieben Texte (wie Sprache überhaupt) starr und langweilig. Zwar hat man (meist unter der Hand, explizit aber auch in der Schule) beispielsweise gelernt, dass in deutschen Aussagesätzen zuerst das Subjekt und dann das flektierte Verb (als Teil des Prädikats) kommt. Aber manchmal geht es auch anders. So in dem Beispielsatz zu Beginn dieses Kapitels („*hat der...*") oder zu Beginn von GOETHES *Zauberlehrling* („*Hat der alte Hexenmeister ...*"). Solche grammatischen Regelabweichungen können sogar ein Indiz für eine bestimmte Textsorte sein. Witze etwa beginnen oft so („*Treffen sich ein Engländer...*"), müssen das aber nicht.

Textsorten

Textsorten sind immer durch ein Bündel verschiedener Merkmale charakterisiert, mit denen man je nach Textsorte, Adressat und sonstigen Umständen mehr oder weniger frei umgehen kann. Kochrezepte zum Beispiel bestehen fast immer aus zwei Teilen: der Zutatenliste und der Reihenfolge auszuführender Operationen. Letztere wurden im 19. Jahrhundert typischerweise unpersönlich-konjunktivisch formuliert („*Man nehme ...*"), später imperativisch („*Nehmen Sie ...*"), heute infinitivisch („*Spaghetti in Salzwasser al dente kochen*") oder erzählerisch-ratgebend („*Wenn es beim ersten Mal nicht gleich klappt, brauchen Sie nicht zu verzagen, denn ..."*).

Natürlich kann es auch Kombinationen und Subklassen geben (z. B. Briefroman, Disco-Flyer); es gibt abhängige Begleittexte (Paratexte) zu Haupttexten (z. B. Titelblatt, Inhaltsverzeichnis, Vorwort, Fußnoten, Literaturverzeichnis, Register usw. in Fachbüchern); und man kann verschiedene Textsorten innerhalb eines Textes mischen. GOETHES Roman *Wilhelm Meisters Wanderjahre* enthält auch Novelle, Märchen, Schwank, Tagebuch, Essay, Brief, Lied, Aphorismus, Maxime; ein Reisekatalog besteht aus Inhaltsverzeichnis, Impressum, Allgemeinen Geschäftsbedingungen, Landschaftsschilderungen, Hotelbeschreibungen, Preislisten, Bestellformularen und anderem mehr.

Klassen und Subklassen von Texten

Damit tauchen zwei Fragen auf. Was ist überhaupt ein Text? Und wie kann man Textsorten voneinander unterscheiden? Beginnen wir mit der ersten. Als Roman sind die *Wanderjahre* ein Text, der allerdings auch eine Reihe kleinerer Texte zu seinen Bestandteilen zählt. Intuitiv denken wir beim Wort ‚Text' meistens an einen in sich geschlossenen schriftlichen Ganztext mit einem erkennbaren Anfang, einer inneren Gliederung und einem eindeutigen Schluss, jedenfalls früher meistens verfasst von einem einzigen Autor. Ein solcher prototypischer Autor hat eine Menge von Stoff sprachlich so verarbeitet, dass ein in sich geschlossenes Ganzes mit einer spezifischen Architektur dabei herauskommt. So, wie ein Satz aus kleineren Teilen eine ganze Gestalt mit einem durchgehenden Sinn formt, so zwingt ein Text nach bestimmten Regeln einzelne Sätze zu einem geschlossenen Ganzen mit einem mehr oder weniger komplexen, aber doch zusammenhängenden Sinn. Sofern dieser Zusammenhang mit sprachlichen Mitteln sichtbar gemacht wird, nennt man ihn Kohäsion (Z. B. verweist der vorige Satz mit dem Demonstrativpronomen „dieser" offensichtlich auf einen Gedanken in dem Satz zuvor). Sofern dieser Zusammenhang hingegen semantisch, also über die inhaltliche Ebene, erzeugt wird, spricht man von Kohärenz. (Zum Beispiel geht es in diesem Kapitel um Eigenschaften von Texten; dieses Thema hält das Kapitel als ein Ganzes zusammen.) In einem Text werden also unterschiedliche sprachliche und inhaltliche Bestandteile nach bestimmten Mustern zu einem Ganzen verwoben, in dem bestimmte Inhalte über eine bestimmte, mehr oder weniger komplexe Struktur mehr oder weniger dicht aufeinander bezogen werden. Ein Text ist, wie ein Textil, ein Gewebe.

Kohäsion und Kohärenz

Kapitel 5   Textualität

> **DEFINITION**
>
> Text ist eine formal durch Anfang und Ende markierte sprachliche, insbesondere schriftliche Äußerung, z. B. eine inhaltlich zusammenhängende und abgeschlossene Folge von Sätzen.

Textsorten

Wie Textilien (und überhaupt alles) kann man auch Texte unterschiedlich klassifizieren. Märchen, Kunstmärchen, Volksmärchen, darunter wieder Zaubermärchen, Initiationsmärchen, Tiermärchen: Für alles gibt es typische Vertreter, aber auch fließende Grenzen. So auch bei profanen Alltagstextsorten. Deshalb werden Grenzen oft künstlich festgesetzt: Für juristische Texte (Gesetze, Verordnungen, Erlasse, Kommentare etc.) gibt es genaue Konventionen und Vorschriften. In der Tages- und Wochenpresse dagegen werden unterschiedliche Rubriken ausdrücklich bezeichnet und viele Textsorten visuell als solche markiert. Aber auch wo das nicht der Fall ist, unterstellen wir immer ein Muster, nach dem der Verfasser seinen Text gestrickt hat.

Dynamische Textualität

Wie alles in der Sprache sind auch Texte und Textsorten nicht starr, sondern beweglich. Die Kommunikationsbeteiligten passen die Muster ihres sprachlichen Austausches ihren jeweiligen Zwecken an. Deshalb ist es ein vergebliches Unterfangen, Textsorten zu zählen. Linguisten haben das getan und sind auf viele Tausend gekommen. Je nach Genauigkeitsgrad mag man jeweils mehrere davon aber auch zu Gruppen zusammenfassen oder umgekehrt Zigtausende von Textsorten unterscheiden. Egal, ob man sich dabei auf sichtbare Merkmale zu untersuchender Texte stützt oder auf das implizite Wissen, das Schreiber und Leser über Textsorten haben – die Anzahl hängt von den zuvor festgelegten Merkmalen ab, die verschiedene Textsorten voneinander abgrenzen sollen.

Diskontinuierliche Texte

Die Sache wird noch komplizierter dadurch, dass auch andere Fälle vorkommen als die prototypischen in sich geschlossenen und ausformulierten Texte (wie eine Ballade, die Straßenverkehrsordnung oder ein Geschäftsbrief). Es gibt diskontinuierliche Texte, die man nicht linear von Anfang bis Ende liest, etwa Tabellen, Telefonbücher und Sachregister. Es gibt unvollständige Texte, die auf unterschiedliche Weise ergänzt werden können, zum Beispiel Formulare, Lückentexte und Texte zum Weiterschreiben. (Oh: Gilt das nicht für alle Texte?) Es gibt auch Texte, die nur zusammen mit Bildern und anderen visuellen Elementen einen Sinn ergeben; man denke an Comics, Wegweiser sowie Bildunter- oder -inschriften etwa in Schaubildern, Schaltplänen und Werbeplakaten. Und natürlich Kombinationen und Mischungen von alledem, z. B. bei Lexika oder bei Texten an und bei Waren (Etiketten, Verpackungen, schriftlichen Beilagen).

Die meisten herkömmlichen Texte sind monologisch verfasst: Eine Seite (Person oder Gruppe) schreibt etwas Fertiges, eine andere liest. Doch in manchen Kommunikationsformen kommen dialogische Elemente hinzu, welche die Textgestalt mitprägen. Manche Textsorten in E-Mails (z. B. wechselseitige Terminvereinbarungen) erinnern eher an Telefongespräche; Plauder-Chats an vielköpfiges Stimmengewirr bei Smalltalk auf Partys. Im World Wide Web kommen fast alle Textsorten vor, die es auch in klassischen Medien gibt. Doch darüber hinaus wimmelt es von hybriden beweglichen Hypertext- und Hypermedia-Sorten jeglicher Art, die teilweise interaktiv erzeugt und verändert werden können (z. B. bei elektronischen Wegauskünften). Fast alles ist möglich.

Monologische-dialogische Textualität

Kurz: Im Zentrum des Textbegriffes steht die Vorstellung eines schriftlich ausformulierten, materiell, formal und inhaltlich in sich abgeschlossenen Sprachgewebes, das je nach Textsorte bestimmten, wenngleich mehr oder weniger variablen Mustern folgt. Jenseits dieses Kerns kommen jedoch ganz unterschiedliche Varianten vor: Inhalt und Umfang des Begriffs ‚Text' verschwimmen an seinen Rändern. Sind Kreuzworträtsel noch Texte? Sudokus? Das Wort „*Stop*" auf dem Verkehrsschild? Das World Wide Web in seiner Gesamtheit?

Text-Definition

Die Sache wird noch verwickelter, wenn wir nicht nur das uns vor Augen stehende Kommunikat betrachten, sondern auch die Art seiner Rezeption. Zahllose Texte werden nur flüchtig oder selektiv wahrgenommen: das halb vorbereitete Schulbuchkapitel, der von hinten nach vorn gelesene Krimi, die Laufschrift an öffentlichen Plätzen, der Stadtplan (insbesondere seine schriftlichen Elemente), die uns interessierenden Text-Bild-Stücke auf schnell durchgezappten Homepages. Ist Text, was da steht oder was bei uns ankommt? Die biedere Vorstellung von Texten als in sich geschlossenen Ganzheiten ist eine schöne Illusion, die uns hilft, durch die unendlichen Text- und Text-Bild-Meere zu navigieren, mit denen wir täglich unsere Kultur entwickeln.

Kapitel 5 Textualität

2 Textualität

> *Dû bist mîn, ich bin dîn.*
> *des solt dû gewis sîn.*
> *dû bist beslozzen*
> *in mînem herzen,*
> *verlorn ist daz sluzzelîn:*
> *dû muost ouch immer darinne sîn. (MF 3,1)*

Adressatenbezogene Gattungsvarianz

Handelt es sich um ein Gebet oder um ein Liebesgedicht? Die Austauschbarkeit von Sprecher- und Adressateninstanz verleiht dem Text eine besondere Qualität. Obwohl derselbe Text, verändert sich mit dem Wechsel der Sprecherrolle nicht nur die Aufführungssituation, sondern auch die Textsorte. Zugleich ist damit die Differenz von pragmatischen und literarischen Texten angesprochen. Als Gebet wäre der Text eine pragmatische und auf Mündlichkeit angewiesene geformte Sprachhandlung. Als Liebeslied ginge er zwar schon in ein literarisches Gebilde über, da er für erfahrene Rezipienten mit der doppelten Bedeutungsebene spielt und gerade daraus seinen Reiz gewinnt. Im Zusammenhang mittelalterlicher Aufführungspraxis bliebe er aber weiterhin pragmatisch gebunden, da er auch öffentlich gesungen würde, etwa um den Geltungsanspruch sozialer Werte wie Treue vorzuführen: Es wäre eben Minne*sang*.

Text und Kontext

Herausgelöst aus pragmatischen Aufführungssituationen und auf einem Blatt Papier verschriftet, verändert der Text noch einmal seinen Status. Die Tegernseer Handschrift aus dem 12. Jahrhundert, die uns die Verse überliefert, gibt sie als Schlussverse eines lateinischen Liebesbriefes wieder. Die Verschriftung und der Briefkontext könnten auf eine private Situierung, auf Kommunikation unter Liebenden, verweisen: So verstanden, würde es in der Tat die Form eines *Liebes*gedichts annehmen. In der kritischen Edition mittelalterlicher Minnelieder, im *Minnesangs Frühling*, findet es schließlich im reinen Minnesangkontext seinen ‚Aufführungsort'. Hier erst kann das Gebet/Lied/Gedicht jetzt alles zugleich sein, ohne noch pragmatischen Zwecken zu dienen. Mit der Verschriftlichung und der Ausblendung pragmatischer Kontexte reklamiert der Text einen eigenständigen Status: als reines übercodiertes Liebes*gedicht*, als Literatur. Die moderne Auffassung von Literatur versteht Texte als „komplexe Zeichengefüge, in denen Codes abgewandelt und verändert werden, in denen bekannte Elemente durch neue Kontexte neue Bedeutung erhalten" (KIENING 2003, 11). Unter dieser Perspektive wirken schon die rekonstruierten Transformationen des mittelalterlichen Textes erstaunlich modern.

TEXT – KONTEXT

Aufführungs-raum →	Kirche	Hof	Privat	Anthologie
Text →		Du bist mîn…		
Textschema Gattung →	Gebet	Minne_sang_	Liebes-gedicht	Liebes-gedicht
Sender/ Empfänger →	Gläubiger/ Gott	Sänger/ Publikum	Geliebte/ Geliebter	Text–Leser

Dass die Differenz von pragmatischen und literarischen Texten nicht nur eine substantielle, sondern auch eine der Aufführungssituation (Performanz) und des Kommunikationszusammenhangs ist, zeigt sich in anderer Weise auch an PETER HANDKES Aufstellung des 1. FC Nürnberg, die er in seinem Gedichtband *Die Innenwelt der Außenwelt der Innenwelt* abdruckt und damit zum literarischen Text macht. Gegenüber dem mittelalterlichen Textbeispiel vergrößert HANDKE nicht nur den Abstand von pragmatischer Textsorte und literarischem Kontext. Indem er eine reine Namensliste arrangiert, entzieht er dem Text geradezu seinen Inhalt (plot), er macht aber eben dadurch auf das Verfahren des Kontextwechsels selbst aufmerksam: Handke erzählt nicht, beschreibt auch nicht, er zeigt vielmehr, dass Dichtung beinahe jeden Gegenstand im Kontext eines ästhetischen Rahmens zur Kunst machen kann. Der Status des Textes ist von inneren und äußeren Bedingungen abhängig, d. h. auch von seinem Kontext: Die Aufstellung des Fußballclubs aus der Tageszeitung wird im Umfeld des Gedichtbandes zur Dichtung. Damit ist ein zentrales Problemfeld der Literaturwissenschaft angesprochen: das der Textualität.

Pragmatische Textsorten – Literarisierung

Die Aufstellung des 1. FC Nürnberg
vom 27. 1. 1968

WABRA
LEUPOLD   POPP
LUDWIG   MÜLLER   WENAUER   BLANKENBURG
STAREK   STREHL   BRUNGS   HEINZ MÜLLER   VOLKERT

Spielbeginn
15 Uhr

(PETER HANDKE, 1969, 59)

3 Etymologie

Textum – Gewebe

Ein Text gilt gemeinhin als ein strukturiertes und bedeutungstragendes Gewebe. Nähert man sich dem Textbegriff von der Etymologie her, verweist er in der Tat auf die Tätigkeit des Webens. Text kommt von Lateinisch *texere*: weben. Auch die Bibel leitet sich von lateinisch *biblia* ab, das wiederum auf griechisch *biblion* → *biblos* → *bublos* zurück geht und „den für Flechtwerk und Schriftrollen verwertbaren Papyrus" meint. Es gibt offenbar eine Verbindung zwischen dem Material (Beschreibstoff) von Schrift, dem Geflecht/Gewebe, und dem Zusammenhang, der dem Text attestiert wird: seiner Textualität. „Textus" wird im Lateinischen eben nicht nur mit „Gewebe", sondern auch mit „Verbindung, Aufeinanderfolge und Zusammenhang" übersetzt. Ein Text besteht aus einer ‚Verknüpfung' von Phonemen zu Wörtern, von Wörtern zu Sätzen und von Sätzen zu einem Textzusammenhang, der aber nicht schon identisch mit der reinen Verknüpfung ist. Bereits in den homerischen Epen „weben" die Heerführer in Gesandtschaften Worte, Pläne und Anschläge; in den Beratungen ist es das Vorrecht der Alten, aufgrund ihrer Kenntnis der Normen und Traditionen Pläne zu „weben" (WAGNER-HASEL 2006, 15ff.). Die textile Metaphorik impliziert mithin zum einen synchron eine Strategie, die mit der Verknüpfung der Worte verbunden ist, zum andern einen diachronen Zusammenhang, der aus dem Überblick über das Ganze, aus der rückblickenden Erinnerung resultiert: Damit sind zentrale Konstituenten auch des Textes benannt. Der Text besteht aus einer Verknüpfung *und* aus einem Zusammenhang: das mittelalterliche Minnegedicht etwa aus einer syntagmatischen Reihe (Und-Relation) und aus paradigmatischen Oppositionen (Oder-Reihe), zum Beispiel bezogen auf eine Situation: Ich und Du, Geliebter oder Gott. Man könnte sagen, dass das Problem des Textes überhaupt das des Zusammenhangs darstellt. Noch das Telefonbuch besteht nicht nur aus einer beliebigen Serie von Namen, sondern alphabetisch geordneten Namen, die zu Nummern in Relation gesetzt werden.

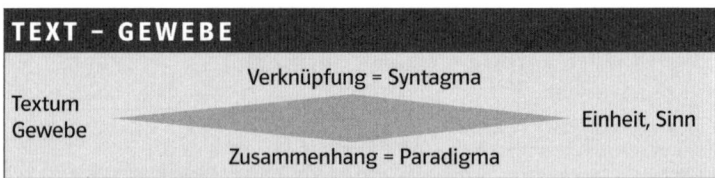

4 Text und Ordnung (Textkohärenz)

Will man sich die Entstehung eines solchen textuellen Zusammenhangs vor Augen führen, kann man eine kleine ‚Geschichte' imaginieren. KARLHEINZ STIERLE leitet den „Ursprung der Textbildung" aus dem Gespräch ab. Evident handelt es sich bei einer Unterhaltung um eine kommunikative Tätigkeit mit Sprecher und Hörer, ebenso evident ist aber auch der geringe Grad an Strukturierung (STIERLE 1982,180). Die Unterhaltung besteht in der Regel aus ungebundener Kommunikation und produziert gewissermaßen einen offenen, nicht festgelegten Text. In der Mündlichkeit existiert etwa nicht das Problem der Vorlage, die Frage nach dem Urtext. Man kann sich im mündlichen Gespräch nur bedingt auf etwas vorher Gesagtes berufen. Erst im Übergang zum geregelten Gespräch, zum Diskurs, konstituieren sich die Ordnungen, die die Einheit des Textes verbürgen. Mit der Festlegung einer Ordnung, eines Schemas, gewinnt der Text in seinem Verlauf eine Verbindlichkeit, eine konventionell akzeptierte Form: Dialogische Formen wie ein Streitgespräch oder eine Disputation verfügen schon über ein höheres Maß an Organisiertheit als die Unterhaltung, monologische wie Predigt, Plädoyer oder Vorlesung sind noch weiter reguliert. „Immer wird man sehen, daß die Stabilität bestimmter Textformen abhängig ist von der Stabilität institutionell gesicherter Situationen" (STIERLE 1982, 180), z.B. Kirche, Gericht, Hörsaal. „Der Begriff des Textes ist daher historisch mit einer Welt von Institutionen verknüpft", zu denen nach ROLAND BARTHES auch die Literatur zählt (BARTHES 1993, 11). So muss auch der heutige Leser des Textes *Dû bist mîn, ich bin dîn* zwischen vier Sprecherinstanzen, vier institutionalisierten Rollen unterscheiden:
der Gläubige des Gebets (Kirche),
der Sänger des Minnesangs (Hof),
die Liebende der Briefkommunikation (Privatsphäre) oder
der Leser der Anthologie (Bibliothek/Buch).

Textzusammenhang

Eine frühe Form von Institutionalisierung eines Textschemas stellt die Rhetorik zur Verfügung. Die Rhetorik bietet nicht nur eine Technik zur Herstellung von Rede, sie ist zugleich eine soziale Praxis, d. h. sie situiert die Rede in einem Kommunikationszusammenhang, sie stiftet aber auch einen normativen Regelzusammenhang von Sprache: Wie soll, wie muss ich reden/schreiben (BARTHES)? Damit wird sie Maßstab setzend für die Rede- und Textproduktion.

Rhetorisches Textschema

Kapitel 5 — Textualität

Der frühe historisch-systematische Ort für die Produktion des Textes ist die Rhetorik, die mit der Lehre von den Redeteilen zugleich auch ein rudimentäres Textmodell zur Verfügung stellt: Sie bietet thematische Verfahren in der Lehre von der Stofffindung (*inventio*), sequenzbildende Verfahren in der Lehre von der Stoffgliederung (*dispositio*) und ästhetische Verfahren in der Lehre von den Stilfiguren (*elocutio*) (vgl. LACHMANN 1981, 23). Einen Text über sein Thema, seinen inneren Aufbau und sprachlichen Stil zu identifizieren, lässt sich also auf die genannten Verfahren der Redeproduktion beziehen. In jedem Fall wird deutlich, dass die Ordnung des Textes sich auf verschiedenen Ebenen konstituiert. Wenn nach ALANUS AB INSULIS die Kreaturen durch ihren *Inhalt*, ihre *Ordnung* und ihre *Schönheit* Gottes Botschaft „predigen", fasst er nicht nur die Welt als Text auf, sondern auch als einen nach rhetorischen Regeln geordneten Zusammenhang.

TEXTEBENEN

Inventio →	Stofffindung: Inhalt	Forum	Gericht	Fest
Dispositio →	Stoffordnung: Struktur	Psychologische Ordnungsebene	Diskursive Ordnungsebene	Stilistische Ordnungsebene
Elocutio →	Stoffgestaltung: Schönheit	Pathosform bewegen	Demonstrationsform beweisen	Schmuckform erfreuen

Funktionen der Rhetorik

Die Rhetorik verfolgt eine Wirkungsstrategie, die auf Überwältigung des Gegners durch Techniken des Überzeugens und Bewegens zielt. Sie läuft über Dialog und Verhandlung, das heißt über ein zielgerichtetes Gespräch in stilisierter Form, dessen Fixierungsgrad (Textualität) variabel, gewissermaßen fließend ist. Die Frage ist, in welcher Form sich die Texteinheiten oraler Kommunikation von denen der Schriftlichkeit (Dialog, Rede, Lied, Predigt vs. Brief, Gesetzestext), sodann die pragmatischen von den literarischen unterscheiden (Gebrauchsanleitung vs. Novelle, Roman). Mit dem Übergang in die Schriftform verändert sich Entscheidendes. Durch den schriftlichen Text wird die Sprache nach ROLAND BARTHES mit einer Qualität ausgezeichnet, über die sie von sich aus nicht verfügt, nämlich mit Sicherheit, Verlässlichkeit.

Text als Handlung

Wir haben aus der Performanzproblematik gelernt, dass Texte immer auch in Handlungszusammenhängen stehen, sie bilden aber keine unmittelbaren Handlungen, sondern mittelbare sprachliche „Umwege". Noch darin wird das alte Erbe der Rhetorik mit ihren indirekten Strategien sichtbar. Wie die Sprache selbst ist die Verständigung über Texte eine mittelbare, auf Konventionen beruhende Tätigkeit, die sich als symbolische Handlung von unmittelbaren Handlungen absetzt: ein direkter Kommunikationspartner, entweder der Autor oder der Leser, fehlt immer. Handlungen haben nicht für sich Sinn, sondern nur als strukturierte, typisierte. Analog haben Texte nicht von sich aus Sinn, sondern nur über ihr Handlungsschema: „Es zeigt sich, daß diese Struktur des Textes nicht nur der Struktur der Handlung vergleichbar ist, sondern daß Texte eine eigene Form von Handlungen sind." (STIERLE 1982, 174–177). Der Terminus Gebrauchsanleitung fasst diese doppelte Semantik treffend. Die Gebrauchsanweisung vermittelt Handlungsanweisungen für die Nutzung einer Sache und sagt zugleich, dass sie es tut. Metaphorisch gesprochen tragen eigentlich alle Texte ihre Gebrauchsanleitung unausgesprochen in sich.

5 Textsorten – Gattungen

Redegattungen

So wie wir sprachliche Äußerungen vor dem Hintergrund eingeschliffener Sprachformen beurteilen, wie Handlungen erst vor der Folie konventionalisierter Handlungsmuster ihren Sinn erhalten (man passt sich im Reden und im Handeln an ...), so verstehen wir auch Texte erst vor dem Hintergrund tradierter und bekannter Textschemata. Solche schematisierten Handlungen führen uns zu Texttypen bzw. Gattungen. Schon die klassische Rhetorik kennt mit ihren drei Redegattungen (*genera dicendi*) feste Muster, die sich nach ihrer Aufführungssituation unterscheiden lassen und dadurch unterschiedliche Gestalt annehmen:
- Politische Rede,
- Gerichtsrede,
- Festrede.

Pragmatisches Sprachhandeln

Dort, wo der Text eine feste Form gewinnt, einem Textschema folgt und seine Sprecher- und Hörerrolle festschreibt (z. B. Verteidiger – Jury etc.), dort nimmt er eine institutionelle Funktion ein: „Wir sind über einen Text orientiert, wenn wir über sein Textschema orientiert sind und damit zugleich über die Verbindlichkeit, die dieses Textschema als eine Art gesellschaftlicher Konvention in der Welt der unmittelbaren Handlungen hat" (STIERLE 1982, 176). Die

Kapitel 5 Textualität

uns bekannten Gattungen oder Textsorten bilden solche institutionalisierten Typen von Sprachhandlungen. Sie lassen sich inhaltlich, strukturell und funktional unterscheiden.

Textschemata Wenn solche Gattungen als pragmatische Sprachhandlungen von den jeweiligen Situationen abhängen, in denen sie kommuniziert werden, dann scheint die Anzahl der Gattungen sich nach den Typen von Handlungen auszurichten und sehr umfangreich zu sein. Zwar hat die literaturwissenschaftliche Germanistik aufgrund der Ausweitung ihrer Fragestellungen, vor allem innerhalb der Mediävistik, zunehmend pragmatische Textsorten mit in ihr Untersuchungsfeld aufgenommen, primär aber hat sie literarische Texte zum Gegenstand. Die Bestimmung von übergeordneten literarischen Mustern ist kompliziert, umstritten ist etwa die Frage, ob es überzeitliche oder nur kulturell bedingte Artikulationsweisen und Textklassen gibt. Wenn man vom Epischen, Lyrischen und Dramatischen spricht, bezeichnet man Aussageweisen, die immer verwendet werden können und die als Naturformen der Dichtung beschrieben worden sind. Die Rede von Epik, Lyrik oder Dramatik dagegen überführt diese schon in feste Formen, fixiert, klassifiziert und institutionalisiert sie. Andere Textschemata wie das narrative, das deskriptive oder das systematische Schema bilden gleichfalls zeitlose Formen der Darstellung. Mit den Fragestellungen der Textgruppenbildung beschäftigt sich die Gattungstheorie.

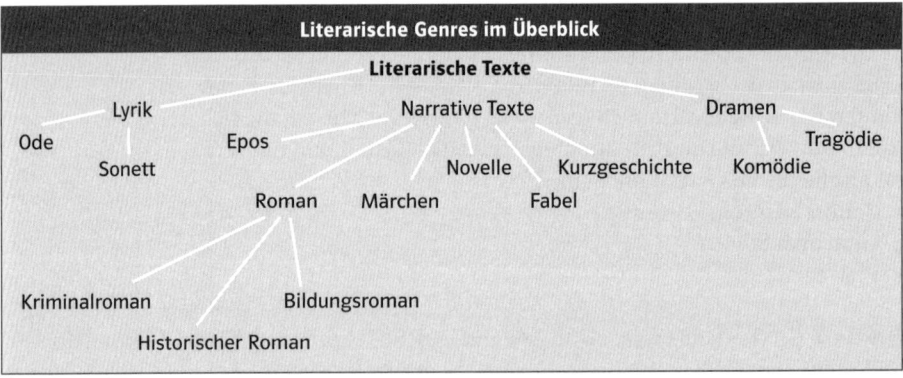

Eine Typologie literarischer Genres (aus: NÜNNING/JUCKER 1999, 66)

Andere Gattungen dagegen sind eindeutig historisch und verweisen dadurch auf ihre pragmatische und kommunikative Bedingtheit. Wann endet das Epos, wo beginnt der Roman? Mit der Geschichte institutionalisierter Textgruppen beschäftigt sich die Gattungsgeschichte. Zaubersprüche und Heldenlieder werden von einer alten Oralitätskultur zu rituellen oder zeremoniellen Zwecken hervorgebracht, Legenden und Bibelepen von einer geistlich ausgerichteten semioralen Kultur. Betrachtet man das mittelalterliche Gattungsspektrum, fällt auf, dass die meisten Gattungen heute nicht mehr existieren oder nur in modifizierter Form. Sie verändern sich mit der Zeit: die dominanten geistlichen Textschemata in althochdeutscher Zeit; in mittelhochdeutscher Zeit Lyrik als Minnesang und Spruchdichtung, Erzählgattungen als Heldenepik, Artusroman, Märe und Legende; das Drama in Form von Geistlichem Spiel und zahlreiche weitere kleinere Textsorten. Hundert Jahre später sieht die Konstellation schon ganz anders aus. Mit der Aufführungssituation und ihrem Handlungszusammenhang verschwinden auch einzelne Gattungen aus dem öffentlichen Fokus (Diskurs), obgleich sie im Privaten durchaus weiter gepflegt werden können. Dafür entstehen neue Gattungen wie die Minneallegorie im 14. Jahrhundert oder Prosaroman und Fastnachtspiel im 15. Jahrhundert, der enzyklopädische Roman im 17. Jahrhundert oder das Barocktheater. Wie wir in dem nachstehenden Schaubild zu zeigen versuchen, sind Gattungen keine ontologischen Einheiten, sondern historisch jeweils von pragmatischen und sozialen Konstellationen abhängig. So entsteht das Geschichtsdrama im ausgehenden 18. Jahrhundert zusammen mit der Ausbildung einer neuen Form von entwicklungsgeschichtlicher Historiographie, der psychologische Roman im Kontext der literarischen Anthropologie und der Frage nach dem „Ganzen Menschen", der historische Roman und der Gesellschaftsroman hingegen im Umfeld des späten 19. Jahrhunderts, der aufkommenden Soziologie und dem öffentlichen Interesse an realistischen Schilderungen, die zeigen sollten, ‚wie es wirklich gewesen ist'. Das grundlegende Bedürfnis, soziale Werte über Texte und ihre Aufführung zu stabilisieren und zu diskutieren, bleibt aber zeitlos, nur wird es durch andere Gattungen – z. B. Roman, Krimi – und andere Medien – Zeitung, TV, Film – mit ihren neuen Aufführungssituationen ersetzt. Der Übergang vom Ritterfilm der 1950er zum Western der 60er und zum Actionfilm der 70er Jahre zeigt exemplarisch so eine Entwicklung an.

Gattungen als historisch variable Einheiten

Kapitel 5 — Textualität

GATTUNGEN

Institutionen: → Zeitraum:	Kloster/ Kirche	Hof	Stadt/Universität	Literarische Öffentlichkeit
Frühmittelalter	Gebet Predigt Legende	Heldenlied		
Hochmittelalter	Legendensammlung	Heldenepik Höfischer Roman Mären Fabeln	Mären Fabeln	
	Geistliches Spiel	Spruchdichtung Minnesang	Spruchdichtung	
	Traktat Chronik Enzyklopädie	Fürstenspiegel Hofzucht Kriegs-/Turnierbuch Jagdtraktate Reden/Panegyrik		
Spätmittelalter/ Frühe Neuzeit		Chroniken	Städtechroniken Allegorische Dichtung Lehrgedicht, Utopia Humanistendrama Fastnachtspiel, Meistersang Novelle, Prosaroman etc. Apodemik, Flugblatt, Zeitung	
Barock		Barockroman Oper Emblemata Geistliche Lyrik Sonett	Enzyklopädie	
18. Jhd.			Bürgerliches Trauerspiel, Geschichtsdrama Autobiographie, Briefroman Psychologischer Roman, Bildungroman Erlebnislyrik, Ballade	
19. Jhd.			Sozialkritisches Drama, Novelle Gesellschaftsroman	
20. Jhd.			Auflösung fester Gattungsmuster Kurzgeschichte, Roman Expressionistisches Theater, nichtdramatisches Theater, Drehbuch (Film, TV) Hörspiel (Radio)	

5 Textsorten – Gattungen

Auch wenn die Grundkonstituenten von Textualität – Verknüpfung, Einheit, Sinn – vermutlich überzeitlich sind, so unterscheiden sie sich doch in ihrer historischen Ausprägung. Mittelalterliche Texte haben eine andere Form als moderne, die mittelalterliche Textproduktion vollzieht sich vor dem Hintergrund abweichender kultureller Traditionen. Auch hier sind verschiedene Milieus zu unterscheiden: Die Vertextungsstrategien der Gelehrtenkultur mit ihren lateinischen Traditionen (z. B. Brief, Kommentar, Enzyklopädie) konstituieren sich anders als die der Hofkultur, die auf volkssprachige Vorlagen und mündliche Traditionen (Minnesang) zurückgreift. Die Fachtexte sind noch einmal anders orientiert. Primär aber vollzieht sich mittelalterliche Textproduktion vor dem Hintergrund der Tradition. Die Autoren geben nicht vor, Texte zu erfinden, originell zu sein, sondern betonen in ihren Selbstdarstellungen, sich auf Quellen, Vorlagen und Autoritäten zu berufen. Die Geltung der tradierten Muster scheint eine hohe Verbindlichkeit gehabt zu haben. Imitation, Adaptation, Kompilation, Variation waren leitende Prinzipien der Textproduktion. Fast die gesamte klassische mittelhochdeutsche Literatur, z. B. HARTMANNs Artusromane, WOLFRAMS *Parzival*, GOTTFRIEDS *Tristan*, bezieht sich auf altfranzösische oder anglonormannische Vorlagen. Mittelalterliche Literatur ist in hohem Maß Rezeptionsliteratur, ohne dass sie in schlichter Imitation aufgehen würde.

Traditionalität

Gegenüber der mittelalterlichen Literatur folgt moderne Textualität anderen Bedingungen. Auch diese Literatur entsteht auf den Schultern der literarischen Vorgänger, doch statt Adaption ist Originalität gefordert. Über diesen gänzlich anderen poetischen Voraussetzungen (s. hierzu auch das Kapitel 6) differenzieren sich die Gattungen immer feingliedriger weiter aus: Schon im 16. und 17. Jahrhundert entstehen neue Texttypen, wie etwa der Prosa-Reiseroman (*Fortunatus* 1509) oder der barocke Schelmenroman (GRIMMELSHAUSEN, *Simplicissimus*). Explosionsartig fächert sich das Spektrum der Gattungen in der erzählenden Dichtung seit dem 18. Jahrhundert auf: der Briefroman (RICHARDSON, GOETHE), der psychologische Roman (KARL PHILIPP MORITZ, *Anton Reiser*) und der Entwicklungsroman, im 19. Jahrhundert der Gesprächsroman (FONTANE), ebenso Formen wie der Zeitroman oder der Gesellschaftsroman als inhaltliche wie funktionale Ausdifferenzierungen.

Originalität

Statt der expliziten Berufung auf Autoritäten als Legitimation des eigenen Erzählens nimmt die Literatur seit dem 18. Jahrhundert in

Modernität

Kapitel 5   Textualität

mehr oder weniger verdeckten Zitaten Bezug auf andere literarische Texte (etwa FONTANE und KELLER auf GOETHE). Die klassische Moderne (um 1920) entwirft vor dem Hintergrund sich auflösender fester Gattungsmuster noch offenere Texte, wie den Montageroman (DÖBLIN, *Berlin Alexanderplatz*), der seine Textkohärenz u.a. über das Ausschneiden von Kontexten (Dekontextualisieren) und Neuplazieren dieser Zitate im eigenen Text (Rekontextualisieren) konstruiert. Intertextuelle Bezüge gewinnen für die Literatur das 20. Jahrhunderts zunehmend an Bedeutung, und THOMAS MANN ist für diese Form von schöpferischer Originalität durch intertextuelle Bezüge auf die unterschiedlichsten Texte und kulturellen Kontexte (Mythen, Bilder, Musik) wohl das herausragende Beispiel (*Joseph und seine Brüder, Der Zauberberg, Dr. Faustus*). Nach diesem vielfach nachgeahmten Muster werden manche Texte zu ,Intertextualitätsromanen', wie etwa GÜNTER GRASS' kontrovers diskutiertes Buch *Ein weites Feld* (1997), das die deutsche Wiedervereinigung und eine Auseinandersetzung mit FONTANES Werk (v.a. *Effi Briest*) strukturell verkoppelt.

6 Textphilologie und Hermeneutik – Historisches Textverstehen

Philologie

Die Literaturwissenschaft versteht sich seit ihren Anfängen als Textwissenschaft. Texte bilden die elementare Grundlage ihrer philologischen Arbeit. Der Philologe ist zwar ein Freund des Wortes, in der Schulausbildung aber umfassen die Wortwissenschaften seit der Antike Grammatik, Rhetorik und Dialektik, wobei die Grammatik auch für die Interpretation verantwortlich war. In der Philologie wurden schon früh Verfahren der Textsicherung und Textauslegung entwickelt. Texte stehen zwar immer in übergeordneten Zusammenhängen – semiotischen, performativen, medialen –, sie bilden aber auch für sich selbst eine Einheit. Philologie und Hermeneutik sind die beiden zentralen Disziplinen, die über ihre Methoden die Gestalt und den Sinn des Textes fixieren.

Aufgaben der Philologie

Gegenstand sind beispielsweise Fragen der Datierung des Textes, der Sicherung der autornahen Textgestalt, der Eliminierung von Fehlern bei der Edition einer Ausgabe. Während die Textkritik aus der Überlieferungslage eine verlässliche Textgestalt, eine so genannte kritische Ausgabe, zu gewinnen versucht, liefert die Hermeneutik als Verstehenslehre die Techniken der Textauslegung und versucht den Sinn des Textes zu bestimmen: zum Beispiel durch Quellenuntersuchung, Kontextualisierung, Interpretation. Der Philologe besitzt drei klassische Aufgabenfelder: Er hat eine sprachlich-formale Aufgabe in Bezug auf die Sprache, eine philologisch-kritische in Bezug auf den Text und eine historisch-antiquarische in Bezug auf die Literatur. Ein solches Geschäft betrifft nicht nur die Literaturwissenschaft, sondern jede historisch orientierte Textwissenschaft.

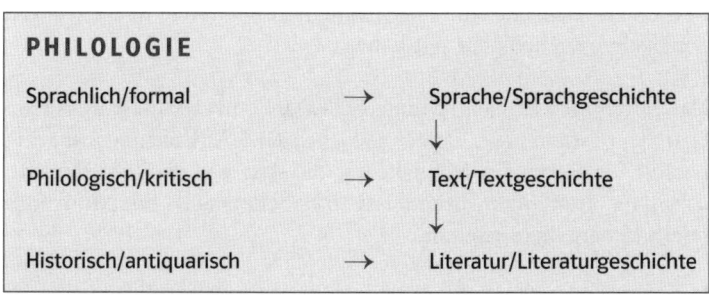

(KÜHLMANN 1982, 288)

Viele mittelalterliche Texte sind in unterschiedlichen Fassungen überliefert. Das ist ein Effekt der Handschriftenkultur, die dem Bearbeiter oder Schreiber die Freiheit eröffnete, selbständig in den Text einzugreifen; nicht nur Abschreibfehler zu begehen, die spätere Textkritik wieder korrigieren muss. Es gibt eigenständige Bearbeitungen von Vorlagen, die den Ausgangstext mehr oder minder stark verändern: So ist das *Nibelungenlied* in drei Fassungen (A, B, C) überliefert, die zwar im Grunde die gleiche Geschichte erzählen, aber im Strophenbestand, in der Akzentuierung von Themen und in der Darstellungsweise sich unterscheiden. Der *Herzog Ernst*, ein so genanntes Spielmannsepos aus dem 12./13. Jahrhundert, ist in ganz verschiedenen Fassungen und Gattungen überliefert: in heroischen und höfischen Versfassungen, in einer lateinischen Bearbeitung, als Ballade, als Prosaroman. Viele andere Texte ließen sich anführen, etwa noch der doppelte Schluss des *Armen Heinrich* HARTMANNS VON AUE: In einer Fassung heiraten der Ritter und die Maierstochter, in der anderen schickt der Erzähler beide ins Kloster, um den Skandal der illegitimen Verbindung zu umgehen. Das sind gewiss besonders signifikante Fälle, die sich nicht auf alle Texte und Gattungen übertragen lassen, doch bezeugen sie ein grundlegendes Prinzip mittelalterlicher Textualität: die Variation.

Textkritik

Kapitel 5   Textualität

Textüberlieferung

WALTHER VON DER VOGELWEIDE gilt als Dichter, der den Minnesang mit Elementen der politischen Lyrik (Sangspruch) verbunden und dadurch einen moralischen Anspruch in den Minnesang eingeführt hat, indem er Gattungen mischt. Viele seiner Lieder sind in abweichendem Strophenbestand und in variabler Strophenordnung überliefert. Wenn aber in der Überlieferung Sangspruchstrophen aus Minneliedern wieder ausgefiltert werden, dann lässt das vermuten, dass unterschiedliche Aufführungssituationen variable Realisierungen der Lieder möglich gemacht haben.

Mouvance

Das mittelhochdeutsche Minnelied ist also nicht so fest in seinem Strophenbestand wie lange gedacht. Die Aufführungssituation scheint die Form des Minneliedes, die Art, wie es überliefert ist, d. h. seine Textualität, beeinflusst zu haben. Das ist mit Mouvance oder offenem Text gemeint.

Textvarianten

Der historische Textbefund zieht methodische Konsequenzen nach sich, und die Mittelalterphilologie liefert ein eindrucksvolles Zeugnis für die historische Bedingtheit ihrer methodischen Verfahren. Im 19. und bis weit in das 20. Jahrhundert hinein wurde eine Philologie betrieben, die mit Hilfe textkritischer Verfahren einen dem Autor nahe stehenden Archetyp zu rekonstruieren versuchte. Die in vielen Fällen unsichere und dünne Überlieferungslage setzte dieser Methode Grenzen, auch die Entfernung des rekonstruierten Textes von den überlieferten Handschriften erweckte zunehmend Skepsis. An die Stelle des Archetyps trat die Leithandschrift, die Orientierung an dem Handschriftenexemplar, das am besten überliefert war und dessen Textbestand mit Hilfe weiterer Überlieferungszeugen präzisiert wurde. Mit der Hinwendung zur konkreten Handschrift und zur Handschriftengruppe folgte ein erneuter Richtungswechsel, der den Blick für die Varianz der Überlieferung und die verschiedenen Gebrauchszusammenhänge der einzelnen Handschriften sensibilisierte. Textvarianz galt nicht mehr als Fehler, sondern als typisch für Textfassungen, die auf spezifische Gebrauchskontexte ausgerichtet sind. An der Minnesangüberlieferung hat sich das Phänomen der Beweglichkeit des Textes (Mouvance) vielfach exemplarisch vorführen lassen. Dass es sich hier nicht um ein gattungsspezifisches Phänomen, sondern um einen allgemeineren Befund handelt, zeigten Entsprechungen in der Heldenepik und der höfischen Epik, die gleichfalls kalkulierte Überlieferungsvarianten aufweisen. Begriffe wie „Präsumptivvariante" oder „Simultangestalt" versuchten, das Problem der Mouvance der Texte terminologisch zu fassen. Entsprechend hat sich die Editionsphilologie auf die Edition von Handschriftenfassungen umgestellt, die es ermöglichen, aus einem Vergleich der Handschriften auf alternative Aufführungssituationen und Rezeptionsinteressen zu schließen.

TEXTKRITIK

Handschrift	Archetyp Leithandschrift Fassung	autornah beste Handschrift jede Handschrift für sich
Druck	Raubdruck Editio princeps Fassung letzter Hand	

Für die Neuere Literaturwissenschaft ist Textualität unter anderer Perspektive Gegenstand der Editionsphilologie. Während sich im Mittelalter die Autorspur nicht mehr nachvollziehen lässt, interessieren unter den Bedingungen der überlieferten Autorhandschrift und des gedruckten Textes die Textstufen: genauer gesagt jene Spuren, der im Prozess des Schreibens beobachtbaren Korrekturen, Streichungen, Verbesserungen eines Autors und die möglichen Differenzen, die sich zwischen Druck und Handschrift feststellen lassen.

Moderne Editionsphilologie

Häufig gibt es auch durch unterschiedliche jeweils vom Autor verantwortete Druckfassungen eine Textgeschichte (Editio princeps, Fassung letzter Hand). GOETHES *Willkommen und Abschied* etwa, eines der bekanntesten Beispiele für Erlebnislyrik, ist in verschiedenen Fassungen publiziert, die neben kleineren Abweichungen vor allem in der Frage, wer wen verlässt, unterschiedliche Perspektiven einnehmen und damit zu zwei verschiedenen Gedichten werden. In der frühen Fassung von 1775 wird das männliche Rollen-Ich verlassen „Du gingst, ich stund"; der spätere Druck von 1785 weist dem lyrischen Ich wieder den aktiven Teil bei der Trennung zu.

Editio princeps vs. Fassung letzter Hand

Kapitel 5 Textualität

> **1775**
> [...]
> *Der Abschied, wie bedrängt, wie trübe!*
> *Aus deinen Blicken sprach dein Herz.*
> *In deinen Küssen, welche Liebe,*
> *O welche Wonne, welcher Schmerz!*
> *Du gingst, ich stund, und sah zur Erden,*
> *Und sah dir nach mit nassem Blick;*
> *Und doch, welch Glück! geliebt zu werden,*
> *Und lieben, Götter, welch ein Glück!*

> **1785**
> [...]
> *Doch ach, schon mit der Morgensonne*
> *Verengt der Abschied mir das Herz:*
> *In deinen Küssen, welche Wonne!*
> *In deinem Auge, welcher Schmerz!*
> *Ich ging, du standst und sahst zur Erden,*
> *Und sahst mir nach mit nassem Blick:*
> *Und doch, welch Glück geliebt zu werden!*
> *Und lieben, Götter, welch ein Glück!*

Textvarianten

Für die Verzeichnung dieser „Varianten" genannten Textstufen hat die Textphilologie verschiedene Verzeichnungstechniken entwickelt, die zusammen mit den technischen Reproduktionsmöglichkeiten der Faksimilierung für die unterschiedlichen Anforderungen der Überlieferungssituation jeweils spezifisch optimiert kombiniert werden. Bei der Edition werden grundsätzliche Entscheidungen hinsichtlich des Textbegriffs im Fach entschieden: Sind Texte Gebilde, die sich teleologisch auf einen Endpunkt hinentwickeln, und hat demnach die Germanistik die Aufgabe, diese Endgestalt zu sichern? Oder versteht man die Varianten des literarischen Texts als Teil des Werks? Dann wird die Varianz selbst zum Text und Ziel muss es sein, den Text nicht nur als Endresultat zu fixieren, sondern die Prozesshaftigkeit des literarischen Textes selbst sichtbar werden zu lassen. Auf dem Arbeitsfeld der Textgenetik („critique génétique") sind in den letzten Jahren Forschungsansätze entstanden, die die Materialität des Schreibens, die „Schreibszene" (STINGELIN 2004) selbst untersuchen.

Überlieferungsverbund – Sammelhandschrift

Zur historischen Textualität gehören auch Phänomene der Überlieferung von Handschriften und Drucken in Textzusammenhängen wie Sammelhandschriften oder gedruckten Textkorpora (Liederbuch, Anthologie). Das *Nibelungenlied* etwa ist immer zusammen mit der *Klage* überliefert, einem Text, der die Nachgeschichte der Burgundenkatastrophe erzählt. GOTTFRIEDS *Tristan* ist Fragment geblieben. In der Überlieferung ist er häufig mit den Fortsetzungen HEINRICHS VON FREIBERG und ULRICHS VON TÜRHEIM verbunden.

WOLFRAMS *Willehalm* ist wiederholt zusammen mit anderen Kreuzzugsepen (*Rolandslied*, STRICKERS *Karl*) überliefert. Offenbar bildet die Sammelhandschrift nicht nur einen eigenen Überlieferungs-, sondern auch einen eigenen Sinnzusammenhang. Damit ist in einer einfachen Form ein Problem von Textualität thematisiert, das viel weiter ausgreift: das Verhältnis von Text und Kontext.

Mit dem Problem Text und Kontext beschäftigt sich die Hermeneutik als Verfahren und Technik der Auslegung. Hermeneutik kommt aus dem Griechischen und bedeutet die Lehre bzw. Theorie des Verstehens. Sie ist Sammelbezeichnung für Theorien und Methodiken des Umgangs mit Texten, die von der Grundannahme ausgehen, dass Texte sinnhafte Strukturen seien, die im Prozess des Verstehens herausgearbeitet werden können. In der Tradition wurde damit auch die Annahme verbunden, kanonische Texte hätten einen festen, aber erst durch die interpretatorische Arbeit zu gewinnenden Sinn. Methodisch zentral ist die Auffassung des Verstehensprozesses als eines zirkulären Unternehmens. Um zu verstehen, muss man immer schon verstanden haben. Einen Text zu verstehen, setzt immer schon voraus, dass man ein (durchaus auch falsches oder irrtümliches) Vorverständnis davon hat, was ein Text ist, in welcher Zeit er situiert ist, wer sein Autor ist usw. Ein Teil kann also immer nur verstanden werden, in dem man Annahmen über das Ganze macht, die dann durch den Verstehensprozess wieder revidiert werden. Dies nennt man den „hermeneutischen Zirkel", der deshalb eigentlich eher eine Spirale zu nennen wäre.

Hermeneutik

Hermeneutik verweist somit auf ein genuines Problem der Textualität: Textualität erzeugt Interpretation, d.h. Texte tragen Bedeutungen, die interpretiert werden müssen, um verstanden zu werden. Dies gilt übrigens auch für die Gebrauchsanweisung aus dem ersten Kapitel, doch fällt bei dieser Textsorte (im Idealfall) Interpretation und Verstehen mit der Handlungsanweisung zusammen. Neben der Hermeneutik als praktischer Theorie des Lesens, Verstehens und Interpretierens von Texten, zu der die Anwendung des vierfachen Schriftsinns im Mittelalter gehört, ist die Hermeneutik als philosophisch-philologische Verstehenslehre für die Literaturwissenschaft relevant geworden, in der die zentralen Kategorien wie Text, Autor, Leser, Interpretation zueinander in Relation gesetzt werden müssen. Schon MARTIN LUTHER hat 1519 in seiner Ablehnung der Allegorese zur Bibelauslegung auf das Verfahren hingewiesen, dass die Schrift aus sich selbst, vom Einzelnen zum

Interpretation

Kapitel 5   Textualität

Ganzen, vom Buchstaben zum Geist ausgelegt werden könne und müsse (*scriptura sui ipsius interpres*).

> **DEFINITION**
>
> *Interpretation: reflektiertes und methodisch angeleitetes Lesen und Verstehen von Literatur, das Herausarbeiten eines Sinngehaltes.*

Grammatische und psychologische Interpretation

Die philosophische Hermeneutik wurde grundgelegt durch FRIEDRICH SCHLEIERMACHER, der mit Bezug u.a. auf HERDER 1838 Verstehenskunst als das „Nachkonstruieren der gegebenen Rede" bezeichnet hat (SCHLEIERMACHER 1977, 93) und damit auch auf die zeitliche Differenz zwischen Text und Interpret hinwies. Daraus resultiert, dass der Normalfall in der Kommunikation eher das Missverstehen sei. Um dem zu entgehen, ist beim Nachkonstruieren der Rede zu beachten, dass sich diese einerseits „auf die Gesamtheit der Sprache", gleichzeitig aber auch auf das „Gesamte Denken ihres Urhebers bezieht" (ebd., 77). SCHLEIERMACHER differenziert demgemäß zwischen zwei Formen der Interpretation, die sich gegenseitig bedingen: der „grammatischen Interpretation", die der Sprache gilt, und der „psychologischen Interpretation", die sich am Denken des Einzelnen auszurichten hat (ebd., 79). Für das Verstehen heißt das, dass das Besondere eines Textes sich nur mit Bezug auf das Allgemeine (Sprache und Geschichte zu einem bestimmten Zeitpunkt) verstehen lässt, während zugleich das Allgemeine wiederum nur aus dem einzelnen Text zu erschließen ist. Auch innerhalb eines Textes gilt dieses Verhältnis der gegenseitigen Bedingung für die Relation zwischen Textganzem und einzelnen Textpassagen. Für den literaturwissenschaftlichen Prozess der Interpretation ergibt sich daraus eine Grundkonstellation, in der sich jedes Textverstehen in Form einer Spiralbewegung abspielt: zwischen den Polen Autor, Leser, Kontext und dem Text selbst.

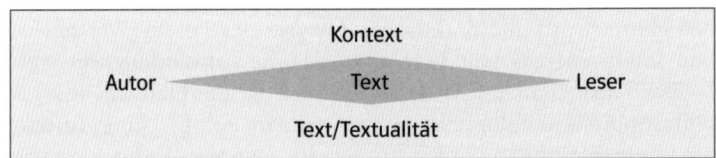

7 Kontext – Intertextualiät – Kultur als Text

Einen Text als Text, das heißt als Zusammenhang zu betrachten ist eine Frage der Perspektive. Je nachdem, unter welchem Blickwinkel man den Text betrachtet, bildet er einen anderen Zusammenhang. Wenn wir den Text unter inhaltlichen Gesichtspunkten angehen, suchen wir einen Bedeutungszusammenhang und verfahren hermeneutisch. Wenn wir von der Untersuchung struktureller Zusammenhänge ausgehen, betrachten wir den Text als Gefüge, das aus Elementen, ihren Positionen und Relationen besteht: Das Wort ist der Bezugsrahmen (Kontext) für Morpheme, der Satz der für die Worte, der Text der für die Sätze. Solche Hierarchisierungen lassen sich auch auf übergeordneter Ebene erstellen: Die Gattung ist der Kontext für den Text, die Gesellschaft der für die Gattung, die Kultur der für die Gesellschaft. Hinzu treten pragmatische Perspektiven, die den Text im Zusammenhang von Handlungen und ihren Strategien verorten, schließlich semiotische Untersuchungen, die den Text als Zeichengefüge in übergeordneten Zeichenordnungen (Sprache, Gesellschaft, Kultur etc.) thematisieren. Je mehr man den Zusammenhang ausweitet, umso komplexer werden die Text-Kontextbezüge. Die verschiedenen Methoden prägen Sprach- und Literaturwissenschaft gleichermaßen und verweisen noch einmal darauf, dass das Problem des Textzusammenhangs sich auch als eines der Kontexte erweist.

Text und kultureller Kontext

TEXT UND KONTEXT

Textzusammenhang	Syntagma, Paratext/Text (Überschrift-Gedicht) Text/Bild
Kultureller Kontext	das kulturelle Imaginäre
Medialer Kontext	Publikationsort
Historischer Kontext	Synchron (in seiner Zeit) Diachron (Wirkungsgeschichte)
Sozialer Kontext	Texte sind immer Zeichenordnungen für jemanden

Jeder Text steht in einer Vielfalt von Bezügen, nicht nur zu seinem Textschema oder zum unmittelbaren Überlieferungskontext. Sowohl sein Gattungshorizont allgemein als auch seine unmittelbaren Vorlagen, die er benutzt und die die Überlieferungs- und Quellengeschichte aufarbeiten, gehören zu seinem Kontext, der den Status seiner Textualität mit beeinflusst. Wenn ein Text sich aus verschie-

Von der Intertextualität zum sozialen Kontext

Kapitel 5 Textualität

denen Texten zusammensetzt, die er ausschreibt, bewusst zitiert oder nur verdeckt anspielt, zeigt sich eine andere Form von Kontext: der interpretatorisch relevante Bezug des Textes zu anderen Texten. Mit diesem Kontextfeld beschäftigt sich die Intertextualitätsforschung. Schließlich steht der Text immer auch in Verbindung zu seiner ihn umgebenden Realität: Das kann die harte soziale Realität der Handlungen sein, mit der sich die Sozialgeschichte der Literatur beschäftigt, aber auch die kulturelle der ‚Imaginären Ordnungen', der Medien, der Zeichen und Performanzen. Zeichentheoretisch kann sogar die Kultur selbst als textueller Zusammenhang aufgefasst (‚gelesen') werden. Die alte christliche Metapher von der Lesbarkeit der Welt, die durch die christliche Bibelhermeneutik entwickelt wurde, findet noch in der Metapher von Kultur als Text zwar nicht mehr inhaltlich, wohl aber formal ihre säkulare Fortsetzung.

Die Welt als Text

Dass Verknüpfung und Zusammenhang auch auf äußerst reduzierter Ebene sich bilden können und dass Kontexte die Textualität eines Textes mit bestimmen, zeigt sich an extrem reduzierten Texten. Fasst der Kleriker die Welt und der Kulturwissenschaftler die Kultur als Text auf, so kann für den Dichter das Wort selbst zum Text (zur Bedeutungswelt) werden. Nur ein einziges Wort wird zum Text, wenn es entsprechende Verknüpfungen und Zusammenhänge, syntagmatische Reihen und paradigmatische Oppositionen vor Augen führt und überdies nicht nur in einem entsprechenden Kontext plaziert wird, sondern auch auf Kontexte verweist: etwa am Beispiel eines Gedichts von Ernst Jandl.

>
> schrei maschine
>
>
> (Ernst Jandl 1985, 737)

Aus dem Wort „Schreibmaschine" entsteht eine syntagmatische Relation auf der Ebene der Worte (zwei Wörter), die zugleich eine paradigmatische Opposition bildet (Natur – Kultur). Faszinierend an JANDLs Lautgedicht ist: Durch Reduktion, durch Ausfall eines Phonems wird aus einem Wort ein Text. „schrei maschine" verweist mit seiner Lücke aber weiter auf das Medium, mit dem der Dichter seine Texte produziert, die Schreibmaschine. Zugleich stellt das Gedicht Maschine und die elementare Ausdrucksform des Menschen (den Schrei) in einen syntagmatischen und paradigmatischen Zusammenhang, der von den existentiellen Grundbedingungen der Dichtung erzählt: Am Anfang war das Wort ...

> **FRAGEN**
> 1. Was definiert einen Text?
> 2. Inwiefern ist ein Text ein ‚Gewebe'?
> 3. Inwiefern ist ein Text eine Handlung?
> 4. Was sind Textgattungen?
> 5. Was ist eine Interpretation?

6 Erzählen

1 Anthropologie des Erzählens

Erzählen als anthropologische Konstante

Erzählen ist eine so grundlegende menschliche Tätigkeit, dass ihre Bedeutung kaum überschätzt werden kann. Wir werden über Erzählen sozialisiert, unsere Vorstellungen von individuellem Glück und sozialem Zusammenleben sowie alle transzendenten Denkmodelle werden in Geschichten tradiert, sind zunächst Erzählung. Immer wenn Menschen aufeinandertreffen, wird auf der Basis der individuellen und kulturellen Geschichte(n) erzählt. Wir sind „In Geschichten verstrickt", so hat dies der Philosoph WILHELM SCHAPP genannt.

Erzählen und Erfahrung

Auch die in den vorigen Kapiteln genannten lyrischen Texte, der *Merseburger Zauberspruch*, das KÜRENBERGER *Falkenlied* und GOETHES *Willkommen und Abschied*, zeichnen sich bei allen Unterschieden durch eine Gemeinsamkeit aus: Sie verbinden den performativen Akt – Befehl und Wunsch, Abschied – mit einer Erzählung. So sind die Erzählungen Bestandteil einer Bewältigungspraxis. Das verrenkte Bein, der entflohene Geliebte und der Abschied von der Geliebten werden als Ereignisse aus dem Alltag herausgehoben und über die Form der Erzählung als eine Erfahrung formuliert. Das berühmteste Beispiel für diese Funktion, mit Erzählen soziale Krisensituationen zu bewältigen, ist die Erzählsammlung aus der italienischen Renaissance, das *Decamerone* des GIOVANNI BOCACCIO, deren Erzählrahmen von einer adligen Gruppe berichtet, die mit Erzählen jene zehn Tage wartend zubringt, nach deren Ablauf man an sich selbst die tödlichen Zeichen der Pest ausbrechen sieht oder eben nicht.

Wortgeschichte

Der Begriff des Ereignisses ist für das Erzählen elementar. Über den normalen Ablauf unseres Alltags reden wir gewöhnlich nicht ausführlich, erst eine Unterbrechung der Routine, ein Ereignis, lässt uns aufmerksam werden und: erzählen. Erzählen bezeichnet die Fähigkeit, Ereignisse aus dem Geschehen der Normalität auszugliedern und in eine zeitliche Darstellungsform zu überführen. Etymologisch kommt das Wort Erzählen von ‚zählen' (vgl. engl. *to tell/spell*), ‚in geordneter Folge hersagen, berichten'. Das griechische Wort für Erzählung lautet Mythos, was ARISTOTELES als „Zusammensetzung der Geschehnisse" bezeichnet, und verweist auf die wohl älteste Strategie, dem Chaos Ordnung abzugewinnen. In diesem Sinn bildet Erzählen eine elementare Ordnungsleistung nicht nur im Alltag. Es kann offenbar innerhalb eines Rituals auftreten, aber auch in Lyrik und Spiel, vor allem aber in zahlreichen eigenständigen Formen. In der stilisierten Form literarischer Erzählung wird Erfahrung mit Wirklichkeit noch auf eine besondere Weise angeordnet.

> **DEFINITION**
>
> *Erzählen meint ein Geschehen als Geschichte formulieren, also eine Abfolge realer oder fiktiver Ereignisse oder Handlungen sprachlich so (re)konstruieren, dass daraus die Vorstellung einer einmaligen, in sich strukturierten und abgeschlossenen Begebenheit entsteht.*

2 Erzählen im Alltag

Alle Arten literarischen Erzählens haben sich aus alltäglichen Erzählungen entwickelt. Erzählen kann jedes Kind und jeder Erwachsene in allen Kulturen der Welt - und tut es auch. Wer erzählt, folgt dabei unbewusst bestimmten Regeln, so dass jeder, der zuhört, erkennt, dass jetzt erzählt, also in einen besonderen Modus der Interaktion umgeschaltet wird. So haben Erzählungen einen markierten Anfang (z.B. „Also, da ist mir doch gestern was passiert, das glaubst du nicht!" oder „Es war einmal ein König") und einen erkennbaren Schluss (z.B. „Tja, so war das!" oder „Und wenn sie nicht gestorben sind, dann leben sie noch heute.") Dazwischen wird eine Abfolge realer oder fiktiver Handlungen oder Ereignisse mit sprachlichen Mitteln so rekonstruiert, dass daraus die Vorstellung eines einmaligen (singulären), in sich strukturierten und abgeschlossenen Geschehens entsteht, das in der Vergangenheit liegt - eben eine Geschichte. „Als ich nämlich aus der U-Bahn aussteige am Limbecker Platz da, weißte, kommt mir die Kerstin entgegen - ich denk, ich seh' nicht recht! [Zuhörer: „Hm."] Ich hab die schon ewig nicht mehr gesehen, die ist ja vor zwei Jahren nach Nürnberg gezogen oder so." Und so weiter. In Alltagserzählungen wird die narrative Struktur als Abfolge einzelner Schritte in der Regel Zug um Zug interaktiv (also unter verbaler und nonverbaler Mitwirkung des Zuhörers) aufgebaut. Dabei bringt die Erzählerin ihr emotionales Engagement zum Ausdruck, bemüht sich um Spannungsaufbau und versichert sich der Anteilnahme des Zuhörers. Dann wird ein Höhepunkt vorbereitet: „Ich sach: ‚Mensch, Kerstin, kann doch nich wahr sein! Du hier?" Wenn das Ereignis besonders erzählwürdig sein soll, könnte jetzt etwas ganz Außergewöhnliches folgen, wie-

Regeln im Alltagserzählen

Kapitel 6 Erzählen

derum durch eine möglichst interessante Verbindung von Komplikation und Auflösung: „Weißte, ich hab der Kerstin damals ein Buch ausgeliehen, den ersten Band von ‚Harry Potter' - nie wiederbekommen natürlich, die is ja so was von unzuverlässig! Ich sag ihr das, und – nee, das glaubst du nicht! - die macht ihre Tasche auf und gibt mir den ‚Potter' zurück." Abschließend folgen noch eine - meist zwischen Erzählerin und Zuhörer gemeinsam entwickelte - einordnende Bewertung (solche Elemente kamen ja auch vorher schon vor) und eine Schlussformel, die für beide Partner das Ende der gesamten Diskurseinheit markiert (z. B. „Sagenhaft!").

Fünf Schritte einer Erzählung

Grundsätzlich – und ganz unabhängig vom Thema – enthalten alle Erzählungen in sämtlichen Kulturen der Welt diese fünf Schritte: Orientierung, Komplikation, Auflösung, Evaluation und Coda. Dabei kann es kleinere Episoden innerhalb größerer Erzählungen geben, und evaluierende Elemente müssen nicht nur zusammenfassend am Ende stehen, sondern können auch unterwegs immer wieder eingestreut werden – nicht zuletzt, um auch den Kontakt zum Zuhörer aufrechtzuerhalten.

Die fünf Schritte einer Erzählung	
Bezeichnung	**Beispiel**
Orientierung	*Stell dir vor, was mir gestern passiert ist!*
Komplikation	*Ich steh am Bahnsteig und pass nur eine Sekunde nicht auf, da ist mein ganzer Koffer weg.*
Auflösung	*Ich krieg 'n Riesenschreck, da kommt der Felix um die Ecke, feixt und lacht sich kaputt.*
Evaluation	*Dieser Lausebengel! Aber man kann ihm ja nicht böse sein.*
Coda	*Na ja, Kinder eben.*

Erzählschema

Schon kleine Kinder lernen und beherrschen dieses Schema bald. Natürlich gibt es zahllose Variationen, einfacher und komplizierter gestrickte Varianten. Gute, insbesondere auch professionelle (literarische) Erzähler bemühen sich um Originalität, Ausschmückung und Erfindungsreichtum; doch das Grundschema und seine Elemente in vielfacher Verschachtelung finden sich auch in noch so langen und komplexen Erzählfäden etwa bei THOMAS MANN wieder, wie auch in der kürzesten mündlichen Trivialerzählung, dem KÜRENBERGER *Falkenlied* und dem siebenbändigen *Harry Potter*. Stets bringt, wer erzählt, eine unerwartete Begebenheit in die geordnete Form der Erzählung; dadurch macht er das Außergewöhnliche verstehbar und sinnvoll. So ist Erzählen eine kommunikative und rekonstruktive

Verarbeitungsleistung: eine Form der Erinnerung, die soziale und kulturelle Identität stiftet und oft in vielfacher Form weitergegeben (tradiert) wird. Jede noch so unscheinbare Alltagserzählung deutet den Ablauf der Zeit und macht Erfahrungen gerade in ihren diskontinuierlichen Brüchen als sinnvolle verstehbar. Wer erzählt, erzeugt gemeinsamen Sinn. Germanisten untersuchen, unter welchen Umständen, mit welchen Mitteln, Zielen und Erfolgen das geschieht.

Zu den Mitteln gehören insbesondere sprachliche Techniken. So kann zwischen (meist im Präsens) besprochener und (schriftlich meist im Präteritum, mündlich im Perfekt) erzählter Welt unterschieden werden. Unser Beispiel oben begann im Perfekt („ist mir gestern passiert"), um die aktuelle Sprechsituation mit der erzählten Situation in Beziehung zu setzen (geistig von hier nach dort zu springen). Das folgende – so genannte historische – Präsens („Als ich aussteige") stützt die Illusion gegenwärtiger Augenzeugenschaft, wie auch die beiden lyrischen Texte „Dû bist mîn" und GOETHES *Wanderers Nachtlied*. Während demgegenüber das KÜRENBERGER *Falkenlied* – mit geplant auffälliger Ausnahme von Evaluation als Coda in der letzten Zeile – durchweg das Präteritum pflegt und auf diese Weise die Vorstellung eines sinnvollen inneren Zusammenhangs des als gleichmäßig fließend erzählten Geschehens erzeugt.

Tempus

3 Erzählen und Ordnung

So bildet Erzählen eine eigene Form der Wirklichkeitsaneignung, die sich von rein beschreibenden, additiven oder systematischen Verfahren abhebt. Nicht nur Sprach- und Literaturwissenschaft, sondern auch Anthropologie, Soziologie, Psychologie und Philosophie teilen bei aller abweichenden Methodik die Grundvoraussetzung, dass Erzählen einen Akt der Sinnbildung impliziert. Erzählen besitzt eine lebensweltliche Bedeutung, es hat eine elementare pragmatische Funktion einerseits für die Verarbeitung von Zeitlichkeit, das heißt von Erinnerung und Erfahrung, andererseits von Kontingenz und Komplexität. Die Konfrontation mit Zeit, Zufall und Komplexität wird von uns Menschen immer wieder über die Form der Erzählung, also einer deutenden ‚Aufzählung', in eine Ordnung überführt. Offenbar gibt es einen übergeordneten Zusammenhang zwischen Erfahrung und Erzählen, über den der Prozess der Erfahrungsbildung gewissermaßen anthropologisch verankert wird.

Erzählen als Sinnbildung

Kapitel 6   Erzählen

Wodurch nun entsteht der Sinn der Erzählung? Nicht jeder Text ist eine Erzählung, aber jede Erzählung ein Text: das heißt ein Zusammenhang. Die der Erzählung innewohnende Leistung der Strukturierung macht sie zu einem grundlegenden Instrument der Orientierung. Sie erweist sich als eine eigenständige Vermittlungsform von Konkretem und Abstraktem, von Ereignis und Ordnung. Wie aber kommt es von der einfachen Ordnungsform des Aufzählens zur Erzählung, wie geht Addition in Ordnung, in Struktur über? Neben der reinen syntagmatischen Reihung müssen offenbar noch andere Anforderungen erfüllt werden. Nur drei seien hier genannt:

Linearität – Finalität

1. Die einfachste Ordnung einer Erzählung besteht darin, der schlichten Figur der Linearität – und dann, und dann, und dann – Grenzen zu setzen, einen Anfang und ein Ende zu markieren. Anfang und Ende bilden aber nicht nur eine lineare Reihe, sondern auch einen konzeptuellen Zusammenhang. Wenn wir anfangen zu erzählen, kennen wir das Ende und ordnen die Kette der Ereignisse auf das Ende hin. Wer erzählt, folgt einem Ziel und gibt seiner Darstellung eine intentionale Ausrichtung. Das wird gemeinhin Finalität genannt.

Kausalität

2. Zugleich aber wird die Aufzählung auch in eine Begründungsform gebracht. In der klassischen Rhetorik besaß die Erzählung einen Ort innerhalb der Argumentationslehre. Sie war Darlegung des zu verhandelnden Sachverhalts. Die Reihe der Phänomene – und dann, und dann, und dann – bezeichnet immer auch ein ‚weil dann': Durch die Erzählung wird eine chronologische Folge (*post hoc*) zu einem logischen Folgeverhältnis (*propter hoc*). Im Vorgang des Erzählens steckt daher immer auch ein Argument, aus der narrativen Verknüpfung wird eine Argumentation. Dieser Sachverhalt wird mit Kausalität bezeichnet.

Paradigmatik als Oppositionsbildung

3. Eine Erzählung setzt sich nicht nur aus syntagmatischen Und-Relationen zusammen, sondern auch aus paradigmatischen Oder-Relationen, aus Oppositionen, die vermittelt werden müssen: biographisches Erzählen etwa von der Jugend zum Alter, die Liebesgeschichte vom Unglück zum Glück oder umgekehrt, der Krimi vom Vergehen zur Strafe usw. Eine Erzählung als Strukturzusammenhang aufzufassen heißt, eine Ordnung anzunehmen, die Anfang und Ende aufeinander bezieht, überdies die Einheiten der Erzählung zu identifizieren und miteinander in Beziehung zu bringen, abstrakt gesprochen: Elemente und Relationen zu bestimmen.

ERZÄHLEN

Erzählen	*Syntagma:* Verknüpfung	und dann, und dann, und dann = Aufzählung
	Anfang (Kausalität: weil) – Ende (Finalität: damit)	Sinn
	Paradigma: Zusammenhang	Jugend ↔ Alter; Unglück ↔ Glück = Ordnung

Erzählungen bestehen aus einer syntagmatischen Linearität und aus paradigmatischen Oppositionen, aus finalen und kausalen Prozeduren, durch die das Subjekt ein Kontinuum von Zeit und Ordnung zu stabilisieren scheint. Analog zum Verhältnis von Sprache und Sprachmustern oder von Handlung und Handlungsmustern vollzieht sich auch das Erzählen mit Hilfe von Erzählmustern, an denen der einzelne Erzählakt sich orientiert. Die Freiheit, unsere Erlebnisse über eine Erzählung zu ordnen, scheint also begrenzt, sie wird durch vorgegebene Muster gelenkt. Art und Anzahl dieser Muster, auch Narrative genannt, sind vielfältig, historisch und kulturell verschieden und dienen auf unterschiedliche Weise der Sinnbildung. Wir fühlen uns wohler, wenn eine Geschichte gut ausgeht, als wenn wir mit einer Katastrophe konfrontiert werden. Das Happy End in der Liebesgeschichte, die Rettung aus der Katastrophe und die Auflösung des Falles im Krimi überführen jeweils ein kontingentes Ereignis (Liebe, Unglück, Verbrechen) zurück in eine gewünschte Ordnung. Offenbar bildet jede Kultur eine Fülle von Erzählmustern aus, die spezifische Sinnvorgaben anbieten, etwa das heroische Narrativ, das uns aus Rittererzählungen, Western, Action- und Sciencefictionfilmen vertraut ist: dasselbe Narrativ des guten Helden in unterschiedlicher ,Verkleidung'. Muster lassen sich in endlosen Variationen realisieren.

Erzählmuster

NARRATIVE

Narrativ: Erzählmuster	Geburt – Tod	→ Biographie
	Vergehen – Strafe	→ Kriminalschema
	Vergehen – Rache	→ Heldenepik, Actionfilm
	Aufstieg – Fall – Wiederaufstieg	→ Artusroman, Fantasy
	Unglück – Glück	→ Liebesroman
	Unglück – Glück – Unglück	→ Melodram
	Jugend – Erwachsen	→ Bildungsroman
	Leben – Bekehrung (conversio)	→ Legende, Künstlerroman

Kapitel 6   Erzählen

Komplexitätsproduktion

Erzählmuster steuern unsere Auseinandersetzung mit der Wirklichkeit auf verschiedenen Ebenen. Von unseren routinemäßigen Handlungen über Alltagserzählungen bis hin zu einfachen Erzählformen orientieren wir uns an Mustern, die narrativ organisiert sind. Erzählen in diesem Sinn dient der Komplexitätsreduktion in einer unüberschaubaren Wirklichkeit. Einfache Erzählformen wie Exempel, Sage, Märchen oder Legende leisten den gleichen Effekt, indem sie komplexe Konstellationen auf ein Schema reduzieren und als Schema erfahrbar machen. Komplexe literarische Erzählungen drehen das Verhältnis dann wieder um, indem sie uns so vertraute, habitualisierte Wirklichkeiten als überkomplexe Gebilde vor Augen führen. So führt ROBERT MUSIL die Leser seines Romans *Der Mann ohne Eigenschaften* (1930) mithilfe eines ironisch verfremdeten Wetterberichts in das Wien des Jahres 1913 ein. Je nachdem, wie man eine Situation erzählt, kann sie als schematisch reduzierte oder als hochkomplexe erscheinen.

> *Über dem Atlantik befand sich ein barometrisches Minimum; es wanderte ostwärts, einem über Russland lagernden Maximum zu, und verriet noch nicht die Neigung, diesem nördlich auszuweichen. Die Isothermen und Isotheren taten ihre Schuldigkeit. [...] Der Wasserdampf in der Luft hatte seine höchste Spannkraft, und die Feuchtigkeit der Luft war gering. Mit einem Wort, das das Tatsächliche recht gut bezeichnet, wenn es auch etwas altmodisch ist: Es war ein schöner Augusttag des Jahres 1913.*

Kulturelle Sinnvorgabe des Erzählens

Erzählen erweist sich als komplexer Vorgang, der sich in vielfältiger Weise realisiert und Wirklichkeit sowohl pragmatisch auf ein Schema reduzieren als auch artifiziell anreichern kann. Das Verhältnis von Muster und Variation ist entsprechend eines der Grundprobleme der Erzählforschung (Narratologie). Es wird vor allem in der Gattungsfrage akut. Erzählgattungen sind keine zeitlosen Universalien, sie bilden konstante Muster, die sich im historischen Prozess zu Erzählreihen formieren und das jeweilige Grundmuster variieren. Jede Kultur bildet in ihrer Geschichte spezifische Erzählmuster aus, in der kollektive Erfahrungen und Erwartungen eine Form finden. In ihnen lagern sich kulturelle Sinnvorgaben ab. Insofern werden Gattungen als „institutionalisierte Typen sprachlichen Handelns" (VOSSKAMP 1977) bezeichnet. Manche scheinen eine übergeordnete Geltung zu besitzen, andere sind historisch bedingt. Zusätzlich können Gattungen unterschiedliche historische Konjunkturen erfahren.

3 Erzählen und Ordnung

Die westeuropäische Kultur kennt seit der Mitte des 18. Jahrhunderts die Gattung der autobiographischen Ich-Erzählungen (*Dichtung und Wahrheit*) und den Bildungsroman, die beide mit ihrem Narrativ auf die Darstellung von Individualitätsprozessen und Ich-Bildung abheben. In China werden diese Gattungen zu Beginn des 20. Jahrhunderts im Kontext einer umfassenden Modernisierung rezipiert und in der chinesischen Literatur angewandt. Dies ist ähnlich erstaunlich wie die ebenfalls verzögerte SHAKESPEARE-Rezeption in Europa, bei der Ende des 18. Jahrhunderts über 150 Jahre alte Texte als authentische Literatur für die Gegenwart verstanden wurden.

Gattungen

Einige Schemata haben eine erstaunlich lange Lebensdauer: Die germanische Heldensage folgt vielfach dem Schema Vergehen-Rache, ein Narrativ, das zwar nie ganz ausstirbt (Krimi), aber schon früh an sozialer Akzeptanz verliert. So wird das Muster (Held wird mit Aufgabe konfrontiert und löst sie) im Heldenepos spezifisch anders ausgestaltet als im Bildungsroman, der Kriminalgeschichte oder dem Sciencefictionroman. Neuere Genres wie der Kriminalroman arbeiten mit einer institutionalisierten Form der Konfliktlösung (durch legitimierte Vertreter des Gesetzes). Jedoch auch die alten Formen leben weiter: im Italo-Western und im Actionfilm findet sich nahezu ungebrochen das ursprüngliche Vergehen-Rache-Schema aus der Heldensage. Auch erzählen wir heute keine Heldenepen mehr, und doch ist das heroische Narrativ keineswegs verschwunden, es hat sich ebenfalls in die Trivialliteratur verschoben. Gleiches gilt für die Legende: Sie ist für uns kein dominantes Erzählmuster mehr wie noch für das Mittelalter, und doch wirken das Konversions- und Opfernarrativ weiter. Der Ehebruchroman hat ebenfalls nicht mehr die Geltung wie im 19. Jahrhundert. Wenn man die für jede Epoche typischen Erzählungen sammelt, auf ihre Muster hin analysiert und diese in eine Ordnung bringt, kommt man zum literarischen Gattungssystem einer Gesellschaft.

Transformationen von Erzählmustern

Gattungen bilden Erzählschemata aus, doch Erzählschemata beschränken sich nicht auf Gattungen. Narrative existieren auch jenseits von Gattungsmustern, wie am Erzählmuster der Genealogie, der Brautwerbung oder der passionierten Liebe sichtbar wird. Sie treten häufig in Kombination auf, ja der Gehalt einer Erzählung wird über die Kombination verschiedener Erzählschemata komplexer. Schon eine scheinbar einfache höfische Legende wie der *Arme Heinrich* HARTMANNS VON AUE verbindet nicht nur zwei geistliche Erzählmuster wie Aussatz- und Opferlegende, sie kombi-

Kombinierte Erzählmuster

Kapitel 6   Erzählen

niert auch Märchen- und Legendenschema, höfische und geistliche Narrative. Erzählschemata können überdies in ein Verhältnis von Vordergrund und Hintergrund treten, zum Beispiel wenn das Schicksal des Helden nach einem biblischen Typus modelliert wird: So ist die Geschichte des *Armen Heinrich* zugleich nach dem Muster Hiobs aus dem Alten Testament entworfen. JOSEPH ROTH wird zu Beginn des 20. Jahrhunderts die Geschichte von Hiob ebenfalls wieder als Folie für eine Lebensdarstellung aufnehmen (*Hiob* 1930), dann allerdings nicht als geistliches Erzählmuster. ROTH fasziniert an Hiob vielmehr die existentielle Grundsituation, die er mit der Lebensgeschichte des Juden Mendel Singer parallelisiert. Die Erzählstruktur des Artusromans setzt sich aus einer Kombination von syntagmatischen Märchenstrukturen und paradigmatischen Wiederholungsfiguren zusammen, die aus der geistlichen Tradition stammen. Während das Märchen in einer syntagmatischen (seriellen) Wegstruktur den Helden mit immer neuen Opponenten konfrontiert, ordnet die geistlich typologische Struktur ähnliche Szenen in paradigmatischer Weise einander zu, so dass sie als Steigerung gelesen werden können. Dieses Muster entstammt dem typologischen Denken (Kap.1), das das Verhältnis von AT und NT als eines von Ankündigung und Erfüllung beschrieben hatte. Aus diesem Reservoir schöpfen heute noch das Genre der Fantasy-Erzählung (TOLKIEN, *Herr der Ringe*) und die Science-Fiction.

Muster und Originalität

Auch auf der Ebene der Muster existiert eine Fülle von Kombinations- und Substitutionsmöglichkeiten. Erzählmuster und Gattungen sind offenbar nicht so klar voneinander abgegrenzt, wie unser Ordnungsbedürfnis es sich wünscht. In der Moderne können alle Muster gemischt werden, und die Literatur entwickelt ihren besonderen ästhetischen Reiz aus neuen oder zumindest unerwarteten Kombinationen. Unter anderem ist es der Einsatz dieser Muster, mit dem sich unterhaltende Trivialliteratur von der „ernsten" Literatur unterscheidet. Erzählmuster werden in der Trivialliteratur erwartbar schematisch eingesetzt (deshalb spricht man auch von Schemaliteratur). Die Bedingung der literarischen Moderne, nämlich unter dem Paradigma der Originalität zu schreiben, zwingt zunächst dazu, gängige Muster zu vermeiden. Andernfalls kann es auch gelingen, bekannte Vorlagen originell aufzugreifen. JAMES JOYCE spielt in *Ulysses* (1922) mit dem Muster der Odyssee, dabei wird aus den 10 Jahren des homerischen Epos ein einziger Tag, der mit dieser ästhetischen Perspektive eine ungeahnte Komplexität erhält. Diese Form der Variation trägt andererseits wieder dazu bei, dass das Muster

Odyssee auch im 20. Jahrhundert im Original lebendig bleibt. GÜNTER GRASS gelingt es in der *Blechtrommel* (1959), den barocken Schelmenroman in eine zeitgenössische Version zu überführen.

4 Modalitäten des literarischen Erzählens

Es gibt aber auch übergeordnete Ebenen der Erzählorganisation, die sich nicht über Inhalte und Handlungen, sondern über spezifische Arten des Erzählens realisieren. Man kann das an der Diskussion über das Verhältnis von Epos und Roman verdeutlichen. Mit dem Aufkommen des Romans als Gattung Mitte des 18. Jahrhunderts scheint dem alten Heldenepos endgültig seine Stunde geschlagen zu haben. Es werden zwar weiterhin Epen verfasst, aber keine nennenswerten im klassischen Sinn mehr. Die Gattungstheorie hat viel Mühe darauf verwendet, Epos und Roman nicht nur über ihre Heldenfiguren – Heros vs. Bürger – zu unterscheiden, sondern auch durch unterschiedliche Erzählweisen. Damit ist ein wichtiges Phänomen der inneren Ordnung des Erzählens angesprochen, das nicht primär die Handlung betrifft, sondern die Art und Weise ihrer Darstellung. Es macht einen Unterschied, ob sich in einer Erzählung der Erzähler nicht zu erkennen gibt oder ob er das Geschehen kommentiert (kollektiver/auktorialer Erzähler), ob er vorgibt, die Wahrheit zu sagen oder eine Geschichte zu erfinden (Historizität/Fiktionalität), ob er gleich am Anfang sagt, wie die Geschichte ausgeht oder ob er die Spannung aufrechterhält (wie-Spannung/ob-Spannung), ob er aus einer langen Tradition heraus erzählt oder ob er Aktuelles thematisiert (Zeitebenen), ob seine Geschichte über das Ende hinausweist oder abgeschlossen wird (Sinnhorizont). Ersteres gilt gemeinhin für das Epos, letzteres für den Roman. Wenn die Perspektivierung des Geschehens nicht durch den Erzähler, sondern durch die Figuren sich vollzieht, spricht man von Fokalisierung. Die Unterscheidung der Inhaltsebene von der Erzählweise wird unterschiedlich benannt: mal histoire und discours, mal Handlung und Darstellung. Die intensive Lenkung der Aufmerksamkeit auf die Art und Weise, die Modalität der Darstellung kann als Spezifikum des literarischen Erzählens betrachtet werden, und die Umsetzung in ein kompliziertes Spiel mit Erzählweisen scheint erst im Übergang zur Schriftlichkeit entstanden zu sein. Erst die buchepische Konzeption ermöglicht ein komplexes Erzählen, in dem Modalitäten und Rekurrenzen über weite Abstände des Erzählvorgangs wahrnehmbar werden. Im historischen Pro-

Modalitäten für Epos und Roman

Kapitel 6 Erzählen

zess wandeln sich offenbar nicht nur die Inhalte, sondern auch die Arten des Erzählens.

Ordo naturalis – ordo artificialis

Zur Ebene der Darstellung gehört auch die Frage, in welcher Reihenfolge die erzählten Ereignisse angeordnet werden. Zum einen kann das nach Maßgabe der Chronologie geschehen, was die klassische Rhetorik *ordo naturalis* genannt hat. So unterstellen wir eine Linearität des Lebens von der Geburt bis zum Tod und machen so die Biographie zum natürlichen Muster des Erzählens. Zum andern können die Momente einer Erzählung paradigmatisch angeordnet werden, was die klassische Rhetorik mit *ordo artificialis* bezeichnet. So kann man, wie der römische Dichter VERGIL es in der *Aeneis* tut, mit der Landung des Aeneas in Karthago beginnen und die Geschichte des Untergangs Trojas, die dieser vorausging, in einer späteren Erzählung nachtragen: Erzählverlauf und Chronologie der Ereignisse müssen sich nicht decken. Liefert schon die Rhetorik die Technik der Anordnung von Erzählelementen, so können literarische Erzählungen den *ordo artificialis* in komplizierte Erzählarrangements überführen.

ERZÄHLMODALITÄTEN	
Erzählerinstanz	*Kollektiver, Auktorialer, Personaler Erzähler*
Geltungsanspruch	*Historizität – Fiktionalität*
Dramaturgie	*Wie-Spannung – Ob-Spannung*
Zeitstruktur	*Erzählzeit – Erzählte Zeit*
Sinnhorizont	*Offener und geschlossener Horizont*
Fokalisierung	*Erzähler-, Figurenperspektive*
Erzählordnung	*Ordo naturalis – Ordo artificialis*

Historische Modi des Erzählens

Funktioniert Erzählen immer auf die gleiche Art? In einer spezifischen Weise ja: Immer geht es um die sinnvolle Anordnung von Phänomenen in einem Zeitverlauf. Und doch verändern sich historisch die wahrgenommenen Phänomene wie auch die Formen ihrer Anordnung. Wer eine mittelalterliche Geschichte liest, bemerkt sofort gravierende Differenzen gegenüber seinen aktuellen Erwartungen an eine Erzählung. Da ist zunächst inhaltlich die Thematisierung von Krieg und Gewalt in einer Adelsgesellschaft. Überdies fällt auf, dass eine psychologische Perspektivierung noch fehlt – zum Beispiel elaborierte Innenräume und Regionen der Privatheit. Ebenso zeigen sich eine geringe Ausgestaltung von Raum- und Zeitdimensionen – die Figuren altern offenbar nicht – sowie stereotype Beschreibungsmuster und typisierte Figurendarstellung.

Auch die Kohärenz der Erzählmomente wird anders hergestellt, als es moderne Erwartungen an Motivierung nahe legen würden. Episoden werden vielfach seriell und aggregathaft verknüpft; gearbeitet wird mit Wiederholungsstrukturen und paradigmatischen Relationen, die es ermöglichen, analoge Problemkonstellationen in vielfacher Variation durchzuspielen. Im Heldenepos wird der in der Regel fatale Ausgang der Handlung früh angekündigt, so dass sich die Aufmerksamkeit des Zuhörers auf die Art der Inszenierung konzentrieren kann. Mittelalterliches Erzählen ist stark final orientiert, kausale Motivierungen treten vielfach nur von Fall zu Fall auf. Sowohl von den Inhalten wie von den Strukturen als auch von den Erzählweisen her unterscheidet sich mittelalterliches Erzählen grundlegend von modernem. Mittelalterliches Erzählen versteht sich auch nicht als originelles Erzählen, es erfindet so gut wie keine neuen Geschichten, sondern tradiert über lange Zeiträume bekannte Geschichten: Erzählen als Wiedererzählen, als Variationskunst.

Kohärenz des Erzählten

In der mittelalterlichen Ständegesellschaft erfüllt das Erzählen komplexe soziale Funktionen. Verhandelt werden in Erzählungen gegenüber der Moderne offenbar vornehmlich Fragen der kollektiven Identität und der Einfügung der Subjekte in diese. Die Erzählmuster verfestigen sich zum einen zu kulturellen Anschauungsformen, zum anderen haben sie als pragmatische Sprachhandlungen die Aufgabe, in diese Anschauungsformen einzuüben, kulturspezifische Verhaltens- und Deutungsmuster über Narrative zur Anschauung zu bringen: der Weg zum Heiligen in der Legende, die Tugend- und Lasterlehren der Fabel, die Rache- und Untergangsgeschichten der Heldenepik, die soziale Integration des jungen Ritters im Höfischen Roman. Solche Erzählmuster sind nicht mehr die des 21. Jahrhunderts. Sie haben aber auch schon im Mittelalter nicht nur pragmatisch-ideologische Funktion. Der Umgang der Autoren mit den Gattungsmustern zeigt bereits unterschiedliche Grade der Reflexion. Die Verhaltensmuster können als verpflichtend inszeniert werden, sie können aber auch reflektiert oder ironisch gebrochen, doch nie in Anspruch und Substanz kritisiert werden.

Erzählen im Mittelalter

5 Erzählen in der Moderne

Im Kontext der Ausbildung einer modernen Gesellschaft, deren Mitglieder die potentielle Chance haben, ihren Platz selbst mit zu bestimmen, hat das Erzählen im Gegensatz zur mittelalterlichen

Psychologisierung des Erzählens

Kapitel 6   Erzählen

Ständegesellschaft immer weniger die Funktion, in Formen der kollektiven Identität einzuüben. Im Mittelpunkt erzählerischer Texte seit der Mitte des 18. Jahrhunderts stehen dagegen Prozesse der Individuation und Sozialisation, die das komplizierte Verhältnis von Ich und Gesellschaft an deren Berührungsstellen beobachtet: Kindheit, Jugend, Sozialisation, Familie, gelingende oder misslingende Integration in die Sozialgemeinschaft, materielles Glück. Im modernen Roman entstehen dafür die idealen Vermittlungsformen. Die wichtigsten Verschiebungen der Ausdrucksmittel betreffen die Modalitäten der Erzählerposition und der Fokalisierung des Erzählens in der Figurenperspektive.

Autobiographie

Spannenderweise stehen am Anfang dieser neuen Erzählprozesse u. a. die Pietisten, eine noch radikal religiös strukturierte Binnengesellschaft mit ihrer allabendlichen religiösen Selbstbeobachtung im Tagebuch. Aus dieser Form der Selbstbeobachtung entwickelt sich das moderne Tagebuch, mit dem der Schreiber Zwiesprache hält (und eben nicht mehr mit Gott) wie auch die Form der modernen Autobiographie, für die JEAN-JACQUES ROUSSEAU in seinen *Confessions* (1782) das Muster grundgelegt hat. Im Tagebuch wie in der Autobiographie versucht der Autor, sich selbst genau zu beobachten und beim Niederschreiben den erlebten Ereignissen eine sinnhafte Struktur zu geben, also einzelne Erlebnisse plausibel miteinander zu verknüpfen und darüber eine konsistente Lebensgeschichte aufscheinen zu lassen. Die Autoren erschreiben sich ihr Leben und werden dabei gleichsam selbst zu ihrer eigenen literarischen Figur. In diesen Texten bilden sich allererst neues Bewusstsein (und auch die technische Fähigkeit) für die erzählerische Einfühlung in die Psyche einer literarischen Figur aus. Nicht ganz zufällig ist es, dass zwei der bahnbrechenden Romantexte für die Erneuerung der Figurenpsychologie, nämlich GOETHES *Werther* (1774) und KARL PHILIPP MORITZ' *Anton Reiser* (1784) auf der Grenze von Autobiographie und Roman geschrieben sind, sich dort das eigene Erleben mit der Psychologie der literarischen Figur immer wieder überlappt. Dazu passt auch die Form der Erzählung in Briefen, die ausgehend von RICHARDSONS *Pamela* die europäische literarische Öffentlichkeit fasziniert. Briefe bieten ähnlich wie das Tagebuch durch ihr Kommunikationsmodell als Gespräch mit einem Abwesenden, der als gegenwärtig imaginiert wird, vielfältige Möglichkeiten zur Selbst- und Fremdbeobachtung.

GOETHE und MORITZ wählen zwar unterschiedliche Erzählerpositionen – Werther schreibt Briefe aus der Ich-Perspektive, *Anton Reiser* wird von einem Erzähler im Modus der dritten Person erzählt –, mit dem Einsatz spezifisch neuer Darstellungsformen des subjektiven körperlichen und sinnlichen Erlebens gelingt es jedoch beiden Romanen, die erzählte Figur der Leserin und dem Leser so unmittelbar nahe zu bringen, wie wir das seither von der Literatur geradezu erwarten. Was heute in jedem Kurs für *creative writing* gelehrt wird, ist um 1770 eine revolutionär neue Perspektive für die deutschsprachige Literatur: Die Protagonisten werden primär durch ihre Gefühle, Schilderungen ihrer Emotionen und Sinneswahrnehmungen als individuelle psychische Charaktere plastisch erzählt.

Erlebnisperspektive

Gleichwohl haben beide Romane auch zur Etablierung von Distanzierungsformen beigetragen, mit deren Hilfe eine intersubjektive psychologische Figurendarstellung möglich wird. MORITZ siedelt *Anton Reiser* durch den Untertitel „ein psychologischer Roman" bewusst in der Nähe zu den psychologischen Fallstudien an, die er gleichzeitig in dem von ihm herausgegebenen *Magazin für Erfahrungsseelenkunde* veröffentlicht. Zu diesen Darstellungsformen gehören Wechsel von Innen- und Außenperspektive (Selbstbeobachtung als Theatermodell: Die Protagonisten beobachten sich, als ob sie auf der Bühne stünden), oder auch das Verteilen von reflexiven Perspektiven auf den Protagonisten in andere Figuren hinein. Schließlich ist hier auch die wiederentdeckte Herausgeberfiktion wichtig, die einerseits Authentizität suggeriert, andererseits Autorfigur und Protagonist deutlich trennt und so Möglichkeiten zur perspektivischen Bewertung der Figur in Form einer Distanzierung gegenüber dem Leser eröffnet.

Anthropologischer Roman

Zugleich mit der Emotionalisierung des Erzählens über die Protagonisten entsteht im 18. Jahrhundert eine komplett entfaltete Erzählerfigur, die über alle Register des humoristischen Erzählens verfügt und dabei gleichzeitig eine permanente Reflexion des Erzählvorganges und ein Nachdenken über das Erzählen selbst unternimmt. Auch für diesen zweiten Entwicklungsstrang ist die englische Literatur modellbildend. HENRY FIELDING (*Tom Jones*, 1749) und vor allem LAWRENCE STERNES *Tristram Shandy* (1759–1767) bereiten den Boden für das humoristisch-selbstreflexive Erzählen, wie es vor allem JEAN PAUL (*Die unsichtbare Loge* 1793, *Hesperus* 1795) dann weitergeführt hat.

Erzählerfigur

Kapitel 6   Erzählen

Erzählen um 1800	Darstellung/discours
Vom Was zum Wie	Betonung des discours/Darstellung gegenüber der histoire/Handlung
Emotionalisierung	Personales Erzählen, Gefühle, Sinneswahrnehmungen
Selbstbeobachtung	Innen-/Außenperspektive
Reflexion des Erzählens und der Erzählerfigur	Herausgeberfiktion, selbstreflexive Erzählerkommentare
Transzendentalroman	Symbolstruktur in Träumen, Gedichten, Liedern

Nicht mehr ein Erzählmuster wie in der mittelalterlichen Literatur oder auch noch im barocken Picaro-Roman (GRIMMELSHAUSEN, *Simplicissimus*), sondern die Psychologie der Figur selbst steht im Mittelpunkt des Textes – und hat sich seither dort nicht mehr wegbewegt. Verändert haben sich die thematischen Konstellationen, die um die Figur herum als Kontext angelegt werden, und die Perspektive des Erzählens.

Bildungsroman

In der säkularisierten, funktional ausdifferenzierten Gesellschaft dominieren Erzählmuster wie Glück – Liebe – Bildung – Sozialisation – Gesellschaft, in deren übergeordnete Strukturzusammenhänge das Ich der literarischen Figur eingebettet wird: Je nach Gewichtung der einzelnen Strukturbereiche entsteht dann ein Bildungsroman, Entwicklungsroman, Künstlerroman oder ein Historischer Roman. Neben den strukturellen Gestaltungsmöglichkeiten verschiebt sich in den Jahren von 1770 bis zum Ende des 19. Jahrhunderts der Schwerpunkt in der Schreibweise mehrfach. Nachdem sich zunächst das Interesse des Romans auf den Menschen selbst richtete, wandelt sich das anthropologische Interesse hin zum „Transzendentalroman" (ENGEL 1993), der mit symbolischen Verbindungen, der Potenzierung der Hauptgeschichte in Spiegelungen, Träumen, Gedichten und Märchen arbeitet. Als Schlüsseltexte für diese Entwicklung gelten neben GOETHES *Wilhelm Meisters Lehrjahre* (1795/96), HÖLDERLINS *Hyperion* (1797/98), NOVALIS' *Heinrich von Ofterdingen* vor allem die beiden weiteren Romane von GOETHE *Die Wahlverwandtschaften* (1809) und *Wilhelm Meisters Wanderjahre* (1821/29). In GOETHES letztem Roman gibt es bereits einen ausgeprägten Detailrealismus, der im Erzählen des Biedermeier (EDUARD MÖRIKE, JEREMIAS GOTTHELF) und Realismus (FONTANE, GUSTAV FREYTAG) weiter ausgebaut wird.

5 Erzählen in der Moderne

Mit GOTTFRIED KELLERS *Grünem Heinrich* (1854/1855) und ADALBERT STIFTERS *Der Nachsommer* (1857) wird die realistische Erzählweise auf den Bildungsroman angewandt und der realistische Entwicklungsroman ausgebildet. Erzähltexte des Realismus orientieren sich entweder an der Geschichte (als Historischer Roman) oder an der Gegenwart (als Zeitroman). Der Zeit- oder Gesellschaftsroman, noch weiter ausdifferenziert in den Eheroman, ist (in der Nachfolge von FLAUBERT und BALZAC) bemüht, den ambivalenten Anspruch der Gesellschaft darzustellen, alle Lebensbereiche – und insbesondere das Privatleben – zu durchdringen (FONTANE, *Effi Briest* 1895).

Realismus

Hier zeichnet sich bereits eine Entwicklung ab, die den Roman der Moderne ab 1900 dominieren wird. Gelingende Sozialisation, Liebesglück und wirtschaftlicher Wohlstand wandert in den Gegenstandsbereich der Unterhaltungsliteratur ab, die im 19. Jahrhundert insbesondere in der exponentiell gesteigerten Nachfrage nach dem Feuilletonroman und der Novelle gedeckt wird. Die „hohe" Literatur widmet sich zunehmend der missglückten Sozialisation, den pathologischen Individuen. Zum Roman der Moderne um 1900 gehört das Bewusstsein um den Einfluss der Naturwissenschaften (Wahrnehmungspsychologie) und der Technik selbst auf die Welt. Der Mensch beherrscht immer mehr die Gesetzmäßigkeiten der Welt, dabei verliert er aber jegliche feste Sinnsysteme. Welt wird zur Konstruktion, besteht aus offenen Möglichkeiten, die jeder anders subjektiv erlebt, und ist nicht mehr sinnhaft zu erklären. Eine mimetisch-realistische Darstellung der Welt ist allenfalls dann noch angebracht, wenn sie zugleich den Konstruktcharakter sichtbar macht.

Scheiternde Individualität

Erzählen ab 1900	
Discours/Darstellung	Montage, Polyphonie, Experiment
Formen	**Histoire/Handlung**
Zeit-/Gesellschaftsroman	Missglückte Sozialisation
Montageroman	Pathologien
Großstadtroman	Welt als Konstruktion
Experimenteller Roman	Erzählen als explizite Fiktion
Kriminalroman	

Kapitel 6 Erzählen

Modernes Erzählen

Erzählerisch wird diese Herausforderung verschieden gelöst, etwa so, dass der Leser innerhalb eines Montageromans zum Herrscher über den Text gemacht wird (RAINER MARIA RILKE, *Die Aufzeichnungen des Malte Laurids Brigge* 1910) und ihm auch Sinnstiftung überlässt. Weiter kann die erzählte Welt als ein Spielfeld reiner Möglichkeiten konstituiert werden (KAFKA, *Der Proceß*), bei MUSILS *Der Mann ohne Eigenschaften* auch als Daseinsexperiment. Oder aber der moderne Roman weist das Erzählte selbst explizit als Fiktion aus und macht so die Konstruktion offen sichtbar (MAX FRISCH, *Meine Name sei Gantenbein* 1964).

Großstadtroman

Daneben entstehen unter dem Einfluss der amerikanischen Erzählavantgarde (JOHN DOS PASSOS, WILLIAM FAULKNER) der Großstadtroman (DÖBLIN, *Berlin Alexanderplatz* 1929) und experimentelle Romane wie WOLFGANG KOEPPENS *Tauben im Gras* (1951) oder ARNO SCHMIDTS *Zettels Traum* (1970), der in seiner polyphonen Struktur KARL GUTZKOWS schon um 1850 formulierte Forderung nach einem „Roman des Nebeneinander" einzulösen sucht. Auch der Kriminalroman hat als verdeckter Gesellschaftsroman eine längere Gattungsgeschichte im 20. Jahrhundert (FRIEDRICH GLAUSER *Wachtmeister Studer* 1935, FRIEDRICH DÜRRENMATT, *Der Richter und sein Henker* 1950, WOLF HAAS, *Komm, süsser Tod* 1998). Neben den deutlichen Brüchen zum Erzählen in Mittelalter und Früher Neuzeit gibt es auch moderne Autoren, die bewusst auf epische Darstellungsweisen zurückgreifen, um große Erzähltableaus zu meistern, etwa THOMAS MANN (*Joseph und seine Brüder* 1933–1942) und UWE JOHNSON (*Jahrestage* 1970–1983).

6 Fiktionales Erzählen – Fiktionalitätsprobleme

Wahrheit vs. Erfindung

Erzählen kann sich auf ganz unterschiedlichen Ebenen vollziehen. Wer gegenüber der Polizei oder dem Gericht einen Sachverhalt schildert, ist verpflichtet, seine Erzählung am Maßstab der Wahrheit auszurichten. Wer eine Fabel erzählt, will auch eine ‚Wahrheit' vermitteln, doch ohne dass der zugrunde liegende Sachverhalt – z. B. sprechende Tiere – real wäre. Faktische und funktionale, z. B. moralische, Wahrheiten sind also zu trennen. Bereits die antike Rhetorik hatte die Erzählung als Überzeugungsinstrument innerhalb der Rede nach ihrem Wahrheits- und Wahrscheinlichkeitswert klassifiziert: Erzählungen, die Wirklichkeitsstatus reklamieren (*historia*), solche, die unwirklich und unwahrscheinlich sind (*fa-

bula), schließlich solche, die nicht wirklich, aber dennoch möglich, das heißt wahrscheinlich sind (*argumentum*). Alle drei Formen des Erzählens können als Darstellungsmittel in der Rede eingesetzt werden und leisten je spezifische Überzeugungsarbeit. Mit fabula und argumentum sind fingierte Geschichten gemeint, die im Zusammenhang der Rede etwas illustrieren und damit bewahrheiten sollen. Aus den drei rhetorischen Erzähltypen sind dann drei Grundarten des Erzählens abgeleitet worden: die Wahrheit der Geschichtsschreibung (*historia*), die Fiktionalität des Romans (*fabula*) und die Wahrscheinlichkeit der Novelle (*argumentum*).

NARRATIO	
historia	→ *wirklich und wahr*
fabula	→ *unwirklich und unwahr*
argumentum	→ *unwirklich, aber wahrscheinlich*

Fiktionalität kann sich aber schon auf einer elementareren Ebene realisieren. So ist sie auch als Resultat eines historischen Prozesses im Übergang von der Mündlichkeit zur Schriftlichkeit beschrieben worden. Ausgangspunkt ist hier wiederum das Muster mit seinen Variationen und seiner Sinnbildungsfunktion. Die frühe germanische Heldensage etwa versteht sich zwar als eine Form von Geschichtsschreibung, bildet die historische Wirklichkeit, von der sie berichtet, aber nicht ab, sondern unterwirft sie einem Erzählmuster und gibt ihr damit eine eigene Art von Sinn. So wird um 1100 in der Rolandsage die historische Niederlage gegen die Basken im Jahr 778 in ein Kreuzzugsmuster (Heiden-Christen) gefasst, wodurch der Tod des Franken zum Märtyrertod, d. h. zum Sieg für den Glauben wird. Die Umdeutung realer Katastrophen in symbolische Siege ist kein Einzelfall innerhalb der Heldensage und zeigt, wie Geschichte über Erzählmuster imaginär überhöht wird. Das Muster stabilisiert die Erinnerung und stiftet zugleich Sinn. Es ist nicht ganz klar, in welchem Ausmaß ein solcher Umgang mit narrativen Schemata in der Heldensage schon auf der Ebene literarischer Fiktionalität liegt oder ob in ihm mehr ein elementareres soziales Sinnbedürfnis (Imaginäres) wirkt, kurz Ideologie. Im Übergang zu einer elaborierten Schriftlichkeit aber werden diese Muster dann ihrerseits variierbar und in ein reflektiertes Spiel der Fiktionalität einbezogen. Im Spiel der Variation, im variantenreichen Wiedererzählen, wird die Aufmerksamkeit mehr auf die Erzählweise als auf das stereotype Muster gelenkt.

Elementare Fiktionalität

Kapitel 6 — Erzählen

Komplexe Fiktionalität

In der elaborierten Schriftkultur bildet sich dann eine spezifische Form von Fiktionalität aus. Es kommt zur konstitutiven Trennung von Fiktion und Nichtfiktion, ein Vorgang, der schon in der Antike einsetzt und auch im Mittelalter wirkt: etwa in der Gegenüberstellung von Heldenepik und Höfischem Roman. Das implizite Einverständnis zwischen Autor und Leser über den suspendierten Realitätsbezug der Erzählung, über den imaginären Status des Textes, wird Fiktionalitätskontrakt genannt. In der fiktiven Erzählung sind alle Morpheme und Phoneme, alle Wörter, Sätze und Zeichen potentiell Funktionselemente eines Bedeutungsspiels. Bei ARISTOTELES heißt das: Der Dichter „ist also, auch wenn er wirklich Geschehenes behandelt, um nichts weniger Dichter." (ARISTOTELES, *Poetik* I,9) Der Anspruch auf Zusammenhang, eine Grundfunktion des Erzählens, ist im fiktionalen Erzählen höher als im historischen. Alles muss Bedeutung haben, weil alles prinzipiell auch anders sein könnte (STIERLE). Mit anderen Worten: Entweder hat in der Erzählung alles Bedeutung oder nichts (BARTHES). Das verweist auf die immanente Poetik eines Textes.

Erzählte Geschichte

Fiktionalität als Sinnbildung, so zeigt sich am Beispiel der Geschichtsdarstellung im 19. Jahrhundert, kann auch überraschende Folgen haben. Über den literarischen Geltungsanspruch gelingt dem Historischen Roman das Paradox, durch Geschichten Geschichte zu fingieren, und seine vornehmste Aufgabe ist es, Modelle für nationale und regionale Geschichte zu entwickeln. Mit der Erfindung des mittleren Helden (WALTER SCOTT, *Waverly* 1814) bieten die Romane gerade für die nichtadligen, bürgerlichen Leser eine ideale Projektionsfläche zur Ausbildung eines identifikatorischen Geschichtsbewusstseins. Die fiktionale Freiheit schafft dabei gelegentlich auch Fakten in der Wirklichkeit. WILHELM HAUFFS romantische Sage *Lichtenstein* (1826) liefert zunächst erfolgreich den Geschichtsmythos für Württemberg; wenig später wird das Schloss Lichtenstein, von dem der Text erzählt, dann tatsächlich gebaut. 1840 wurde das Schloss zum Buch eingeweiht und ist seither zu einem touristischen Erinnerungsort der württembergischen Regionalgeschichte geworden. Eine andere Verknüpfung von Fiktionalität und Historizität unternehmen die so genannten „Professorenromane", die sich im Kontext des neu erwachten, erstarkten auch nationalen Geschichtsbewusstseins um 1870 entwickeln. Diese Romane waren stark unterfüttert mit kunst- und kulturhistorischem Detailwissen zur Alltagskultur und erzählen ‚realistisch' in großer Detailtreue. FELIX DAHNS *Kampf um Rom* (1876), einer der größten Bucherfolge in den letzten 150 Jahren, lässt seine Leser Aufstieg, Blüte und Untergang des Ostgotenreichs im Italien des 5. Jahrhunderts miterleben. Er partizipiert dabei an der Konjunktur der Dietrichepik, die die frühe disziplinäre Germanistik zeitgleich ediert. Neben dem Reiz der hoch authentischen Geschichtsvermittlung liegt die Leistungsfähigkeit dieses Erzähl- und Fiktionalitätsmusters vermutlich darin, dass DAHN seinen Lesern auf der Grenze von Faktizität und Fiktionalität aktuelle weltanschauliche Thesen in Kontext der fernen Geschichte gleichsam unverbindlich – und gerade deshalb besonders suggestiv – präsentiert.

7 Kultur und ihre Narrative

Wenn Erzählen der Identitätsbildung dient und diese über die Ausbildung von Mustern befördert, die Orientierung leisten, dann können auch Gruppen Erzählmuster hervorbringen und sich damit eine Gruppenidentität verschaffen. Es handelt sich um Narrative, die gattungsübergreifend sind und durch die zentrale Problemkonstellationen der Gesellschaft verhandelt werden: Herkunft, Identität, Moral, Vergesellschaftung. Auch Kulturen entwickeln ihre Narrative. Wenn diese unterhalb der Gattungsebene liegen, kann man von Erzählkernen sprechen, wenn sie darüber liegen, von Metanarrativen: zum Beispiel die Geschichte Europas als „Geschichte der Zivilisation" oder als „Untergang des Abendlandes"; die Rede von Epochenwechseln als Blüte und Verfall der Literatur, wie sie in vielen alten Literaturgeschichten vorkommt. Überall dort, wo ein Gegenstand oder Untersuchungsfeld über einen Zeitverlauf (syntagmatisch) oder über Oppositionen (paradigmatisch) geordnet wird, bietet sich die Erzählung als Darstellungsform an.

Identität und Erzählen

Für die mittelalterliche Adelsgesellschaft stellt Herkunft einen zentralen Wert dar, der über Blutsverwandtschaft definiert wird. Entsprechend verbreitet ist das Narrativ der Genealogie, das sowohl eine diachrone (Herkunft) und synchrone (Verwandtschaft) Vernetzung und damit Ordnung ermöglicht. Genealogie ist im Mittelalter eine Denkform, die über ein Metanarrativ in Anschauung übersetzt wird und damit adelige Identität stabilisiert. Ein anderes Beispiel: Das Christentum etabliert den Gegensatz von Christen und Heiden. Auch hier entwickelt sich aus der Opposition, wenn man sie in eine Zeitstruktur übersetzt, ein erfolgreiches Narrativ: das der Bekehrung. Sowohl in Kreuzzugsepen wie in indi-

Genealogisches Erzählen

Kapitel 6   Erzählen

viduellen Lebensgeschichten wird dieses Narrativ vielfältig variiert, wird selbst die Spannung zwischen Adels- und Klerikerwelt über das Narrativ der Bekehrung ausgehandelt: etwa im Entwurf von Grenzfiguren wie dem Adelsheiligen. Noch in der Symbolstruktur des höfischen Romans, dem Doppelweg mit seiner moralisch falschen und richtigen Handlungsform, lässt sich das Muster der Spannung christlicher und weltlicher Existenz erkennen. Narrative dieser Art decken keinen Sinn auf, sondern konstituieren ihn über eine Struktur.

Metanarrative

Mit der Autobiographie, einer selbst erschriebenen Identität, wird im 18. Jahrhundert ein Narrativ ausgebildet, das nicht nur gesellschaftliche Wirklichkeit, sondern – radikal konstruktivistisch zu Ende gedacht – das Projekt der Individualität selbst zur Erzählung macht. Das gleiche gilt für andere kulturelle Ordnungseinheiten wie Liebesbeziehung, Familie oder gar Nation. Ob man nun der Ansicht ist, dass die Kultur die Gesamtheit der Narrative ist, es diese also ontologisch gibt, oder konstruktivistisch davon ausgeht, dass die Kultur nur als ein Bündel von Narrativen beschrieben wird, das ist letztlich ein philosophisches Problem. Die Literaturwissenschaft erfährt im Blick darauf, wie die Kultur mit den Geschichten, die sie definieren, umgeht, eine erhellende Perspektiverweiterung. So wäre mit Blick auf die letzten 40 Jahre etwa der Ost-West Konflikt als Narrativ mit dem Paradigma Spaltung herauszuarbeiten (beispielhaft etwa wiederum an UWE JOHNSONs Tetralogie *Jahrestage* (1970–1983). Gegenwärtig fällt eine Renaissance der Familienromane auf. Migration, Alter und das Altern ist eine narrative Struktur vieler Texte der Gegenwartsliteratur und reiht sich ein in andere Narrative des 21. Jahrhunderts: die Art und Weise, wie über „Nine-Eleven" (den 11. September 2001) erzählt wird, Einteilungen in Freund und Feind, Gut und Böse, Schuld und Unschuld, Glück und Unglück, Liebe, Hass und Enttäuschung, Helden, Märtyrer und Terroristen, demokratische und Schurkenstaaten, Erzählungen über Menschenrechte, Globalisierung, freie Marktwirtschaft, Ausbeutung und Unterdrückung. All das gibt es in großer und kleiner Münze, im öffentlichen und im privaten Diskurs, in literarischen und in alltäglichen Erzählungen. Erzählend deuten Menschen die Welt, machen sie verstehbar und geben ihr einen Sinn. Und auch die Wissenschaft selbst folgt einem Narrativ, in dem sie darlegt, dass alles (auch das Erzählen) in seiner Funktionsweise durchschaut, beherrscht und verändert werden könne.

7 Kultur und ihre Narrative

FRAGEN

1. Wie erzählen wir im Alltag?
2. Welche Funktionen hat das Erzählen in unterschiedlichen Kulturen oder Zeiten?
3. Welche Erzählmuster gibt es?
4. Welche Erzählmodalitäten lassen sich unterscheiden?
5. Was heißt Fiktionalität?

7 Rhetorik – Poetik – Ästhetik

1 Rhetorik, Poetik, Ästhetik entdecken

Lehrbücher für Reden

Sprachwissenschaft und Literaturwissenschaft sind wie andere Geisteswissenschaften, etwa die Musikwissenschaft oder die Kunstgeschichte, ihrem Gegenstand nachgeordnet. Zuerst kommt immer das Phänomen Sprache und Literatur, erst dann reagiert die Wissenschaft und setzt sich mit den vorgefundenen Sprachformen und den literarischen Gebilden auseinander. Im Germanistikstudium wird man deshalb nicht lernen können, wie man heute am erfolgreichsten Literatur produziert – das Studium kann freilich eine besondere Sensibilität für die handwerklichen Grundlagen der literarischen Produktion vermitteln. Dazu gehört auch das Wissen um die historischen Poetiken, die tatsächlich einmal Lehrbücher zur Dichtkunst waren und im Vorfeld normativ festgelegt haben, was Literatur ist und wie demnach ein Text gestaltet sein muss, damit er zur Literatur gehört. Noch heute werden öffentliche Reden nach den gleichen rhetorischen Prinzipien konstruiert, wie sie bereits in antiken Lehrbüchern festgehalten wurden. Für die Literatur allerdings gibt es seit ungefähr zweihundert Jahren keine Lehrbücher mehr.

Lehrbücher für Literatur

Warum dies für die Literatur anders geregelt wird und das Studium der Poetik nicht mehr zum Dichten selbst ausbildet, diese Frage führt uns bereits mitten hinein in eine über 800jährige Geschichte von Rhetorik, Poetik und Ästhetik für die deutsche Sprache und Literatur, die wir hier mit besonderem Augenmerk auf die lyrische Dichtung ausfalten wollen.

2 Rhetorik: Metrik – Topik

> Ich gesach den sumer nie,   daz er so schone duhte mich:
> mit menigen bluomen wolgetan   div heide hat gezieret sih.
> sanges ist der walt so vol;
> div zit div tuot den chleinen volgelen wol.
>
> (Carmina Burana 152 A)

Carmina Burana

Die *Carmina Burana*, eine lateinische Liedersammlung aus dem 12. Jahrhundert, überliefert im Anschluss mancher Lieder kurze volkssprachige Verssequenzen: Sommer-, Winter-, Tanz- und Liebeslieder. Die Lieder behandeln keine komplizierten Themen, scheinen einfach in ihrer Faktur und artikulieren Freud und Leid angesichts von Jahreszeitenwechsel und Liebessehnsucht. Es handelt sich um kleine Stücke geformter Sprache, die sich aus Strophen und Versen, Metren und Reimen zusammensetzen. Sie leben vom regelmäßigen Wechsel der Hebungen und Senkungen, von der Symmetrie der Verse und Reime, das heißt sie arbeiten sichtbar mit dem Prinzip der Wiederholung. Immer wieder tauchen die gleichen Bausteine in der Beschreibung der Frühlingssituation auf: Sommer, Heide oder Wald, blühende Blumen, Vogelsang. Wenn die Wiederholungen nicht die sprachliche Form, sondern den Inhalt und das Bildreservoir betreffen, spricht man von Topik. Liefert die Metrik Schemata der Akzentordnung, so die Topik Schemata der Bildordnung.

Wieder, nun aber auf einer anderen Ebene, begegnen wir dem Phänomen der Schemata. Lieder dieser Art, die immer auf die gleichen stereotypen Bildformeln zurückgreifen, machen deutlich, dass hier keine reale Landschaft gezeichnet, sondern eine Landschaft künstlich konstruiert wird: ein so genannter lieblicher Ort (*locus amœnus*). Topik, die Lehre für die Findung und Gestaltung solcher Formeln, kommt von Topos, lateinisch *locus*, und heißt Ort. Wenn wir von Gemein*platz* reden, zielen wir auf einen Sachverhalt, der allen bekannt ist – z. B. Sprichwörter – und daher nicht umständlich expliziert werden muss. Für die Ökonomie der Redeherstellung sind solche Gemeinplätze wesentlich, da sie Erfahrungen auf Muster reduzieren. Das Gedächtnis arbeitet so, dass es zeitliche, das heißt vergängliche Erfahrungen in räumliche Konstellationen zu überführen und damit zu ordnen und ‚festzustellen' versucht, um sie merkfähig zu machen. Deshalb ist die Gedächtniskunst auf räumliche Vorstellungen angewiesen. Die Topik stellt mithin imaginäre Orte zur Verfügung, an denen Muster abgelegt sind, die dem Redner bei der Erstellung der Rede behilflich sind und ihn von der Notwendigkeit der permanenten Erfindung entlasten.

Topik als Bildordnung

Topische Formeln wie die des *locus amœnus* und ihre Bauteile können nun endlos variiert und mit anderen Mustern kombiniert werden, so dass neue Konfigurationen entstehen: Gearbeitet wird auch hier mit syntagmatischen Reihen und paradigmatischen Oppositionen: Sommer, Heide, Blumen, Vogelsang (steht für Leben/Liebe) versus Winter, Reif, Frost und Stille (steht für Tod/Einsamkeit); Preisen-Klagen etc. Ähnlich wie im Umgang mit der Sprache ergibt sich aus einem begrenzten Formelrepertoire eine Vielzahl an Kombinationsmöglichkeiten. Kombinatorik und Variation können einerseits in Schemaliteratur münden, andererseits aber auch in

Variation: Syntagmatische Reihen und paradigmatische Oppositionen

hohe Kunst überführt werden. Schlagertexte, die Popmusik und so genannte triviale Schemaliteratur leben auch heute noch von diesem Repertoire (Herz/Schmerz). Andererseits wird unter dieser Perspektive der Minnesang an den Höfen des 12. und 13. Jahrhunderts zur geradezu minimalistischen Variationskunst, die den Spielraum topischer Kombinationen virtuos auslotet. Das Jahreszeitenthema wird etwa schon komplexer, wenn es mit der Liebesthematik verbunden wird. Der Topos vom *locus amoenus* verändert damit aber seinen Status. Er wird vom eigenständigen Thema zum Topos innerhalb komplexer Minnekonstellationen, metaphorisch (paradigmatisch) werden Liebes- und Frühlingssymptomatik aufeinander beziehbar. ‚Blumenbrechen' etwa wird zur Metapher für den Liebesakt (*deflorare*), die noch GOETHE 1773 im *Heideröschen* „Sah ein Knab ein Röslein stehn" faszinierte.

Rhetorik als Voraussetzung der Kunst

An welchen Kriterien sich der dichterische Prozess orientiert, ist für die Rezipienten zunächst schwer nachzuvollziehen. In jedem Fall aber bietet bereits die Rhetorik ein ganzes Arsenal an Anleitungen für die gute Rede, die sich auch für die Produktion von Texten nutzen lassen. Die Rhetorik lieferte denn auch über Jahrhunderte das Rüstzeug für die Kunstproduktion, bis im 18. Jahrhundert die Genieästhetik das Paradigma der Regelpoetik ablöst. Bis dahin bindet der literarische Diskurs die Produktion von Kunstwerken eng an rhetorische Techniken, die im Rahmen von Poetiken als eigene Kunstlehre thematisiert werden. Von ARISTOTELES (ca. 330 v. Chr.) an, der sowohl eine Rhetorik wie eine Poetik verfasst hat, über die mittelalterlichen lateinischen Poetiken bis hin zu MARTIN OPITZ' barocker Regelpoetik *Buch von der deutschen Poetery* (1624) bildet Rhetorik eine wesentliche – wenn auch nicht ausschließliche – Grundlage literarischer Produktion.

Rhetorik als Beschreibungs- und Normierungssystem

Die Rhetorik ist nicht nur eine Technik der Redeproduktion, sie ist ähnlich der Grammatik (der Kunstlehre, richtig zu sprechen) überdies eine Wissenschaft (die Kunstlehre, gut zu sprechen), die aus einer übergeordneten Perspektive auf die Sprache blickt, ihre Funktionsmechanismen beschreibt und in ein eigenes Regelsystem überführt, schließlich damit auch Normen des Redegebrauchs setzt. Die Rhetorik erweist sich als Metasprache, ja als Metatext, über den die europäische Kultur die Ausdrucksmöglichkeiten der Sprache regelt (LACHMANN). Diese Leistung der Rhetorik als Beschreibungs- und Normierungssystem zugleich hat seit der Antike über das Mittelalter bis ins 18. Jahrhundert gewirkt. Schon die antike Rhetorik hatte einzelne Funktionssprachen – für das Forum, das Gericht, das Fest – mit ihren Wirkungsstrategien – bewegen, beweisen, erfreuen – ausgebildet. Im Mittelalter verliert die öffentliche Rede dann weitgehend ihren sozialen Geltungsraum, entsprechend bilden sich andere Orte und Regelsysteme rhetorischer Praxis aus, denen eigene Kunstlehren korrespondieren: die Kirche mit der Predigt (*ars praedicandi*), die Diplomatie mit der Briefkommunikation (*ars dictandi*), das höfische Fest mit der literarischen Kommunikation (*ars versificatoria*). Das antike System der Rhetorik wird im Mittelalter tradiert, verändert aber seine Anwendungsgebiete. Wenn die Rhetorik in ihren Anleitungen zur Redeherstellung aber auch stofffindende (*inventio*), stoffgliedernde (*dispositio*) und stilistische (*elocutio*) Verfahren ausbildet, dann ließen sich diese Teile der Redeproduktion auch für die Gestaltung literarischer Texte nutzen. Die Konzentration der Poetiken auf Fragen der Textordnung und der Redefiguren trug diesem Sachverhalt über lange Zeit Rechnung.

Antike Rhetorik	Wirkungsstrategie
politische Rede	Bewegen
Gerichtsrede	Beweisen
Festrede	Erfreuen

Mittelalter	Kunstlehren
Kirche	*ars praedicandi*
Briefkommunikation	*ars dictandi*
Literarische Kommunikation	*ars versificatoria*

Wo aber liegen die Grenzen zwischen einem rhetorisch und regelpoetisch ausgerichteten Dichtungsverständnis einerseits und einer Ästhetik andererseits, die auf Phantasie und Natur abhebt und an die Stelle der Nachahmung die Originalität setzt? Wie hoch ist der Anteil an Technik an einem Kunstwerk und wie hoch der der Kreativität? Ist Kreativität, ästhetische Einbildungskraft, auf den Bereich der Kunst beschränkt oder wirkt sie weiter? Ein Wortkunstwerk kann ein Spektrum von pragmatischen über spielerische bis hin zu ästhetischen Funktionen abdecken, was nur von Fall zu Fall entschieden werden kann. Die Werbung wäre ein solcher Ort für die Verbindung von funktionaler und spielerischer Sprachbehandlung: Coca Cola. Das Wortkunstwerk aber weist darüber hinaus. Erinnern wir uns an ERNST JANDLS Minimaltext: *schrei maschine*.

Auf dem Weg zur Ästhetisierung

Kapitel 7 Rhetorik – Poetik – Ästhetik

Ein Wortwitz gewiss, aber auch ein Sprachspiel, das eine Sprachreflexion eröffnet und das ohne jede pragmatische Funktion.

Fabeln

Ein anderes Beispiel: Die Fabel ist von Haus aus eine didaktische Gattung, sie kann aber auch literarisiert werden, wie in der knappen Fabel vom Soldaten, der auf ein am Boden liegendes Schwert trifft und fragt: „Wer ließ dich fallen?" Antwort: „Mich einer, ich viele." (BLUMENBERG). Auch hier ein Sprachspiel, aber ein raffiniertes, das mit der transitiven und intransitiven Bedeutung von „fallen" spielt und ebenso wie JANDLS Wortspiel eine Reflexion auf das Verhältnis von Mensch und Technik eröffnet. Gehen damit aber die Regeln für die poetische Produktion schon in Regeln für die Herstellung ästhetischer Gebilde über?

3 Dichtung als Poetik und Ästhetik

Prolog

Neben Predigt und Brieflehre finden rhetorische Techniken ihre Anwendung in der Literatur. Mittelalterliche Dichtung wird unter Anwesenden kommuniziert, und entsprechend ist der Prolog der primäre Ort der Kontaktaufnahme von Autor und Publikum. Insofern werden die rhetorischen Strategien der antiken Gerichtsrede genutzt, um ein günstiges Verhältnis von Dichter/Sänger und Publikum zu modellieren. Die Poetiken entwickeln systematisch Strategien der Prologgestaltung, und eine Reihe von Autoren handhabt die Prologtechnik überaus virtuos. Darüber hinaus aber ist der Prolog der Ort, an dem die Dichter elaborierte Reflexionen über ihr Dichten vollziehen. Hier geht dann die rhetorische Funktion in die poetische beziehungsweise ästhetische Dimension über. Zwar werden nicht, wie in der Poetik üblich, Regeln und Verfahrensweisen literarischer Produktion expliziert, doch immerhin geben die Kunstreflexionen in den Prologen Einblick in die impliziten Poetiken der Autoren. Die Prologe in WOLFRAMS *Parzival* und GOTTFRIEDS *Tristan* (1200/20) sind berühmte Beispiele für eine ästhetische Selbstreflexion von Dichtung im Mittelalter.

Ausweitung und Kürzung des Stoffs

Von den literarischen Prologen über die Anordnung des Stoffs nach dem *ordo artificialis* (vgl. Kapitel 6: Erzählen) bis hin zu den ausgefeilten Beschreibungs- und Ausschmückungstechniken begegnen wir rhetorischen Strategien, die immer wieder die Grenze zum Ästhetischen überschreiten können. Die mittelalterlichen Poetiken schlagen zwei Hauptwege vor, einen gegebenen Stoff – und mittelalterliches Erzählen ist weitgehend Wiedererzählen – gestaltend zu verändern: die Ausweitung des Stoffs (*dilatatio materiae*) und die Kürzung eines ausgedehnt dargestellten Stoffes (*abbreviatio*). Wenn heutige Erzähltheorien Ausmalung und Kürzung des Dargestellten als Expansion und Distorsion bzw. Detaillierung und Kondensierung bezeichnen und damit auf Grundfunktionen jeglichen Erzählens zielen, haben diese Techniken ihr Äquivalent schon im rhetorischen Register von *dilatatio* und *abbreviatio*. So finden sich einerseits ausführliche Beschreibungen von Personen und Dingen sowie ausgedehnte Redepartien und Dialoge; andererseits aber auch knappe und konzise Darstellungen von Figuren und Handlungen. Gewiss sind viele Beschreibungen schematisch und folgen topischen Mustern. So wie aber die Prologe zu Orten differenzierter poetologischer Reflexion werden können, so können auch innerhalb der Erzählung Abschweifungen (*digressiones*) eingefügt werden, die Einblick in ästhetische Verfahren bieten. Waffen, Kleider, Halsbänder, Hauben, Sättel u. a. werden zum Beispiel zu Einschreibeflächen von bekannten Geschichten (z. B. dem Troja-Stoff) und damit zu Orten einer „Literaturgeschichte in Bildern" (HAUPT). Berühmt ist die über 500 Verse sich erstreckende Pferde- und Sattelbeschreibung in HARTMANNS *Erec*, in der der Dichter mit seinem Rezipienten in einen Dialog über seine poetischen Darstellungsmittel tritt. Hier wird in die Beschreibung eine Metaebene der Kunstreflexion eingezogen.

Privilegierter Ort poetischer Gestaltung ist traditionell die Lehre von den Tropen, die Figurenlehre (die *elocutio*). Als Stillehre hat sich diese Teildisziplin der Rhetorik später zum Ort der „kreativen Sprachentfaltung", zur „Quelle poetischer Gestaltung des argumentativen Diskurses" entwickelt (RICOEUR 1996, 108). Das Spiel mit rhetorischen Figuren, etwa mit Allegorien, Metaphern und Metonymien, besitzt in mittelalterlicher Literatur sein eigenes Gepräge. Rhetorische Figuren wie etwa die Personifikation werden schon in den einfachen Liedern genutzt, etwa wenn die Heide sich mit Blumen ‚kleidet' oder über den Winter ‚klagt'. Sie werden aber auch zu komplexen Figuralformen ausgebaut (Frau Minne, Frau Welt, Frau Aventiure), sie werden verdinglicht zu konkretisierten Metaphern und können zu komplizierten Chiffren übercodiert werden.

Stillehre

Lässt sich an mittelalterlicher Dichtung der Umschlag ins Ästhetische bereits greifen? WALTHERS VON DER VOGELWEIDE *Under der*

WALTHER
Under der linden

Kapitel 7   Rhetorik – Poetik – Ästhetik

linden repräsentiert vielleicht einen solchen Grenzfall. Es bietet im Rahmen des höfischen Minnediskurses eine Szenerie aus traditionell topischem Inventar – locus amonenus, *gebrochen bluomen*, *nahtegal*, roter Mund etc. – und erzählt von der Begegnung zweier Liebender.

'Under der linden
an der heide,
dâ unser zweier bette was,
Dâ mugt ir vinden
schône beide
gebrochen bluomen unde gras.
Vor dem walde in einem tal,
tandaradei,
schône sanc diu nahtegal.

Ich kam gegangen
zuo der ouwe:
dô was mîn friedel komen ê.
Dâ wart ich enpfangen,
hêre frouwe,
daz ich bin sælic iemer mê.
Kuste er mich? wol tûsentstunt:
tandaradei,
seht wie rôt mir ist der munt.

Dô het er gemachet
alsô rîche
von bluomen eine bettestat.
Des wirt noch gelachet
inneclîche,
kumt iemen an daz selbe pfat.
Bî den rôsen er wol mac,
tandaradei,
merken wâ mirz houbet lac.

Daz er bî mir læge,
wessez iemen
(nu enwelle got!), sô scham ich mich.
Wes er mit mir pflæge,
niemer niemen
bevinde daz wan er und ich –
Und ein kleinez vogellîn,
tandaradei,
daz mac wol getriuwe sîn.'

WARNEWSKI, 80f.

'Unter der Linde
auf der Heide,
wo unser beider Lager war,
da kann man sehn
liebevoll gebrochen
Blumen und Gras.
Vor dem Wald in einem Tal
tandaradei
sang schön die Nachtigall.

Ich kam gegangen
zu der Wiese,
da war mein Liebster schon vor mir gekommen.
Da wurde ich empfangen
- Heilige Jungfrau! -
daß es mich immer glücklich machen wird.
Ob er mich küßte? Wohl tausendmal,
tandaradei,
seht wie rot mein Munde ist.

Da hatte er bereitet
in aller Pracht
von Blumen ein Lager.
Daran wird sich freuen
von Herzen,
wer daran vorübergeht.
An den Rosen kann er noch
- tandaradei -
sehen wo mein Kopf lag.

Daß er bei mir lag,
wüßte es jemand
(da sei Gott vor!), so schämte ich mich.
Was er tat mit mir,
niemals soll jemand
das erfahren als er und als ich -
und die liebe Nachtigall,
tandaradei;
die wird gewiß verschwiegen sein.'

Zwar ist das Lied wohl Bestandteil eines Gesellschaftsspiels gewesen und wahrt auch darin die Balance des Aussagbaren im Rahmen höfischer Etikette. Seinen Rang als Klassiker der deutschen Lyrik aber verdankt es weder der historischen Aufführungsstrategie des Minnesangs noch der Gefühlsintensität einer vermeintlichen Erlebnislyrik. Seine Qualität liegt in der Artistik. Sie realisiert sich als Syntagma des Erzählens im Paradigma von Reden und Verschweigen, gewissermaßen in der Gegenläufigkeit von höfischem Diskurszwang und reservierter Privatsphäre, von Verschwiegenheitstopik und öffentlicher Aufführungssituation. Hinzu tritt die Inversion traditioneller Minnesangkonstellationen: Die Frau spricht, nicht der Mann, ihr Stand bleibt indifferent, nicht vergebliche Hoffnung, sondern erinnerte und durch Erinnerung distanzierte Erfüllung, die Zeugen nicht als Neider, sondern als verschwiegen Eingeweihte, die Reminiszenz an die Atmosphäre der Sommerlieder, die Naturtopik, die an die Grenze der Natürlichkeit geführt wird, schließlich das Ineinander von verborgener Komplexitätsproduktion und scheinbarer Komplexitätsreduktion: ein hochgradig artistisches Gebilde in Form einer einfachen Erzählung.

Artistik

Auch WOLFRAMS Tagelied *Der Morgenblick* bietet einen solchen Moment des Umschlags ins Ästhetische. Es beschreibt die für die Gattung klassische Situation des heimlichen Liebespaares, das sich bei Tagesanbruch trennen muss, d. h. die topische Liebe-Leid-Dialektik trotz Erfüllung, wie sie im Modell Romeo und Julia in die Weltliteratur eingegangen ist. WOLFRAM spielt aber nicht nur mit der Trennungstopik: Je stärker die Sonne in den Raum eindringt, desto näher rücken die sich Trennenden aneinander, so nah, dass sie sich noch einmal ineinander verflechten.

WOLFRAMS
Der Morgenblick

> Der trûric man nam urloup balde alsus:
> ir liehten vel, diu slehten,
> kômen nâher, swie der tac erschein.
> weindiu ougen – süezer vrouwen kus!
> sus kunden sî dô vlehten
> ir munde, ir bruste, ir arme, ir blankiu bein.
> Swelch schiltaer entwurfe daz,
> geselleclîche als si lâgen, des waere ouch dem genuoc.
> ir beider liebe doch vil sorgen truoc,
> si pflâgen minne ân allen haz.

Kapitel 7 Rhetorik – Poetik – Ästhetik

> Der traurige Mann nahm sogleich auf diese Weise Abschied:
> ihre hellen, glatten Körper kamen sich näher,
> obgleich der Tag anbrach.
> Weinende Augen – süßer Kuss der Geliebten!
> So flochten sie Mund, Brust, Arme
> und ihre bloßen Beine ineinander.
> Welcher Maler auch immer darstellen wollte,
> wie liebevoll sie beisammen lagen, der käme an seine Grenzen.
> Obwohl ihre Liebe von Sorgen belastet war,
> gaben sie sich ohne Haß der Liebe hin.

Sagen des Unsagbaren

WOLFRAM spielt virtuos mit dem topischen Aussageinventar der Dichtung: Diese Verflechtung der Liebenden abzubilden, das würde einen Maler an die Grenzen seiner Kunst führen. WOLFRAM konfrontiert die Darstellungsmöglichkeiten von Dichtung und Malerei und rekurriert hier wiederum auf einen alten Topos, nach dem Dichtung lebendig wie die Malerei sein soll: *ut pictura poesis*. Im Hintergrund wirkt noch der alte Unsagbarkeitstopos, durch den der Dichter traditionell die Grenze des Aussagbaren thematisiert, ersetzt wird dieser durch den Topos der Malerei. Die Gegenüberstellung aber straft ihrerseits den Unsagbarkeitstopos Lügen, denn geboten wird eine dichterische metaphorische Beschreibung. Wenn WOLFRAM auf verschiedene Topoi für Liebe und Dichtung zurückgreift und diese neu arrangiert, bleibt er im Verständnis seiner Zeit grundsätzlich der topischen Dichtungstechnik verpflichtet. Indem er sie aber bis zum Paradox gegeneinander führt, treibt er das topische System an seine Grenzen und eröffnet einen Ausblick auf ästhetische Reflexion. Das tradierte System wird so von innen gesprengt.

Poetik der Performanz

Die Darstellungsformen mittelalterlicher Dichtung weisen über die vorgegebenen poetischen Techniken hinaus. Unter der Berücksichtigung textexterner Bedingungen, in die literarische Produktion immer eingebettet ist, wird mittlerweile auch von einer Poetik des Rituals oder Poetik der Visualität gesprochen. Poetik wird hier nicht mehr allein über die rhetorische Strategie, geschweige denn inhaltlich bestimmt. Die literarischen Texte werden auf ihr Handlungspotential, auf ihren kommunikativen Horizont hin befragt, was auf eine Poetik des Performativen zielt. Nicht was die Texte an Inhalt bieten ist hier Objekt der ästhetischen Betrachtung, sondern das, was sie als Texte vollziehen. Im Ansatz zeichnen sich ästhetische Spielräume innerhalb des mittelalterlichen Literaturdiskurses ab, sie können sich aber, anders als in der Moderne, noch nicht von übergeordneten Funktionshorizonten lösen: „Das Ästhetische bildet kein eigenes System, durchquert vielmehr theologische, philosophische und rhetorische Diskurse, in denen Fragen der Manifestation des Göttlichen im Irdischen – in der Welt, der Natur, der Sprache, der Kunst – verhandelt werden" (KIENING 2007,174). Inwieweit von einer „Literarästhetik des Mittelalters" gesprochen werden kann, ist umstritten, die Kategorien, ihre Anwendungsfelder und Grenzen werden derzeit diskutiert. Was sich aber konstatieren lässt, ist, dass einige wenige virtuose Dichter in ihrer Dichtungspraxis Möglichkeiten anspielen, die erst im 18. Jahrhundert in einer Theorie der Ästhetik gefasst werden.

4 Poetik und Ästhetik der Moderne

Was ändert sich in der Dichtungspraxis im 18. Jahrhundert, dem Zeitalter, das der Historiker Reinhart Koselleck die Sattelzeit genannt hat, da hier zwei historische Großformationen wie in einem Bergsattel aneinanderstoßen: die Frühe Neuzeit und die Neuzeit? Auch in der Poetik und der Theorie der Natur des Kunstschönen – der Ästhetik – gibt es zwei Perspektivwechsel, die die Vormoderne von der Moderne trennen.

Sattelzeit

Die Ästhetik des 18. Jahrhunderts definiert ihren Zugang zur künstlerischen Wirklichkeit anders. Er vollzieht sich über die Natur, nicht über die rhetorische Technik. Vor allem die Anschauung als Naturanschauung nimmt einen anderen Stellenwert ein: *Mimesis* (Naturnachahmung) statt *imitatio* (Autoritäten).

Naturnachahmung

Eine grundsätzlich neue Perspektive auf die Kunst wird erstens durch einen Wechsel von der Heteronomie (Fremdbestimmung der Kunst) zur Autonomie (*autonomia* heißt Selbstbestimmung der Kunst) in der Lehre vom Schönen erzeugt; sie wird zweitens von der Umstellung des Modells der Naturnachahmung auf die Imagination (Phantasie) begleitet.

Autonomie

Kapitel 7   Rhetorik – Poetik – Ästhetik

Ästhetik im 18. Jahrhundert	Modell Kunst → Wirklichkeit
Heteronomie (Fremdbestimmung, Regelpoetik)	Imitatio (Orientierung an Autoritäten)
↓	↓
Autonomie (Selbstbestimmung, autonome Ästhetik)	Mimesis (Naturnachahmung)
	↓
	Phantasie (schöpferische Einbildungskraft)

Ästhetik der Aufklärung

Der Wandel setzt mit JOHANN CHRISTOPH GOTTSCHEDS *Critischer Dichtkunst* 1730 ein, eine der letzten Regelpoetiken, in der aber bereits die Theologie durch die Vernunft als oberste Instanz zur Wahrheitsfindung ersetzt wird. Der Philosoph ALEXANDER BAUMGARTEN erweitert in seinen Vorlesungen *Aesthetica* 1750 das Erkenntniskonzept der zeitgenössischen Schulphilosophie (CHRISTIAN WOLFF) zu einer Ästhetik, die in der Verbindung von Vernunft und der Individualität sinnlich-ästhetischer Wahrnehmung gedacht ist. Hier beginnt ein Prozess der Emanzipation des Denkens hin auf eine Autonomie des Subjekts. Wenn auch GOTTSCHED noch normativ argumentierte und in seiner präskriptiven Poetik Literatur als Anwendung des aufklärerischen Denkens definiert, etabliert er dennoch einen neuen Realitätsbegriff, der sich an der Kategorie der „Natürlichkeit" orientiert. Als „natürlich" gilt etwa ein alltagsnaher Briefstil, der vom guten „Geschmack" getragen wird. Mit dem „Geschmack" zieht eine durchaus flexible Kategorie in Poetik und Ästhetik ein, die nichts anderes bedeutet, als dass ein von einer bestimmten sozialen Gruppe anerkannter Redestil zur Norm erhoben wird. In der Auseinandersetzung mit GOTTSCHED fordern dann die Schweizer BODMER und BREITINGER bereits poetische Freiräume etwa für das „Wunderbare" und leiten damit die Entdeckung der affektiv-emotionalen Anteile in der Aufklärung ein, die u. a. LESSING in der affektiven Einbindung des Publikums in der Konzeption des „bürgerlichen Trauerspiels" einlöste (s.a. Kapitel 3: Performanz).

Der Ganze Mensch

Mit dem Ausbau der Emotionalisierung der Sprache und der Darstellung der Affekte in der Empfindsamkeit entsteht eine radikal neue Konzeption von Literatur. Die Autonomisierungsprozesse haben nun auch die Dichtung selbst erreicht. Dichtung hat nicht mehr nur die Funktion, in aufklärerisches Denken und Handeln einzuüben. Dichtung besetzt im Gegenteil gerade die Felder, die vom theoretischen Denken nicht erfasst werden, etwa die so genannten dunklen Seelenkräfte oder starke Emotionen, wie Liebe und Leidenschaft, und versucht damit den „Ganzen Menschen" zu erfassen.

Da literarische Texte nicht mehr zwingend mit Bedeutungen operieren, die bereits im „theoretischen Denken der Kultur schon vorhanden sind, sind die möglichen Bedeutungen nicht mehr vorhersagbar und potentiell unendlich vielfältig: Literarische Texte werden nunmehr als (was sie schon immer waren) interpretationsbedürftig konzipiert und können auch dem Mitglied derselben Kultur fremd erscheinen" (TITZMANN 1993, 220). Auch der Sprachstil wird individualisiert und ist nicht mehr an die soziale Gruppenkategorie des „guten Geschmacks" gebunden.

Interpretationsbedürftigkeit der Literatur

Bis zum 18. Jahrhundert bewegt sich das Subjekt innerhalb der Topik des literarischen Systems. Wie das Beispiel der mittelalterlichen Dichtung gezeigt hat kann ein Autor wie WOLFRAM zwar an die Grenze seines Dichtungssystems gehen und ästhetische Paradoxien formulieren, das System ändert sich jedoch dadurch nicht. Nun gibt es erstmals Veränderungen des Systems, indem viele Individuen über ihre Dichtungen das Gesamtsystem in Bewegung bringen und modellieren. Das Genie, so die zeitgenössische Ansicht, dichtet nicht nach Regeln und Schemata, sondern aus seiner eigenen Phantasie, aus der Kraft seiner naturgegebenen Imagination heraus: Natur statt rhetorischer Technik war die Devise. Die Natürlichkeit des Symbols tritt an die Stelle der künstlichen Allegorie: eine Blume, die Taube oder das Kreuz, statt Frau Minne, Mutter Natur oder Justitia mit ihren Attributen Binde und Waage. Die hohe Wertschätzung VERGILS als Schulautor für ganze Jahrhunderte seit der Antike wurde abgelöst durch die „Natürlichkeit" HOMERS. In GOETHES *Werther* trägt der Titelheld HOMERS Werke in einer Taschenausgabe bei sich und ersetzt damit den legendären gälischen Sänger OSSIAN, einen der Modedichter des Sturm und Drang. Wenn aber HOMER (wie auch SHAKESPEARE) zum Leitbild lebendiger und natürlicher Dichtung wird, so kann Originalität keine Errungenschaft der Neuzeit sein: Sie scheint also prinzipiell immer möglich – wird aber jeweils historisch anders konzipiert. Mit der Orientierung an den Griechen hatten sich nur die historischen Vorbilder verschoben. Wenn GOETHE seine Schwierigkeiten mit dem *Nibelungenlied* artikuliert, das unnötige Reimgeklingel und die vielen Flick- und Füllverse beklagt, wird sichtbar, dass die Einstellung

Die Entdeckung der Originalität

zum Vers und zum Reim sich gewandelt hat, dass rhetorische Technik allein nicht mehr genügt, dass GOETHE an die Heldendichtung die zeitgenössischen ästhetischen Maßstäbe anlegt.

Autonomie und Innovation als Programm

Regelpoetik bedeutet die strikte Kopplung bestimmter Gattungen und Schreibweisen an bestimmte ästhetische Verfahren. Das Postulat der Poetik einer ästhetischen Moderne hingegen lautet Abweichung und ästhetische Innovation, eben Ausdruck zu geben von der eigenen ästhetischen Autonomie, den selbst gegebenen ästhetischen Gesetzen. Voraussetzung hierfür ist die Ausdifferenzierung der Kunst zu einem eigenständigen gesellschaftlichen Teilbereich, der sich u. a. in dem Konzeptwechsel vom Künstler als abhängigem Agenten der höfischen Repräsentationskultur durch das Leitbild des Künstlers als Originalgenie ausdrückt. FRIEDRICH SCHILLER formuliert die neue Freiheit des Künstlers 1784 in dem Werbetext für seine Zeitschrift „Rheinische Thalia" explizit: „Ich schreibe als Weltbürger, der keinem Fürsten dient. [...] Nunmehr sind alle meine Verbindungen aufgelöst. Das Publikum ist mir jetzt alles, mein [...] Souverain, mein Vertrauter" (SCHILLER 1958, S. 93ff.). Die Freiheit des Künstlers ist also keine absolute. Wohl wird der Fürst abgesetzt, aber durch einen neuen Souverain ersetzt, das Lesepublikum.

Ästhetik und kultureller Kontext

Bereits das auf die Genieperiode folgende ästhetische Konzept der Klassik (Dämpfung der Affekte, Nobilitierung der Humanität) macht jedoch deutlich, dass Autonomie der Kunst nicht immer Affektsteigerung und Revolte bedeuten muss. Denn die Konzepte müssen sich im literarischen Feld auch gegeneinander behaupten, und letztlich entscheidet der neue Souverän, das Lesepublikum, das heißt der literarische Markt, über die Lebensdauer der Kunstkonzepte wesentlich mit. Und so blicken wir denn auch ab 1770 auf eine Entwicklungsreihe von poetischen und ästhetischen Konzepten zurück, die ganz unterschiedliche Innovationen setzen. Dies markieren für das 19. Jahrhundert allein schon die Namen der literarischen Strömungen: Romantik, Biedermeier, Vormärz, Realismus, Naturalismus.

Ästhetisierungsschübe

Vor diesem Hintergrund ist der nächste historische Wendepunkt in der Kunsttheorie in der zweiten Hälfte des 19. Jahrhunderts zu verstehen: Die Parole *l'art pour l'art* bedeutet Widerstand gegen die bürgerliche Moral und Vermarktung der Kunst. Statt den Bürger in tröstlichen Freiheitsversprechen einzulullen, setzt diese Form der ästhetischen Autonomie auf den Ästhetizismus als Lebensform und bereitet einer reinen Poesie den Weg. *Poésie pure*, das meint eine Sprachkunst, die von der alltagssprachlichen Logik weitgehend emanzipiert ist und in den Gedichten von POE, BAUDELAIRE, MALLARMÉ und GEORGE eingelöst wird. Im 20. Jahrhundert wird diese kritische Absetzung von einer ‚bürgerlichen' Kunst und Ästhetik von den Avantgarde-Bewegungen (etwa Futurismus, Dadaismus, Surrealismus) fortgeführt, die – wie schon der Name sagt – in sich den Anspruch auf permanente Innovation als eine spezifische moderne Form der Kunstästhetik tragen. Beide ästhetische Konzeptionen von Autonomie, die ‚bürgerliche' Form der Kunstautonomie und die radikale Avantgarde tragen wechselweise zur kulturellen Vergesellschaftung bei, bedingen sich gegenseitig und haben mittlerweile ein stabiles gesellschaftliches Teilsystem ausgebildet.

Poetik und Ästhetik sind literaturwissenschaftlich nur in einer Mischung aus präskriptiver Literaturtheorie (z. B. das Konzept der Avantgarde) und deskriptiven Zugängen auf der Basis der ästhetischen Umsetzung zu fassen, da die Dichtungspraxis in ihrer Ästhetik der Poetik immer einen Schritt voraus sein möchte: Schließlich will ja der Souverain Publikum bei Laune gehalten werden. Drei Gedichte von GOETHE, JANDL und BENN können noch einmal paradigmatisch einige konzeptuelle Veränderungen auf dem Feld von Poetik und Ästhetik seit dem späten 18. Jahrhundert verdeutlichen.

Ästhetik und Avantgarde

Ein gleiches.

Über allen Gipfeln
Ist Ruh',
In allen Wipfeln
Spürest Du
Kaum einen Hauch;
Die Vögelein schweigen im Walde.
Warte nur! Balde
Ruhest Du auch.

Dieses Gedicht von GOETHE gehört mit zu den bekanntesten Gedichten in deutscher Sprache; kein anderes deutsches Gedicht ist über 100 mal vertont und in alle Kultursprachen der Welt übersetzt worden, unzählige Deutungen wurden zu ihm geschrieben. Diese Popularität verdankt sich auch der Entstehungsgeschichte des ly-

GOETHE
Ein gleiches

Kapitel 7   Rhetorik – Poetik – Ästhetik

rischen Kunstwerks. Verfasst wurde das Gedicht am 6. September 1780 auf dem Kickelhahn (Gickelhahn) bei Ilmenau (Thüringen), wo GOETHE die Verse mit Bleistift an die Bretterwand einer Jagdhütte schrieb. Diese Genese machte das Gedicht in der Rezeption nicht nur zu einem paradigmatischen lyrischen Gedicht, sondern auch zu einem Gelegenheitsgedicht par excellence, das von einem durch die Abendstimmung überwältigten Originaldichter mangels Papier eben an die Holzwand geschrieben wurde. Dass der Kickelhahn als magischer Ort zugleich zum Wallfahrtsort für Goetheverehrer nach dessen Tod wurde, versteht sich von selbst. Den Gedanken, dass GOETHE den Text zuhause bereits fixiert haben könnte und ihn nur noch an die Bretterwand geschrieben haben könnte, mochte niemand auch nur denken.

Gedicht als Kunstwerk

Wir wissen nicht, wie es wirklich war, doch zeigt die Editionsgeschichte des Gedichts, dass GOETHE der lebensweltliche Kontext nicht so wichtig war. GOETHE hat das Gedicht in seiner zweiten Werkausgabe bei COTTA 1815 autorisiert publiziert. Dort steht das Gedicht nun abweichend von der Inschrift der Holzwand unter dem Titel *Ein gleiches.* und wird dadurch fest an den Kontext des vorangegangenen Liedes gebunden. Das Vorgängergedicht heißt *Wandrers Nachtlied* „Der du von dem Himmel bist…". Dieser Kontext macht *Über allen Gipfeln* ebenfalls zum Nachtlied eines Wanderers. GOETHE löst das Gedicht 35 Jahre nach der Entstehung für den Druck aus dem Zusammenhang seiner Entstehung und literarisiert das lyrische Gebilde im Kontext eines topischen Sinnzusammenhangs in der Gedichtausgabe. Für unseren Fragezusammenhang heißt das: Selbst wenn das Gedicht spontan entstanden sein sollte, – der Autor selbst verwischt diese Spur in der Werkausgabe bewusst und möchte es dezidiert nicht als pragmatisches Situationsgedicht verstanden wissen. Vielmehr betont er durch den Titel den Status des Gedichts als ästhetisches Kunstwerk, das die Interpreten seither fasziniert hat.

Natur vs. Mensch

Auf einzigartige Weise verknüpft das Gedicht Klang, Reim, freie Rhythmik und Metrik, die sich in kein Ordnungsschema bringen lässt, mit Elementen der Naturdichtung, die nach dem Seinsstufenschema ganz im Sinne des alten topischen Beschreibungssystems angeordnet sind (Unbelebt-anorganisch „Gipfel", unbelebt-organisch „Wipfel", belebt-tierisch „Vögelein", belebt-menschlich „Du"). In dieser paradigmatischen Reihe von Ruhezuständen repräsentieren die Elemente durch ihre Anordnung die Gegenüberstellung „Ruhe der Natur" – „Nicht-Ruhe des Menschen". Solange der Mensch noch nicht ruht (wobei die „Ruhe" gewollt in der semantischen Ambivalenz zwischen Schlaf und Tod verbleibt), ist er der Natur entgegengesetzt. Das Gedicht bringt also in seiner ästhetischen Struktur „das Bewusstsein der Einheit in der Verschiedenheit von Mensch und Natur zum Ausdruck" (STRUBE 1992, 197).

Unter den zahlreichen Nachdichtungen und Parodien findet sich ein Beispiel, das durch seine besondere ästhetische Konsequenz besticht (ERNST JANDL 1970, 124/125):

JANDL
ÜBE!

ein gleiches	ÜBE!
	rrrrrrrrrrrrrrrrrrrrrrrrrrrrrrrrrrrr
über allen gipfeln	A!
	IIIIIIIIIIIIIIIIIIIIIIIIIIIIIIIIIIIIIIIII
ist ruh	(eng)
	iiiiiiiiiiiiiiiiiiiiiiiiiiiiiiiiiiiiiiiiiiii
in allen wipfeln	ppp-
	FEHL NIE!
spürest du	ssssst
	rrrrrrrrrrrrrrrrrrrrrrrrrrrrrrrrrrrr
kaum einen hauch	(«uuuhii»)
	NNNA!
[...]	IIIIIIIIIIIIIIIIIIIIIIIIIIIIIIIIIIIIIIIII
	EEE!
	nnnnnnnnnnnnnnnnnnnnnn
	WIPP!

	FEHL'N'S?

	(«püree»)
	ssst! du!

	»kau
	meinen
	(hhhhhhhh)
	auch...«
	[...]

Kapitel 7   Rhetorik – Poetik – Ästhetik

ERNST JANDL verwandelt GOETHEs Gedicht 1970 in ein Lautgedicht und unterwandert dabei komplett dessen Bedeutungsstruktur. Er löst die Sprache bis auf die Ebene der Phoneme auf und setzt sie neu zusammen. Alles ist Konstruktion, die Semantik der Textvorlage spielt dabei keine Rolle mehr. In der Gedichtanthologie *Der künstliche Baum* stellt JANDL auf einer Doppelseite sein Lautgedicht dem Gedicht GOETHEs, das er bis auf die moderne Kleinschreibung unverändert zitiert, gegenüber. In dieser Anordnung greift JANDL den Titel *ein gleiches* mehr- und hintersinnig auf. JANDLs Gebilde ist einerseits „ein gleiches" – eben eine moderne Variation von GOETHE –, andererseits ist das Lautgedicht offensichtlich etwas „anderes".

Parodie

Bei genauerer Betrachtung stellt man fest, dass JANDL die Buchstaben von GOETHEs Gedicht (überallengipfelnistruhinallenwipfelnspürestdukaumeinenhauch…) unverändert in ihrer Reihenfolge belassen hat, durch eigenwillige Vervielfachung und die Ausprägung neuer Sinneinheiten jedoch eine neue Lesart realisiert. JANDLs Neuschöpfung ist zugleich ein Beispiel für die schöpferische Funktion der hermeneutischen Differenz zwischen ‚klassischem' Text und seinem heutigen Leser. JANDL nimmt GOETHEs Text die Autorität, will das Gedicht dabei aber nicht auf eine Eindeutigkeit reduzieren, sondern „transponiert es in eine Vieldeutigkeit" (SEGEBRECHT 1978, 119). Dabei zerstört sein Kunstwerk die Vorlage nicht, nutzt sie aber pietätlos – und erschafft darüber eine im besten Sinne postmoderne Dichtung.

Ein Wort

Ein Wort, ein Satz –: aus Chiffren steigen
erkanntes Leben, jäher Sinn,
die Sonne steht, die Sphären schweigen,
und alles ballt sich zu ihm hin.

Ein Wort – ein Glanz, ein Flug, ein Feuer,
ein Flammenwurf, ein Sternenstrich –
und wieder Dunkel, ungeheuer,
im leeren Raum um Welt und Ich.

GOTTFRIED BENN

In diachroner Perspektive auf die rhetorische Tradition ist JANDL in Weiterführung rhetorischer Textbearbeitung (Variation und Kombination) nur eine Extremposition im Umgang mit der Sprache. Während JANDL Sprache als Spielmaterial verwendet, Wörter zerlegt und aus den Phonemen neue Bedeutungseinheiten entstehen lässt, verfolgt GOTTFRIED BENN mit seinen Wortkunstwerken eine andere Form von Artistik.

BENN
Ein Wort

BENNs in Reim und Metrik ästhetisch exakt komponiertes Gedicht von 1941 ist poetologische Dichtung; damit bezeichnet man Texte, die ihre eigene Poetik zum Thema machen. *Ein Wort* thematisiert den Entstehungsprozess eines Gedichtes. BENN spielt damit auf die Bedeutung des Worts seit dem Beginn des Johannesevangeliums an. Diesen Topos greift schon GOETHE auf: Faust (Studierzimmer, V.1224ff) stockt bei der Übersetzung von *logos* aus dem Griechischen, verwirft „Wort", „Sinn", „Kraft" und entscheidet sich für die „Tat". Das Wort ist durch die Tat ersetzt worden, es ist in der Romantik mit dem Unsagbarkeitstopos verbunden worden, in der Sprachkrise des 20. Jahrhunderts hinsichtlich seines Erkenntnispotentials in Frage gestellt worden – im Bewusstsein dieser ästhetischen Modelle kehrt Benn zum Wort als Ausgangspunkt der Welt zurück, setzt aber eine dezidiert moderne Wendung an. BENNs Huldigung an die Kraft des Wortes kann nicht dauerhaft eine sinnhafte Welt erzeugen, „ein Wort, ein Satz" kann diesen Sinnzusammenhang nur momenthaft in der Kunst bieten. Letztlich ist die Kunst bei BENN monologisch, das Subjekt bleibt zurück „im leeren Raum um Welt und Ich". Gegen diese Leere kann das Subjekt zwar mit der Kunst bestehen, wird dadurch aber in einem prekär zirkulären Modell zu seinem eigenen Schöpfer. BENNs Gedicht markiert somit ein Ende des Autonomisierungsprozesses der Kunst.

Poetologische Selbstreferenz

Der Weg zurück in feste rhetorische Diskurse ist freilich nicht mehr möglich. Vielmehr hat die Literatur die alten Fragen immer wieder neu zu beantworten: Woher kommt die Kunst? Warum und für wen entsteht sie? Und da ist der Hinweis auf die sprachliche Struktur des literarischen Textes, dem wir im Falle BENNs höchste ästhetische Qualität zubilligen, nur ein Teil der Antwort.

Kunst als Sinngarant

5 Rhetorik, Poetik und Ästhetik im Alltag

Ästhetik in pragmatischen Situationen

Nun werden rhetorische, poetische und ästhetische Mittel keineswegs nur in belletristischen und hochkulturellen Texten verwendet. Vielmehr sind unsere alltäglichen Erfahrungsräume und unsere öffentliche Kommunikation rhetorisch und ästhetisch intensiv durchgestylt. Professionell gestaltete Architektur, Mode, Produktdesign, Werbung und Massenmedien prägen unsere gesamte Lebensweise und die Art, wie wir Wirklichkeit wahrnehmen und darüber sprechen. Germanisten interessieren sich natürlich besonders für die Rolle der Sprache innerhalb dieses Ensembles von Lebensdesign. Im visuellen Bereich fällt dabei auf, wie geschriebene Sprache in öffentlicher Kommunikation immer mehr in Text-Bild-Gefüge einwandert und von den Bedingungen visueller Kommunikation beeinflusst wird. War man früher eher gewohnt, zusammenhängende Ganztexte linear von vorn nach hinten zu lesen (so wie dieses Buch), so ist heute der größte Teil öffentlicher Kommunikation von Sehflächen bestimmt, auf denen Texte und Bilder in ästhetisch geplantem Layout eine gemeinsame Bedeutungseinheit bilden. Man denke an Plakatwände, Orientierungstafeln, Wegweiser, Schaufenster, Warenverpackungen und das semiotische Wirrwarr etwa in Bahnhöfen und Einkaufszentren. Teilweise nimmt Schrift dabei selbst Eigenschaften von Bildern an (Typographie, Textdesign, Logos) und umgekehrt (Piktogramme).

Sprunghaftes Lesen heute

Auch gesprochene Sprache tritt immer häufiger in multimedialen Verbünden auf, die dann auf irgendeine Weise ästhetisch durchgestaltet sind und auch die Architektur des gesprochenen Textes selbst beeinflussen: Kleingliedrige, magazinartige Modulfolgen treten an die Seite oder an die Stelle größerer Gedankenbögen und längerer grammatischer sowie textueller Einheiten. PowerPoint-Präsentationen (statt rein verbaler Vorträge) und musikbetonte, vom Rezipienten obendrein durchzappte Rundfunk- und Fernsehprogramme mögen als Beispiele dafür dienen.

Ästhetik und Massenmedien

Überhaupt treiben Massenmedien diese Tendenz zur Integration sprachlicher in multimediale Kommunikation am stärksten voran. Das liegt an ihren technischen Möglichkeiten (billiger massenhafter Farbdruck, audiovisuelle Geräte, hochauflösende Bildschirme, multi- und hypermediale digitale Plattformen) sowie ihrer Konkurrenz um die Aufmerksamkeit möglichst vieler Konsumenten: Es geht darum, möglichst viel Information in möglichst knapper Zeit bzw. auf knappem Raum unterzubringen. In vielen Fällen ist das mit multimodalen Botschaften leichter als mit rein verbalen. Das kann man selbst einmal ausprobieren, indem man beispielsweise sämtliche Informationen auf einem durchschnittlichen PC-Bildschirm (einschließlich aller Software-Icons) in verbale Sprache übersetzt.

Ähnlich wie an Computerbildschirmen wird unser gesamter kommunikativer Alltag mit ästhetischen und rhetorischen Mitteln durchgeformt. Sie beschleunigen und erleichtern Kommunikation, machen sie aber auch komplexer und erfordern neuartige Produktions- und Rezeptionsgewohnheiten. All das sind natürlich spannende Themen auch für die Germanistik, die sinnvollerweise mit anderen Wissenschaften interdisziplinär zusammenarbeitet.

Moderne Rhetorik und Ästhetik

So bedient sich beispielsweise die Sprache in der Werbung sämtlicher Mittel aus der rhetorischen Trickkiste, um bei ihren Rezipientinnen und Rezipienten Aufmerksamkeit, Interesse und Konsumbegierde zu wecken, und zwar auf eine Weise, die ihnen selbst Freude macht und sie möglichst nicht merken lassen soll, dass es letztlich allein darum geht, Produkte zu kaufen. In der politischen Kommunikation werden rhetorische Mittel dafür eingesetzt, bestimmte politische Interessen zu vertreten – oft auf eine Weise, die gerade diese Interessen hinter sprachlichen Kulissen verbirgt. In beiden Fällen ist es Aufgabe der Wissenschaft, die Funktionsweise der Sprache zur Durchsetzung von Interessen möglichst präzise zu beschreiben.

In Werbung, Politik und Massenmedien werden Bilder von Wirklichkeit erzeugt. Fiktion und Fakten sind oft nicht klar zu unterscheiden – zumal jeder, der spricht oder schreibt, immer schon eine bestimmte Sicht von Wirklichkeit formuliert. Zu Beginn dieses Buches hatten wir das an der Fischbotschaft über Luca Brasi studiert. Immer, wenn kommuniziert wird, werden Informationen nicht lediglich ausgetauscht, sondern auch erzeugt, gefärbt und (nicht selten macht- und interessengeleitet) verhandelt. Exemplarisch studieren lässt sich das beispielsweise in Fernseh-Diskussionsrunden und Talkshows, in denen unterschiedliche Weltdeutungen auf ästhetisch und rhetorisch durchdacht inszenierte Weise erörtert werden. In der gesamten (vor allem der massenmedialen) Kommunikation entstehen, teils arglos, teils geplant, auf je unterschiedliche Weise und meist hinterrücks Sichtweisen, Denk- und Sprechgewohnheiten, die viele Mitglieder einer Kulturgemeinschaft durch

Manipulation durch Rhetorik und Ästhetik

Kapitel 7 Rhetorik – Poetik – Ästhetik

unmerkliche Anpassung schließlich mehr oder weniger teilen. Man sagt etwa „Demokratie", „Gentechnik", „Nine-Eleven", „Mindestlohn" oder „Bankenkrise" und ruft damit bewusst oder unbewusst jeweils ganze Assoziations- und Deutungsketten auf, die über einen gewissen Zeitraum hin gesellschaftlich (vor allem massenmedial) vorgeprägt wurden und nun als selbstverständlicher Hintergrund gelten, vor dem man die Welt wahrnimmt und deutet. Die wissenschaftliche Diskursanalyse hat sich zum Ziel gesetzt, solche Mechanismen, Kommunikationsketten und sprachlich getragenen Denkgewohnheiten möglichst genau zu beschreiben und transparent zu machen.

So bezeichnen Ästhetik, Rhetorik und Poetik keineswegs nur besondere Domänen hochkultureller literarischer Kommunikation, sondern durchdringen und prägen wesentliche Teile unseres kommunikativen Alltags. Die germanistische Sprach- und Literaturwissenschaft widmet sich ihrer theoretisch geleiteten, methodisch sorgfältigen und empirisch detaillierten Erforschung, damit wir unsere Lebenswelt bewusster wahrnehmen, kritisch durchdringen und gestalten können.

FRAGEN
1. Welche Funktion hatte die Rhetorik jahrhundertelang?
2. Was bezeichnet die Stillehre?
3. Wie entwickelte sich die Ästhetik?
4. Welche Bedeutung haben Rhetorik und Ästhetik heute?
5. Was heißt Fiktionalität?

8 Ausblick: Kontexte

Wie wir Sprache und Literatur zunehmend ästhetisieren und zu immer komplizierteren Darstellungsformen entwickeln, haben wir im Verlauf des Bandes beobachten können. Dieser Prozess führt aber nicht nur dazu, dass sich eine autonome Kunstsphäre ausbildet. Vielmehr bleiben Sprache und Literatur auf komplizierte Weise tief im sozialen Leben verankert. Nachdem wir den Gegenstand der Germanistik in den vergangenen sechs Kapiteln in ganz grundsätzlichen Fragezusammenhängen entwickelt haben, sollen zum Schluss in einigen Stichworten noch einmal Fragestellungen aufgegriffen werden, die Sprache und Literatur in übergeordneten Kontexten verorten.

Überblick und Ausblick

1 Politik

Sowohl Sprache als auch Literatur stehen immer schon in sozialen und politischen Zusammenhängen. Mit Sprache wurde immer schon auch Herrschaft ausgeübt und Politik gemacht. Ebenso bezog sich Literatur von Anfang an nicht nur auf andere Texte oder die Nachbarkünste, sondern war immer schon eingebettet in einen politischen Zusammenhang. Die pragmatische Einbindung von Kunst bedingt, dass über Literatur stets auch soziale Werte als Wertungen vermittelt und stabilisiert werden, und diese waren lange nicht dem Gedanken sozialer Gleichheit verpflichtet. Die Verfügung über Sprach- und Literaturkompetenz war über weite Zeiträume ein Instrument der Mächtigen. Im Mittelalter ist Literatur ein Mittel primär kirchlicher Mission und adeliger Selbstdarstellung, niedere Schichten kamen gar nicht oder nur in verzerrter Form vor. Der bürgerliche oder gar proletarische Held ist das Ergebnis einer langen Entwicklung, ebenso die Möglichkeit des Subjekts, sich jenseits sozialer Zwänge frei im Medium der Literatur zu artikulieren und auszubilden.

Funktionen von Sprache und Literatur

Dazu waren Formen von Literatur notwendig, die dezidiert politische Themen, Ideen und Ereignisse aufgreifen (Politische Lyrik, Epigramm, Fabel, Flugschrift, Essay). Die Geschichte hat aber gezeigt, dass jeder literarische Text unter bestimmten Bedingungen zur politischen Literatur werden kann. Wie jegliche sprachliche Äußerung und insbesondere die politische Rhetorik ist auch die Literatur nie ein neutrales Werkzeug der Informationsvermittlung. Auch hier wirkt ein spezifischer Mechanismus von Sprache, der auch Texten, selbst literarischen, allgemein anhaftet und der uns

Sprache und Literatur als Handlung

149

Kapitel 8 Ausblick: Kontexte

bereits im Perfomanzkapitel beschäftigt hat: dass nämlich Sprache und Literatur immer auch in Handlungszusammenhängen stehen, dass die Informationen, die sie übermitteln, immer von einer Ebene der Mitteilung begleitet wird, die nicht explizit gesagt, aber als Konnotation, heimliche oder offenkundige Absicht begleitend mitwirkt. So ermöglicht Kommunikation auch Täuschung, Lüge und Manipulation, sie transportiert etwa implizite Wertungen über soziale Gruppen, über Fremde oder das Geschlechterverhältnis. Aus dieser rhetorischen oder ideologischen Spaltung der Rede und des Textes in zwei verschiedene Aussageebenen (Information + Wertung) bezieht die politische Perspektive auf die Literatur ihre Motivation. Neuere theoretische Ansätze wie die Genderforschung etwa haben aufgezeigt, dass nicht nur die Dogmen einer ständischen Differenzierung im historischen Prozess fallen, sondern auch die traditionellen Vorstellungen von der Geschlechterdifferenz ins Wanken geraten. Andere wie die Diskursanalyse und Dekonstruktion spüren den politischen Vorurteilen und impliziten Wertungen in Sprache und Literatur nach. Wenn Germanistik Sprache, Kommunikation und Texte untersucht, beschreibt und methodisch geleitet zu verstehen sucht, kommt sie natürlich auch den gesellschaftlichen und politischen Funktionen auf die Spur, die jeweils ausgeübt werden. Insofern dient Germanistik, wie alle Wissenschaft, der Aufklärung: Wage zu denken, decke auf, wie alles funktioniert!

2 Institutionen

Sprache und Literatur heute

Das Faszinationspotential von Sprache und Kunst wird auch immer wieder an pragmatische und soziale Funktionszusammenhänge rückgebunden, d.h. in verwertbare Richtungen umgelenkt. Die Kapitel über Performanz und Medialität haben schon darauf aufmerksam gemacht. Deutlich wird das heute beispielsweise im ökonomischen Sektor des Kunstbetriebs, in dem Kunst und Künstler, Literatur und Literat zum Wirtschaftsfaktor und die Produktion von Bestsellern und Imagekampagnen der ‚Stars' professionell gesteuert werden. Der Strategie, das Innovationspotential der Künstler sozial und ökonomisch zu nutzen, steht dann vielfach die Fluchtreaktion vieler Künstler gegenüber, sich Verwertungsketten zu entziehen: ein Hase- und Igel-Spiel. Aber auch in der Kunstrezeption als Freizeitbeschäftigung kennen wir die zunehmende soziale Einbindung von Kunst und Literatur, die Bestandteil einer allgemeinen Ästhetisierung des Lebens ist, wie sie etwa auch in

Wohnungseinrichtungen, in Mode, Reise- und Kochkultur zum Ausdruck kommt. Man mag das als Effekt einer Massenkultur beklagen oder kritisieren. Doch nie zuvor waren die Chancen der Menschen zur Teilnahme am Kunstsystem sowie an der Produktion und Rezeption von Informationen so groß wie in der modernen Massengesellschaft.

Mit solchen sozialen Rückkopplungen von Sprache und Literatur beschäftigen sich eigene Methoden der Germanistik, etwa die Sprach- und Literatursoziologie oder die Sozialgeschichte. Auch die Verwertungsmechanismen von Sprache und Literatur haben ihre historische Tiefendimension. Vom adeligen Mäzen des Mittelalters, der Kunstförderung als Teil seines ‚Statuskonsums' auffasste, über das aufkommende Bürgertum der Frühen Neuzeit, das über Finanziers, Drucker und Händler die Literatur als Prestigeobjekt und als Handelsware entdeckte, bis hin zu den modernen Verlagen und Agenturen, für die Kunst eine Ware und Investition darstellt, bestätigt sich die pragmatische Nutzung von Kunst. Ähnliches gilt natürlich für Verwertungszusammenhänge nicht-literarischer sprachlicher Produkte und Dienstleistungen, zum Beispiel in Massenmedien, Public Relations, Werbung, Kommunikationsberatung und Sprachunterricht. Zu den etablierten Forschungsgegenständen der Germanistik gehören mithin immer auch die sozialen Funktionsräume, in denen sich Sprache, Kommunikation, Kunst und Literatur herausbilden, verändern und entwickeln.

Soziale Rückkopplungen

Fast scheint es so, dass sich Sprache und Literatur gegenwärtig auf neue und intensive Weise in soziale Zusammenhänge einschreiben. Vor allem die neuen Medien (TV, Film, Internet, Handy) haben zu einer Vervielfältigung sprachlicher und literarischer Anwendungsfelder und Ausdrucksformen geführt, die zunehmend unabhängig von Institutionen werden. Über neue technische Möglichkeiten etwa privatisiert und globalisiert sich Kunstproduktion auf den verschiedensten Ebenen und verändert massiv auch soziale Interaktion. Die Germanistik besteht nicht nur aus einem festen Ensemble von Fragestellungen. Dadurch, dass sich ihr Gegenstand ständig verändert, Sprache und Literatur im sozialen und kulturellen Prozess ständig in Bewegung sind, verändern sich auch die Fragestellungen des Fachs und eröffnen immer neue Horizonte auf den Gegenstand.

Sprache und Literatur global

Anhang

1 Quellentexte

ARISTOTELES: *Poetik*. Griechisch/Deutsch. Übersetzt und hg. von Manfred Fuhrmann, Stuttgart 1982.

AUGUSTINUS: *Die christliche Bildung (De doctrina Christiana)*. Übersetzt, Anmerkungen und Nachwort von Karla Pollmann, Stuttgart 2002.

BENN, GOTTFRIED: *Gedichte Sämtliche Werke*. Bd. 2. Hg. von Gerhard Schuster. Stuttgart 1986.

CARMINA BURANA: *Die Lieder der Benediktbeurer Handschrift*. Zweisprachige Ausgabe, München 1983.

GOETHE, JOHANN WOLFGANG: *Sämtliche Werke nach Epochen seines Schaffens*. Hg. von Karl Richter u.a. 33 Bde. München 1985–1998.

HANDKE, PETER: *Die Innenwelt der Außenwelt der Innenwelt*, Frankfurt a.M. 1969.

Hildebrandslied. In: *Althochdeutsche Literatur. Eine kommentierte Anthologie*, übersetzt, hg. u. kommentiert von Stephan Müller, Stuttgart 2007, S. 28–33.

JANDL, ERNST: *Der Künstliche Baum*. Darmstadt, Neuwied 1970.

JANDL, ERNST: *Gesammelte Werke*, hg. von Klaus Siblewski, Bd. 1, Darmstadt 1985.

Merseburger Zaubersprüche. In: *Althochdeutsche Literatur. Ausgewählte Texte mit Übertragungen*, hg., übersetzt, mit Anmerkungen und einem Glossar von Horst Dieter Schlosser, Frankfurt a. M. 1989, S. 254f.

Des Minnesangs Frühling. Unter Benutzung der Ausgaben von Karl Lachmann, Moriz Haupt, Friedrich Vogt u. Carl von Kraus, bearbeitet v. Hugo Moser u. Helmut Tervooren, 38., erneut revidierte Auflage, Stuttgart 1988.

SCHILLER, FRIEDRICH: *Werke*. Nationalausgabe Bd. 22. Weimar 1958.

SCHLEIERMACHER, F[RIEDRICH] D[ANIEL] E[RNST]: *Hermeneutik und Kritik* [1838]. Hg. von Manfred Frank. Frankfurt a. M. 1977.

STUCKRAD-BARRE, BENJAMIN: *Soloalbum*, Köln 1998.

WALTHER VON DER VOGELWEIDE: *Gedichte*. Mittelhochdeutscher Text und Übertragung, ausgewählt, übersetzt und mit einem Kommentar versehen von Peter Wapnewski, München 1986.

2 Forschungsliteratur

ADAMZIK, KIRSTEN: *Sprache: Wege zum Verstehen* [2001]. 2. Aufl. Tübingen, Basel 2001.

ASSMANN, ALEIDA und JAN: *Schrift – Kognition – Evolution. Erik A. Havelock und die Technologie kultureller Kommunikation.* [Einleitung zu]: Erik A. Havelock: Schriftlichkeit. Das griechische Alphabet als kulturelle Revolution, Weinheim 1990, S. 1–36.

BARTHES, ROLAND: *Einführung in die strukturale Analyse von Erzählungen*. In: Ders.: Das semiologische Abenteuer, Frankfurt a.M. 1985, S. 102–143.

BARTHES, ROLAND: Die alte Rhetorik. In: Ders.: *Das semiologische Abenteuer*, Frankfurt a.M. 1985, S. 15–101.

[ROLAND BARTHES] ERDMANN, EVA/ HESPER, STEFAN: Roland Barthes' Text (-Theorie) in der Encyclopaedia Universalis, in: *Parabel. Text-Welt. Karriere einer grundlegenden Differenz*, hg. von Thomas Rigehly u.a., Gießen 1993, S. 9–25.

BORSCHE, TILMAN: *Klassiker der Sprachphilosophie. Von Platon bis Noam Chomsky*, München 1996.

BLUMENBERG, HANS: *Glossen zu Fabeln.* In: Akzente 28 (1981), S. 340–344.

BRINCKMANN, HENNING: Die Zeichenhaftigkeit der Sprache, des Schrifttums und der Welt im Mittelalter. In: *Zeitschrift für Deutsche Philologie* 93 (1974), S. 1–11.

BRINKER, KLAUS/ANTOS, GERD/ HEINEMANN, WOLFGANG/SAGER, SVEN F. (Hg.): *Text- und Gesprächslinguistik*. 2 Bde. (= Handbücher zur Sprach- und Kommunikationswissenschaft, Bd. 16.1 und 16.2). Berlin, New York 2000 & 2001.

BÜHLER, KARL: *Sprachtheorie. Die Darstellungsfunktion der Sprache.* Jena 1934.

CRYSTAL, DAVID: *Die Cambridge Enzyklopädie der Sprache* [engl. 1987]. Frankfurt a. M. 1993.

EGGERS, HANS: *Deutsche Sprachgeschichte.* Bd. I: Das Althochdeutsche, Reinbek 1965.

ENGEL, MANFRED: *Der Roman der Goethezeit.* Stuttgart 1993.

HAUBRICHS, WOLFGANG: *Die Anfänge. Versuche volkssprachiger Schriftlichkeit im frühen Mittelalter (ca. 700–1050/60)*, 2., durchges. Auflage, Tübingen 1995 (Geschichte der deutschen Literatur von den Anfängen bis zum Beginn der Neuzeit, hg. von Joachim Heinzle, Bd. I: Von den Anfängen zum hohen Mittelalter, Teil 1).

HAUG, WALTER: Mündlichkeit, Schriftlichkeit und Fiktionalität. In: *Modernes Mittelalter. Neue Bilder einer populären* Epoche, hg. von Joachim Heinzle, Frankfurt a. M. 1994, S. 376–397.

HAUPT, BARBARA: Literaturgeschichtsschreibung im höfischen Roman. Die Beschreibung von Enites Pferd und Sattelzeug im ‚Erec' Hartmanns von Aue. In: *Festschrift für Herbert Kolb*, hg. von Klaus Matzel u. Hans-Gert Roloff, Frankfurt a. M. u.a. 1989, S. 202–219.

HEINZLE, JOACHIM: Was ist Heldensage? In: *Jahrbuch der Oswald von Wolkenstein-Gesellschaft* 14 (2003/04), S. 1–23.

JAUSS, HANS ROBERT: Epos und Roman – Eine vergleichende Betrachtung an Texten des XII. Jahrhunderts. In: Ders.: *Alterität und Modernität in der mittelalterlichen Literatur. Gesammelte Aufsätze 1956–1976*, München 1977, S. 76–92.

JAUSS, HANS ROBERT: Theorie der Gattungen und Literatur des Mittelalters. In: Ders.: *Alterität und Modernität der mittelalterlichen Literatur. Gesammelte Aufsätze 1956–1976*, München 1977, S. 327–358.

JOLLES, ANDRÉ: *Einfache Formen. Legende/Sage/Mythe/Rätsel/Spruch/ Kasus/Memorabile/Märchen/Witz*, Tübingen 1972 [zuerst 1930].

KIENING, CHRISTIAN: *Zwischen Körper und Schrift. Texte vor dem Zeitalter der Literatur,* Frankfurt a.M. 2003.

Anhang

KÜHLMANN, WILHELM: *Gelehrtenrepublik und Fürstenstaat. Entwicklungen und Kritik des deutschen Späthumanismus in der Literatur des Barockzeitalters*, Tübingen 1982.

KURZ, GERHARD: *Metapher, Allegorie, Symbol* [1982]. 5. Aufl. Göttingen 2004.

LACHMANN, RENATE: Rhetorik – alte und neue Disziplin. In: *Berichte zur Wissenschaftsgeschichte* 4 (1981), S. 21–29.

LINK, JÜRGEN: Elemente der Lyrik. In: *Literaturwissenschaft. Ein Grundkurs*. Hg. von Helmut Brackert und Jörn Stückrath, Reinbek 1992, S. 86–101.

LINKE, ANGELIKA/NUSSBAUMER, MARKUS/PORTMANN, PAUL R.: *Studienbuch Linguistik* [1991]. 5. Aufl. Tübingen 2004.

MEIBAUER, JÖRG: *Pragmatik. Eine Einführung* [1999]. 2. Aufl. Tübingen 2001.

MÜLLER, JAN-DIRK: Performativer Selbstwiderspruch. Zu einer Redefigur bei Reinmar. In: *Beiträge zur Geschichte der deutschen Sprache und Literatur* (PBB) 121 (1999), S. 379–405.

MÜLLER, JAN-DIRK: Die Fiktion höfischer Liebe und die Fiktionalität des Minnesangs. In: *Text und Handeln. Zum kommunikativen Ort von Minnesang und antiker Lyrik*. Hg. v. Albrecht Hausmann, Heidelberg 2004, S. 47–64.

NÜNNING, ANSGAR und VERA: *Neue Ansätze in der Erzähltheorie*. Trier 2002.

OHLY, FRIEDRICH: *Ausgewählte und neue Schriften zur Literaturgeschichte und zur Bedeutungsforschung*. Hg. von Uwe Ruberg und Dietmar Peil, Stuttgart, Leipzig 1995.

POLENZ, PETER V.: *Deutsche Sprachgeschichte*. 3 Bde. Berlin, New York 1991–2000.

RICŒUR, PAUL: Rhetorik und Geschichte. In: *Der Sinn des Historischen. Geschichtsphilosophische Debatten*. Hg. von Herta Nagl-Docekal, Frankfurt a.M. 1996, S. 107–125.

RUH, KURT: Hartmanns ‚Armer Heinrich'. Erzählmodell und theologische Implikation. In: *Mediaevalia litteraria. Festschrift für Helmut de Boor zum 80. Geburtstag*. Hg. von Ursula Hennig und Herbert Kolb, München 1971, S. 315–329.

SAXER, ULRICH (1998): Mediengesellschaft: Verständnisse und Mißverständnisse. In: Sarcinelli, Ulrich (Hg.): *Politikvermittlung und Demokratie in der Mediengesellschaft*. Opladen: Westdeutscher Verlag, S. 52–73

DE SAUSSURE, FERDINAND: *Grundfragen der Allgemeinen Sprachwissenschaft* [frz. 1916]. 3. dt. Aufl. Berlin, New York 2001.

SCHAEFER, URSULA: Mündlichkeit und Schriftlichkeit im Mittelalter. In: *Mündliche Überlieferung und Geschichtsschreibung*. Hg. von Michael Maurer, Stuttgart 2003, S. 148–187 (Aufriss der Historischen Wissenschaften, Bd. 5).

SCHÖN, ERICH: *Der Verlust der Sinnlichkeit oder Die Verwandlungen des Lesers. Mentalitätswandel um 1800*. Stuttgart 1987.

SCHMITT, JEAN-CLAUDE: *Die Logik der Gesten im europäischen Mittelalter*. Stuttgart 1992.

SCHMITZ, ULRICH: *Sprache in modernen Medien. Einführung in Tatsachen und Theorien, Themen und Thesen*. Berlin 2004.

SEARLE, JOHN R.: *Ausdruck und Bedeutung. Untersuchungen zur Sprechakttheorie* [engl. 1979]. Frankfurt a.M. 1982.

SEE, KLAUS V.: *Germanische Heldensage. Stoffe, Probleme, Methoden*. Eine Einführung, Wiesbaden 1981.

SEGEBRECHT, WULF: *J. W. Goethe. ‚Über allen Gipfeln ist Ruh'. Texte, Materialien, Kommentar*. München 1978.

STIERLE, KARLHEINZ: Erfahrung und narrative Struktur. Bemerkungen zu ihrem Zusammenhang in Fiktion und Historiographie. In: *Theorie und Erzählung in der Geschichte*. Hg. von Jürgen Kocka und Thomas Nipperdey, München 1979, S. 85–118.

STIERLE, KARLHEINZ: Die Einheit des Textes. In: *Funk-Kolleg Literatur*. Hg. von Helmut Brackert und Eberhard Lämmert, Bd. I, Frankfurt a. M. 1982, S. 168–187.

MARTIN STINGELIN (Hg.): „*Mir ekelt vor diesem tintenklecksenden Säkulum". Schreibszenen im Zeitalter der Manuskripte*. Hg. in Zusammenarbeit mit Davide Giuriato und Sandro Zanetti, München 2004.

STRUBE, WERNER: Über Kriterien der Beurteilung von Textinterpretationen. In: *Vom Umgang mit Literatur und Literaturgeschichte*. Hg. von Lutz Danneberg und Friedrich Vollhardt. Stuttgart 1992, S.185–209.

TITZMANN, MICHAEL: Poetik. In: *Literaturlexikon. Begriff, Realien, Methoden*. Hg. von Volker Meid. (Literaturlexikon. Hg. von Walter Killy, Bd. 14) Gütersloh, München 1993, S. 216–222.

VOSSKAMP, WILHELM: Gattungen als literarisch-soziale Institutionen. Zu Problemen sozial- und funktionsgeschichtlich orientierter Gattungstheorie und -historie. In: *Textsortenlehre – Gattungsgeschichte*. Hg. von Walter Hinck, Heidelberg 1977, S. 27–42.

WEHRLI, MAX: *Literatur im deutschen Mittelalter. Eine poetologische Einführung*, Stuttgart 1984.

WAGNER-HASEL, BEATE: Textus und texere, hýphos und hýphaínein. Zur metaphorischen Bedeutung des Webens in der griechisch-römischen Antike,. In: *Textus im Mittelalter. Komponenten und Situationen des Wortgebrauchs im schriftsemantischen Feld*. Hg. von Ludolf Kuchenbuch und Uta Kleine, Göttingen 2006, S. 15–41.

WANDHOFF, HAIKO: *Der epische Blick. Eine mediengeschichtliche Studie zur höfischen Literatur*, Berlin 1996.

WARNING, RAINER: Formen narrativer Identitätskonstitution im höfischen Roman. In: *Grundriß der romanischen Literaturen des Mittelalters*. Hg. von Hans Robert Jauß und Erich Köhler, Bd. VI,1: Le Roman jusqu'a la fin du XIIIe siècle, direction Jean Frappier und Reinhold R. Grimm, Heidelberg 1978, S. 25–59.

WENZEL, HORST: *Hören und Sehen, Schrift und Bild. Kultur und Gedächtnis im Mittelalter*, München 1995.

WORSTBROCK, FRANZ JOSEF: Dilatatio materiae. Zur Poetik des „Erec" Hartmanns von Aue. In: *Frühmittelalterliche Studien* 19 (1985), S. 1–30.

WORSTBROCK, FRANZ JOSEF: Wiedererzählen und Übersetzen. In: Ders.: *Ausgewählte Schriften*. Hg. von Susanne Köbele und Andreas Kraß, Bd. 1: Schriften zur Literatur des Mittelalters, Stuttgart 2004, S. <u>183–196</u>.

Anhang

3 Weiterführende Literatur

Sprachwissenschaft
Bussmann, Hadumod: *Lexikon der Sprachwissenschaft* [1983]. 3. Aufl. Stuttgart 2002.
Hoffmann, Lothar (Hg.): *Sprachwissenschaft. Ein Reader* [1996]. 2. Aufl. Berlin 2000.
Eisenberg, Peter: *Grundriß der deutschen Grammatik* [1986]. 3. Aufl. Bd. 1: Das Wort. Bd. 2: Der Satz. Stuttgart, Weimar 2006.
Müller, Horst M. (Hg.): *Arbeitsbuch Linguistik*. Paderborn u.a. 2002.

Literaturwissenschaft
Formen und Funktionen der Allegorie. Symposion Wolfenbüttel 1978, hg. v. Walter Haug, Stuttgart 1979.
Giesecke, Michael: *Der Buchdruck der frühen Neuzeit. Eine historische Fallstudie über die Durchsetzung neuer Informations- und Kommunikationstechnologien*, Frankfurt a.M. 1998.
Die deutsche Literatur des Mittelalters. Verfasserlexikon, hg. v. Kurt Ruh u.a. Bd. 1–13, Berlin, New York 1978–2007.
Burdorf, Dieter/Fasbender, Christoph/Moennighoff, Burkhard (Hg.): *Metzler Lexikon Literatur. Begriffe und Definitionen.* 3., völlig neu bearbeitete Auflage 2007.
Reallexikon der deutschen Literaturwissenschaft. Neubearbeitung des Reallexikons der deutschen Literaturgeschichte. Gemeinsam mit Harald Fricke, Klaus Grubmüller und Jan-Dirk Müller. Hg. v. Klaus Weimar. Berlin, New York 1997ff.
Texte zur Theorie des Textes. Hg. u. komm. v. Stephan Kammer u. Roger Lüdeke, Stuttgart 2005.

4 Internetressourcen

www.computerphilologie.de
(Forum Computerphilologie)
www.Germanistik-im-Netz.de
(Virtuelle Fachbibliothek Germanistik)
www.goethezeitportal.de
(Kultur- und Fachportal zur Goethezeit)
www.iaslonline.de
(Rezensionen und Aufsätze der Literatur-, Medien und Kulturwissenschaft)
www.li-go.de
(Lernportal für literaturwissenschaftliches Grundwissen)
www.linse.uni-due.de
(Linguistik-Server LINSE)
www.literaturkritik.de
(Rezensionen zu aktuellen Neuerscheinungen in Wissenschaft und Belletristik)
www.mediaevum.de
(Internetportal zur deutschen und lateinischen Literatur im Mittelalter)
www.ubka.uni-karlsruhe.de/kvk.html
(Karlsruher Virtueller Katalog = Metakatalog der wichtigsten Buchkataloge)
www.uni-due.de/portalingua
(Lernportal zur Sprach- und Kommunikationswissenschaft)
www.linguistik.de
(Fachportal für Sprachwissenschaft)

Glossar

A	Abbreviatio	poetische Technik, die darauf zielt, einen breit dargestellten Sachverhalt kunstvoll zu kürzen.
	Abweichung	Bezeichnung für die Annahme, dass literarische Texte in einer bestimmten Hinsicht die Sprache anders verwenden als nicht-literarische. Zentral ist diese Annahme in Abweichungspoetiken wie etwa dem Russischen Formalismus.
	Allegorese	metaphorisches Verfahren der Ding- und Wortdeutung in der christlichen Hermeneutik. Zuschreibung von geistlichen Sinndimensionen, die gestaffelt nach historischem (*sensus historicus*), typologischem (*sensus allegoricus*), moralischem (*sensus tropologicus*) und heilsgeschichtlichem (*sensus anagogicus*) Sinn geordnet werden.
	Allegorie	rhetorische Figur, bei der ein abstrakter Begriff aufgrund einer konventionalisierten Zuordnung durch ein Konkretum substituiert, in sprachliche oder visuelle Bildzeichen oder Bildfolgen verschlüsselt wird. Z.B. Justitia als Frauengestalt mit Waage, Augenbinde und Schwert.
	Alterität	Auffassung von historischen Epochen und Literaturen als grundsätzlich Fremdem, das gerade aufgrund seiner Fremdheit Aufmerksamkeit erregt.
	Analepse	s. *Rückwendung*.
	analytisches Drama	Schauspiel, dessen Geschehen (im Gegensatz zum **Zieldrama**) in der szenischen Aufklärung eines vor Handlungsbeginn abgeschlossenen Vorgangs besteht.
	Alterslekt	altersspezifisch verbreitete Sprach*varietät*, z.B. *Jugendsprache*.
	arbiträr/motiviert	strukturalistische Unterscheidung zwischen zufälliger (rein konventioneller) bzw. begründeter Relation von *Signifikant* und *Signifikat*.
	Archetyp	Terminus der Textkritik, der in der Rekonstruktion der überlieferten Textzeugen die dem Autor nächste, erschlossene Fassung bezeichnet.
	Argumentation	in Sprache gefasste Strategie zur Begründung und Plausibilisierung wissenschaftlicher Thesen.
	ars dictandi	Kunstlehre für die Erstellung von Briefen.
	ars praedicandi	Kunstlehre für die Erstellung von Predigten.
	ars versificandi	Kunstlehre für die Erstellung von Gedichten.
	artes liberales	sieben freie Künste: sprachlicher und mathematischer Fächerkanon in Antike und Mittelalter. Das Trivium umfasst die Wortwissenschaften Grammatik, Dialektik und Rhetorik

Glossar

A

Artusroman	Erzählgattung der mittelhochdeutschen Klassik (12./13. Jhd.), die die Problematisierung ritterlicher Existenz und ihre Integration in die Gesellschaft thematisiert und deren Wertzentrum durch den Artushof und seine Tafelrunde repräsentiert wird.
Assertiv	Sprechakt, mit dem ein Sachverhalt behauptet wird, z.B. *„Es regnet"*.
Ästhetik	Lehre bzw. Theorie des Schönen. Die Bezeichnung geht in Deutschland v.a. auf ALEXANDER GOTTLIEB BAUMGARTEN (1714–62) und dessen „Ästhetik" von 1750/58 zurück. Baumgarten verstand Ästhetik zunächst als „die Sinne betreffende Wissenschaft" und die Kunst, schön zu denken, im Unterschied zu den rational argumentierenden Wissenschaften. Sie umfasst alle schönen Künste, seit dem 19. Jahrhundert auch die nicht mehr schönen Künste.
Aufführungssituation	Ort und Umstände, unter denen sich die konkrete Aufführung und Rezeption von Literatur realisieren: Kloster, Kirche, Hof, Stadt, Fest etc.
Ausgabe letzter Hand	editionswissenschaftlicher Begriff für die letzte von einem Autor zu Lebzeiten autorisierte Ausgabe seines Textes. Diese Ausgabe wurde lange als die verbindliche Ausgabe für historisch-kritische Ausgaben zu Grunde gelegt.
Ausgaben	Man unterscheidet *Leseausgaben*: Sie bieten den Text ohne kritische Textrezension, meist in moderner Textgestalt; *Studienausgaben:* Sie bieten den kritisch rezensierten Text, oft auch in modernisierter Orthographie; *historisch-kritische Ausgaben*: Sie bieten den kritisch gesichteten Text mit Apparat, der die Textgeschichte abzubilden versucht und dem Prinzip der Vollständigkeit und der Überprüfbarkeit verpflichtet ist.
Ausdruck	Formseite des *Zeichens* (Gegenbegriff: *Inhalt*).
Autonomie	Bezeichnung im Rahmen eines ästhetischen Programms, das etwa ab 1800 versucht, Literatur als eigenständiges, von anderen gesellschaftlichen Bereichen getrenntes System zu begreifen, das nicht mehr außerliterarischen Ansprüchen (z.B. moralischen Anforderungen) genügen muss. Literatur habe frei und unabhängig zu sein und ihr Autor ein ebenso freies und unabhängiges Genie. Das Autonomiepostulat führt zur Abgrenzung von „hoher" und „niederer" Literatur und zur Ablösung von der Regelpoetik.
Autor	die empirisch-historische Person des Textproduzenten im juristischen Sinne des Urhebers eines Textes im Unterschied zur textexternen Handlungsrolle und der textinternen Figur des Erzählers oder lyrischen Ichs. Traditionell wird der Autor als intentionales Subjekt verstanden, das einen bestimmten Sinn in seinen Text hineinlegt.

Glossar

A	Avantgarde	die jeweils neue, mit den bestehenden ästhetischen Konventionen auf radikale Weise brechende künstlerische Richtung des 20. Jahrhunderts.
B	Bedeutung	(1) das, was Mitglieder einer Sprachgemeinschaft mit Wörtern und Äußerungen üblicherweise meinen; (2) in der Literaturwissenschaft die beim Schreiben und Lesen vollzogene Aufladung von Zeichen und Zeichenverknüpfungen mit Sinnzuschreibungen durch angeborene und kulturell erlernte emotive und kognitive Prozesse.
	Begriff	Wort oder Wendung, das in einem historisch und systematisch abgegrenzten Sinn gebraucht wird und daher meist eine Begriffsgeschichte hat.
	Bibelepik	geistliche Erzählgattung, die seit dem 9. Jahrhundert eine freie Nacherzählung der Evangelien in Versen bietet. Beispiel: althochdeutscher *Tatian*; OTFRIED VON WEISSENBURGS *Evanglienharmonie*; Altsächsischer *Heliand*.
	Binnenerzählung	in eine Rahmenerzählung eingelagerte Erzählung.
	Briefroman	Romanform in Briefen, die im 18. Jahrhundert ihren Höhepunkt hatte. In der Komposition der fiktiven Briefe einzelner oder mehrerer Personen von einem fiktiven Herausgeber ergeben sich vielfältige Steigerungsmöglichkeiten in der Präsentation von Unmittelbarkeit, Verschränkung von Zeitebenen. Man unterscheidet den einstimmigen Briefroman vom vielstimmigen.
	Buch der Geschichte	zeichenförmige Offenbarung Gottes in der Geschichte. Niederschlag heilsgeschichtlich relevanter Zeichen (Typologie, Wunder) in der Zeit.
	Buch der Natur	schriftförmige Offenbarung Gottes in der Natur. Eine zweite, der Bibel analoge Zeichendimension der Offenbarung, die Erkenntnis der Natur im Modus der Lesbarkeit voraussetzt.
	buchepische Konzeption	Anpassung der (mündlichen) Textualität an die Bedingungen der Schrift.
	bürgerliches Trauerspiel	dramatische Gattung der deutschen Aufklärung, die das tragische Schicksal von Menschen nicht höfischen Standes (also meist niederer, d.h. nicht höfischer Landadel mit Wertvorstellungen, die das Allgemeinmenschliche betreffen) gestaltet.
C	Code	Vorschrift für die Zuordnung von Zeichen; Menge der Regeln einer Sprache.
D	Deixis	Zeigen auf Elemente der Sprechsituation mit gestischen oder sprachlichen Mitteln.

Glossar

D	Deklaration	Sprechakt, durch dessen Äußerung ein dazu befugter Sprecher die Wirklichkeit ändert, z.B. *„Ich taufe dich auf den Namen Lena."*
	Dialekt	Mundart, regional verbreitete Sprach*varietät*.
	Digression	Abschweifung von Hauptthema der Erzählung.
	Dilatatio	poetische Technik, die darauf zielt, einen Sachverhalt, z. B. eine Beschreibung, breit auszumalen.
	Diphthongierung	spontaner Lautwandel im Vokalismus, bei dem aus mittelhochdeutschen Monophthongen (*î, û, iu*) neuhochdeutsche Diphthonge (*ei, au, eu*) werden.
	Direktiv	Sprechakt, mit dem der Sprecher den Hörer zu einer bestimmten Handlung bringen möchte, z.B. *„Gib mir bitte das Salz."*
	Diskurs	(1) Unterredung, Vortrag oder Abhandlung, eine geregelte Äußerung bzw. eine rationale Argumentation; (2) hin und her gehendes Gespräch, gesamtgesellschaftlich ergeben sich daraus (oft macht- und interessengeleitete) Vorstellungen von Wirklichkeit bzw. sprachlich getragene Denkgewohnheiten; demzufolge (3) ein übergeordneter thematischer, struktureller oder strategischer Komplex, der die Macht hat, Äußerungen von Subjekten und Institutionen zu regulieren; (4) in der Literaturwissenschaft vor allem die historische Gesamtheit effektiv geschehener Aussagen und der Praktiken innerhalb eines historisch umgrenzten Rahmens, denen eine spezifische Regelhaftigkeit immanent ist.
	Diskursanalyse	wissenschaftliche Disziplin zur Untersuchung von Merkmalen und Funktionen von Diskursen.
	Dispositio	Teil der Redelehre, der Regeln für die Ordnung des Stoffs liefert.
	doppelte Artikulation	(auch: doppelte Gliederung) Gliederung des *Sprachsystems* in zweifacher Stufung, nämlich in die (sehr vielen) kleinsten bedeutungstragenden Einheiten (*Morpheme*) und die (sehr wenigen) kleinsten bedeutungsunterscheidenden Einheiten (*Phoneme*), aus denen sich erstere zusammensetzen.
E	Editio princeps	Erstausgabe des ersten selbständigen Drucks eines Textes.
	Elocutio	Teil der Redelehre, der Regeln für die Stilistik, den Wortschmuck liefert.
	epische Gattungen	Sammelbezeichnung für die erzählenden fiktionalen Textformen wie Legende, Sage, Märchen, Exemplum, Novelle, Epos, Roman usw.

Glossar

E	episches Theater	Theaterform, die die illusionsbildende Unmittelbarkeit des herkömmlichen Theaters durch Fiktionsbrechungen oder andere Verfremdungs-Effekte vermeidet.
	Epoche	seit dem 18. Jahrhundert genutzter Terminus zur historischen Klassifikation literarischer Texte nach Zeiträumen.
	Epos	historische Erzählgattung in Versen mit einem historisch verankerten Sagenkern und einem kollektiven Normenhorizont: *Gilgamesch*-Epos, HOMERS *Ilias* und *Odyssee*, VERGILS *Aeneis*. Im Mittelalter repräsentiert als Heldenepik: Nibelungenlied, Dietrichepik.
	erklären	einen Sachverhalt erläutern; in der Wissenschaft insbesondere einzelne Fälle auf klar formulierte allgemeine Prinzipien (z.B. Naturgesetze oder sprachliche Regeln) beziehen (Gegenbegriff: *verstehen*).
	erklärende Wissenschaften	Wissenschaften, die einzelne Sachverhalte aus klar formulierten allgemeinen Prinzipien ableiten, z.B. Naturwissenschaften, Teile der Linguistik.
	erzählen	Geschehen als Geschichte formulieren, also eine Abfolge realer oder fiktiver Ereignisse oder Handlungen sprachlich so (re)konstruieren, dass daraus die Vorstellung einer einmaligen, in sich strukturierten und abgeschlossenen Begebenheit entsteht.
	erzählen, kausal	die Verbindung von Ereignissen innerhalb eines Erzählverlaufs enthält immer auch eine Form der Begründung: weil.
	erzählen, aggregativ	historische Form von Erzählordnung, die Erzählsequenzen ohne kausale und finale Begründung nebeneinander stellt.
	erzählen, final	die Verbindung von Ereignissen innerhalb eines Erzählverlaufs auf ein Ziel oder einen Zweck hin.
	Erzählinstanz (Erzähler)	vermittelnde Instanz zwischen dem Autor und der erzählten Geschichte sowie zwischen Geschichte und Leser. Sie kann als Figur im Text in der 1. Person auftreten (Ich-Erzähler) oder in der 3. Person auktorial kommentierend zu Wort kommen, kann aber auch nicht als Figur in der Erzählung vorkommen.
	Erzählperspektive	auch *point of view*, Blickwinkel, aus dem die Ereignisse erzählt werden: auktorial, personal oder neutral.
	Erzählschema	stereotype Verlaufsform von Handlungssequenzen, die eine Erzählung konstituieren. Eine vorstrukturierte Handlungsfolge, die gattungstypisch werden kann (Doppelweg/Artusroman), aber auch gattungsübergreifend (Genealogie, Brautwerbung), sogar textübergreifend (Metanarrativ) Erfahrungen über typisierte Erzählverläufe organisiert.

Glossar

E	erzählte Zeit/ Erzählzeit	erzählanalytische Unterscheidung: Erzählte Zeit ist die Zeitspanne, die die Erzählung umfasst; Erzählzeit ist die Zeit, die man zum Erzählen/Lesen benötigt.
	Erzähltempora	Fiktionale Erzähltexte verwenden häufig das *epische Präteritum*, sozusagen als Nullstufe der temporalen Textgliederung. Das grammatische Tempus des Präteritums wird durch deiktische Angaben, vor allem Zeitadverbien, modifiziert (*„dann/jetzt/morgen ... war Weihnachten"*). Im Unterschied dazu wird das Praesens historicum (grammatisches Tempus des Präsens) zur Vergegenwärtigung vergangener Ereignisse verwendet.
	Etymologie	ein sprachgeschichtliches Verfahren, Ursprung und historische Semantik von Wörtern zu rekonstruieren.
	Expressiv	Sprechakt, mit dem der Sprecher eine bestimmte psychische Einstellung ausdrückt, z.B. *„Herzlich willkommen!"*
F	Fachdidaktik	Wissenschaft vom Lehren und Lernen der Inhalte eines bestimmten Faches, z.B. Sprachdidaktik und Literaturdidaktik.
	Fachsprache	charakteristische Sprechweise innerhalb eines professionellen Tätigkeitsfeldes.
	Fabel/Plot/ Histoire	erzählanalytische Bezeichnung für die Ereignisfolge, also für die Ordnung der einzelnen Geschehenspartikel in ihrer logischen, chronologischen und psychologischen Abfolge.
	Falsifikation	Widerlegung einer wissenschaftlichen Aussage durch ein Gegenbeispiel.
	Fassungen	editionswissenschaftliche Bezeichnung für die voneinander abweichenden (vollendeten oder nicht vollendeten) Ausführungen oder Überlieferungszweige eines Werkes, z.B. *Nibelungenlied Fassung A, B, C*.
	Fastnachtspiel	weltliches Spielgenre des 15./16. Jahrhunderts, das im Kontext städtischer Fastnacht aufgeführt wird.
	Figuralschema	typologisches, auf die Heilsgeschichte bezogenes Muster, das auch als Erzählmuster verwendet wird.
	Fiktionalität	Begriff für die charakteristische Eigenschaft solcher Texte, die keinen Anspruch auf Referenzialisierbarkeit in der empi-rischen Welt erheben, die also erzählen, was möglich oder vorstellbar ist, und ihren fiktionalen Status durch bestimmte textuelle, kontextuelle und paratextuelle Signale anzeigen (z.B. episches Präteritum, Genre-Kennzeichnungen usw.). Die Fähigkeit, diese Signale als Hinweis auf den fiktionalen Status von Literatur zu entschlüsseln, ist kulturell variabel und muss erlernt werden.

Glossar

F		
	Fiktionalitätskontrakt	implizit vorausgesetztes Einverständnis zwischen Autor und Leser, dass fiktionale Texte nicht auf Wirklichkeit referieren.
	Finalität	Ausrichtung des Erzählaktes auf ein Ziel, das mit jedem Beginn des Erzählens implizit schon vorhanden ist.
	Fokalisierung	Darstellung des Erzählinhalts aus der Figurenperspektive.
	Funktionssprachen	ursprünglich institutionalisierte Formen des Sprechens innerhalb der Rhetorik, z.B. politische Rede, Gerichtsrede, Festrede; dann auch jede Art ausdifferenzierter Rede- und Sprach*varietäten* für spezifische Zwecke.
G	Gattung	Sammelbegriff für Textgruppenbildung. Gattungen gelten als gleichförmige institutionalisierte Texttypen bzw. Sprachhandlungen. Als institutionalisierte Sprachhandlung ist die Gattung durch eine bestimmte konventionalisierte Redesituation und durch eine spezifische Verteilung von Sprecher- und Hörerinstanzen bestimmt. Wird heute auch durch den neutraleren Begriff der *Textsorten* ersetzt.
	Gebrauchsliteratur	Literatur, die für einen genau umrissenen Situationskontext geschrieben wurde (z.B. Flugblätter, Agitprop-Literatur usw.).
	Gedächtniskunst	Teil der rhetorischen Redeordnung und eigenständige Kunstlehre (ars memorativa), die Techniken der Erinnerung entwickelt, systematisiert und Anwendungsfelder entwirft.
	Geistliches Spiel	mittelalterliche Theaterform geistlichen Inhalts, das an den zentralen christlichen Feiertagen aufgeführt wurde: Passionsspiel, Osterspiel, Fronleichnamsspiel.
	Gemeinplatz	(lat. locus communis) ein Topos, dessen allgemeine Bekanntheit vorausgesetzt werden kann, z.B. Sprichwörter.
	genera dicendi	Stilebenen der Rhetorik. Traditionell werden unterschieden: *genus humile* – niedere Stilebene (dient dem *docere*), *genus mediocre/ medium* – mittlere Stilebene (dient dem *delectare*), *genus grande/ sublime* – hohe/erhabene Stilebene (dient dem *movere*). Sie werden auch typologisch den drei Ständen Bauer/Hirten, Bürger und Adel zugeordnet oder auch den drei genera iudiciale, deliberativum und demonstrativum.
	Genie	Konzept des Künstlers, demzufolge der einzelne Künstler über eine einzigartige, irrationale und angeborene Schöpferkraft verfügt. Er muss originell, autonom sein und verfügt über einen privilegierten Wahrheitszugang. Diese Auffassung setzt sich in der deutschen Literatur etwa ab 1770 durch und löst die ältere Regelpoetik und ihren poeta doctus ab.
	Genre	(1) „Untergattung" (etwa „Novelle" oder „Roman" als Untergattungen der Epik); (2) narratives Schema, das mit einem bestimmten Stoffbereich verknüpft ist (z.B. „Western", „Thriller").

Glossar

G	genus iudiciale/ deliberativum/ demonstrativum (epideiktikon)	rhetorische Begriffe für die drei Redesituationen der Gerichtsrede, der Staatsrede und der Prunkrede.
	Germanistik	Wissenschaft von der deutschen Sprache und Literatur.
	Geschichte/ story/(sujet/ narration)/ discours	erzählanalytische Bezeichnungen für die von der Ereignisfolge abweichende Zeichenfolge, also für die sprachlich-künstlerische Anordnung der Geschehenspartikel in einem erzählenden Text, die von der logischen, chronologischen und psychologischen stark abweichen kann.
	geschriebene Sprache	alle schriftlichen sprachlichen Äußerungen; charakteristische Sprachform der Schriftlichkeit (Gegenbegriff: *gesprochene Sprache*).
	gesprochene Sprache	alle mündlichen sprachlichen Äußerungen; charakteristische Sprachform der Mündlichkeit (Gegenbegriff: *geschriebene Sprache*).
	Gestik	körpersprachliche Rede.
	Grammatik	Menge der morphologischen und syntaktischen Regeln einer Sprache, auch das Wissen darüber oder die Lehre davon.
H	Heldendichtung	frühe erzählende Adelsdichtung in Versen mit historischem Kern und kollektiv ausgerichtetem Wertehorizont.
	Hermeneutik	Kunstlehre des Verstehens, die speziell auf Texte (Bibel, Gesetz, Literatur) und allgemein auf das Leben (Daseinshermeneutik) bezogen ist. Abgeleitet vom griechischen Götterboten Hermes, der als Dolmetscher zwischen Göttern und Menschen agierte.
	höfischer Roman	fiktionale Erzählgattung des Mittelalters mit Themenschwerpunkt im ritterlich-höfischen Milieu.
	Homonym	(auch *Teekesselchen* genannt) ein Ausdruck, der systematisch verschiedene Inhalte tragen kann, z.B. *Teekesselchen*.
	Hypothesenbildung	Aufstellung plausibler und im weiteren Verlauf der Untersuchung zu begründender oder zu widerlegender Vermutungen.
I	Idiolekt	für eine bestimmte Person charakteristischer Sprachgebrauch.
	Ikon (ikonisches Zeichen)	ist dem, was es bedeutet, strukturell ähnlich, z.B. ein Portrait (Gegenbegriffe: *Index*, *Symbol*).
	illokutionäre Rolle	die Seite eines Sprechaktes, die das Verhältnis zwischen Sprecher und Hörer bestimmt, z.B. ‚auffordern' in *„Sag das nicht noch mal!"* (zugehöriger Gegenbegriff: *propositionaler Gehalt*).
	impliziter Autor	aus dem Text erschließbare Instanz zwischen dem realen Autor und dem Erzähler, dem abstrakt die literarische Gestaltung der narrativen Instanzen wie Autor und Erzähler zugeschrieben wird.

Glossar

I	Index (indexikalisches Zeichen)	steht in einem ursächlichen Zusammenhang mit dem, was es bedeutet, z.B. eine Rauchsäule, die Feuer anzeigt (Gegenbegriffe: *Ikon*, *Symbol*).
	Informationsvergabe	dramenanalytische Beschreibung für die Möglichkeiten, dem Zuschauer im Haupttext und Nebentext, implizit oder explizit Wissen über den weiteren Handlungsverlauf zu geben.
	Inhalt	Bedeutungsseite des *Zeichens* (Gegenbegriff: *Ausdruck*).
	Institutionalisierung	Verfestigung von Handlungsfolgen (z.B. in Recht, Politik, Bildung etc.) und Sprachformen (Gattungen), indem sie in einem verbindlichen sozialen Rahmen konventionell festgelegt werden oder sich einspielen.
	Interpretation	reflektiertes und methodisch angeleitetes Lesen und Verstehen von Literatur, das Herausarbeiten eines Sinngehaltes.
	Intertextualität	diejenigen Aspekte eines Textes, die auf expliziten oder impliziten Bezügen zu anderen Texten beruhen. Der Begriff ist zentral für die Annahme, dass moderne Literatur nicht auf Wirklichkeit Bezug nehme, sondern selbst wieder auf Literatur, also autopoetisch sei.
	Inventio	Teil der Redelehre, der Regeln für die Stofffindung liefert.
J	Jugendsprache	charakteristische Redeweise unter Jugendlichen.
K	Kasus	grammatischer Fall (z.B. *Akkusativ*) zur Kennzeichnung der syntaktischen Funktion deklinierbarer Wörter.
	Katharsis (griech. Reinigung)	dem Drama zugeschriebene Wirkung auf den Zuschauer, nämlich Abbau von Emotionen durch den Mitvollzug des fiktionalen Geschehens einer Tragödie.
	Kohärenz	inhaltlicher Zusammenhang eines Textes.
	Kohäsion	formaler Zusammenhang eines Textes.
	Kommissiv	Sprechakt, mit dem der Sprecher sich dem Hörer gegenüber zu etwas verpflichtet, z.B. „*Ich lade dich ins Kino ein.*"
	Kommunikation	Mitteilung, Informationsaustausch.
	Kommunikationsform	durch situative, insbesondere mediale Merkmale geprägte Formen der Mitteilung (z.B. Hörfunksendung, E-Mail).
	Kompetenz	Beherrschung eines Regelsystems (Gegenbegriff: *Performanz*).

Glossar

K	Konvention	(1) Übereinkunft, sozial regulierte Gewohnheit; (2) in der Literaturwissenschaft im Besonderen eine Übereinkunft darüber, welche sprachlichen und institutionellen Regeln Literatur bestimmen. Der Begriff ist als Gegenbegriff wichtig für die Bestimmung von Abweichungen etwa in Abweichungspoetiken oder für Avantgardebewegungen.
	Kreuzzugsepos	christlich geprägtes Heldenepos, das dem Kampf zwischen Christen und Heiden gewidmet ist; z.B. PFAFFE KONRAD *Rolandslied* (um 1170).
	Kultur	Menge der üblichen Lebensweisen und geltenden Symbolgehalte in einer Gesellschaft.
	kulturelles Wissen	das historisch variable und kulturabhängige Wissen, das in jeden Sinnbildungsprozess (z.B. Interpretation) mit eingeht und ihn erst ermöglicht.
L	langue	Sprachsystem (Gegenbegriff: *parole*).
	Legende	kurze geistliche Erzählgattung um einen Heiligen oder um heilige Ereignisse. Seit der Spätantike belegt, im Mittelalter populär vor allem in verschiedenen Legendensammlungen, z.B. *Legenda aurea* (13. Jhd.).
	Legende: Aussatzlegende	Erzählmuster, nach dem eine Figur durch eine schwere Krankheit geschlagen, in ihrer Standhaftigkeit geprüft und nach erfolgreicher Prüfung erlöst wird (Hiob).
	Legende: Opferlegende	Erzählmuster, nach dem eine Figur in der Nachahmung Christi sich für das Wohl anderer aufopfert.
	Leithandschrift	die am besten überlieferte Handschrift, an der sich die Rekonstruktion der Überlieferung orientiert.
	Lekt	charakteristische Redeweise, Sprach*varietät*, z.B. *Dialekt*.
	Lesarten	überlieferte oder durch Emendation bzw. Konjektur hergestellte Fassung einer Textstelle. Die von der Lesart des Haupttextes abweichenden Lesarten werden im Apparat als Varianten zusammengestellt. Wird auch als Bezeichnung anstelle von *Überlieferungsvarianten* verwendet.
	Leser	die textrezipierende, empirisch-historisch beobachtbare Person oder textinterne, fingierte Figur. Der intendierte Leser ist der von einem Autor vorgesehene Leser seines Textes, der ideale Leser derjenige, der alle in einem Text angelegten Bedeutungsangebote realisiert.
	Linguistik	Sprachwissenschaft.
	Literalität	Kommunikationszustand, der sich bei der Weitergabe immaterieller Wissensbestände schriftlicher Notationssysteme bedient. Kennzeichen ist vor allem die zerdehnte Kommunikationssituation.

Glossar

L	literarisches Leben	Gesamtheit aller Handlungen und Äußerungen der Literaturproduktion, -distribution und -rezeption.
	Literatur	(im Sinne der Literaturwissenschaft:) Belletristik im Gegensatz zu Fach- und Alltagstexten.
	Literaturwissenschaft	wissenschaftliche Beschäftigung mit Belletristik.
	locus amoenus (lat. lieblicher Ort)	Topos der Lyrik, der ein stereotypes Formelinventar für die Naturbeschreibung liefert.
M	Massenmedien	Institutionen zur Verteilung von Informationen an ein sehr großes Publikum, insbesondere Presse, Rundfunk, Fernsehen sowie Teile des World Wide Web.
	Medialität	die mediale Prägung von *Kommunikationsformen* und *-inhalten*.
	Mediävistik	Wissenschaft vom europäischen Mittelalter, innerhalb der Germanistik speziell die Wissenschaft von der deutschen Sprache und Literatur von etwa 700 bis 1500 n. Chr.
	Medien	(1) im strengen Sinne technische Hilfsmittel der Kommunikation; (2) im weiteren Sinne die großen Institutionen, die mit technischen Einrichtungen Informationen in der Gesellschaft sammeln, erzeugen und verteilen.
	Mehrsprachigkeit	gleichzeitige Geltung mehrerer Sprachen in einer Region, auch Beherrschung mehrerer Sprachen durch eine Person.
	Memoria	Kunst des Auswendiglernens einer Rede, vierter Teil des Redeaufbaus nach *Inventio, Dispositio, Elocutio* und vor *Pronuntiatio*.
	Merkmal	charakteristischer Unterschied.
	Metanarrativ	übergeordnetes Erzählmuster, das kulturelle Konstellationen in eine Erzählform überführt und kulturelle Signifikanz reklamiert: z.B. Literaturgeschichte als Wachstum-Blüte-Verfall; der Prozess der Zivilisation; der Untergang des Abendlandes usw.
	Metapher	Tropus der Ersetzung eines Ausdrucks durch einen aus einem anderen Vorstellungsbereich, der dennoch semantische Ähnlichkeiten aufweist, im Unterschied zur *Metonymie* und *Synekdoche*. In der rhetorischen Tradition auch als verkürzter Vergleich bezeichnet. Zum Beispiel „Luftschiff" für die von Zeppelin konstruierten Flugobjekte. Man unterscheidet verblasste Metaphern, die als Tropus konventionalisiert sind („*faule Ausrede*"), und kühne Metaphern („*schwarze Milch der Frühe*").
	Methode	festgelegtes, kontrolliertes und wiederholbares Verfahren (in der Wissenschaft zur Beobachtung, Entdeckung, Beschreibung und Analyse von Sachverhalten).

Glossar

M	Metonymie	Tropus der Ersetzung eines Ausdrucks durch einen anderen, der in einem realen geistigen oder sachlichen Zusammenhang zu ihm steht., z.B. *„ein Glas trinken".*
	Metrik	Wissenschaft von den Regeln und Prinzipien des Verses.
	Mimesis	poetologischer Grundbegriff seit der Antike für die Nachahmung von Wirklichkeit durch die Kunst. Aristoteles versteht in seiner Poetik darunter die darstellende Hervorbringung menschlicher Handlungen als motivierter Geschehenszusammenhang.
	Minne-allegorie	Dichtungsform des Spätmittelalters, in der die Personifikation (Allegorie) Frau Minne im Gespräch mit Figuren oder anderen Allegorien ihren Status verteidigt.
	Minnesang	mittelalterliche Form von Liebesdichtung, die nicht Erlebnislyrik ist, sondern als Gesellschaftsdichtung öffentlich vor einem Hofpublikum aufgeführt wurde (Rollenlyrik).
	Minimal-paaranalyse	Verfahren zur Identifizierung von Phonemen, z.B. /raizə/ vs. /laizə/.
	Morphem	kleinste bedeutungstragende Einheit in der Sprache, z.B. *„klein"* (im Gegensatz zum *Phonem*).
	Morphologie	Formenlehre, insbesondere Lehre von den Morphemen und der Wortbildung.
	Morphosyntax	Zusammenfassung von Morphologie und Syntax; Gesamtheit der sprachlichen Verfahren zum Ausdruck syntaktischer Merkmale mit morphologischen Mitteln.
	Mouvance	Beweglichkeit des Textes. Ein Phänomen historischer Textualität, das besagt, dass mittelalterliche Texte in Kommunikationssituationen aufgeführt werden, die die Möglichkeit der variablen Aufführung enthalten; Offener Text.
	Mündlichkeit	Kommunikation in gesprochener Sprache (Gegenbegriff: *Schriftlichkeit*). (Vgl. auch *Oralität*.)
N	Narrativ	Erzählzusammenhang, der über seine syntagmatische und paradigmatische Struktur Sinn konstituiert.
	Nebentext	im Drama der nicht gesprochene Text, etwa in Form von Regieanweisungen.
	neue Medien	computergestützte (also digitale) Medien.
	Norm	anerkannte und verbindlich geltende Regel, etwa über das, was Literatur sei.

Glossar

O	Objektsprache/ Metasprache	Sprache, die in einem zu untersuchenden Text verwendet wird, im Unterschied zu der Sprache, mit der diese Untersuchung durchgeführt wird.
	Oralität	Kultur der mündlichen Kommunikation, die sich fundamental von einer Schriftkultur unterscheidet. Die Weitergabe immaterieller Wissensbestände erfolgt in erster Linie mündlich. Ihre Kennzeichen sind Formelhaftigkeit, Redundanz, eine ausgeprägte Gedächtniskultur, physische Anwesenheit der Kommunikationspartner. Gegenstand der Oral-Poetry-Forschung.
	Ordo artificialis	Erzählordnung, die die Ereignisse eines Erzählvorgangs gegen die natürliche Chronologie anordnet, z.B. *in medias res*; Rückblick.
	Ordo naturalis	Erzählordnung, in der die Ereignisse in ihrem natürlichen chronologischen Ablauf erzählt werden.
P	Paradigma	Menge der Elemente, die in *paradigmatischer* Beziehung untereinander stehen, z.B. die Klasse der Adjektive (Gegenbegriff: *Syntagma*).
	paradigmatische Relation	Austauschbarkeit sprachlicher Elemente in einer Zeichenkette, z.B. die Beziehung zwischen den beiden Artikeln in *„die Flasche"* und *„eine Flasche"* (Gegenbegriff: *syntagmatische Relation*).
	Paratext	(1) Beitext, der einen Haupttext ergänzend begleitet, z.B. dieses Glossar; (2) in der Narrativistik die Gesamtheit derjenigen Texte, die aus einem Manuskript ein Buch machen und dessen Rezeption steuern. GÉRARD GENETTE unterscheidet Peritexte, die mit dem Buch zusammen erscheinen (Reihen- und Verlagsbezeichnungen, Titel, Vor- und Nachworte, Klappentexte usw.), und Epitexte, die zwar auf das Buch bezogen, aber räumlich von ihm getrennt sind (Entwürfe, Briefe, Prospekte usw.).
	parole	*Sprachgebrauch* (Gegenbegriff: *langue*).
	partes oratoriae	Teile der Rede: Stofffindung (inventio), Stoffordnung (dispositio), Stilistik (elocutio), Gedächtnis (memoria), Aufführung (actio).
	Performance	besonderer Typus von Aufführung: künstlerisch verstandene körperliche Aktion in realer Zeit und realem Raum.
	Performanz	konkrete Anwendung eines Regelsystems (Gegenbegriff: *Kompetenz*).
	performativer Selbstwiderspruch	paradoxer Effekt in der Aufführungssituation des Minnesangs, in der der Sänger vor einer höfischen Öffentlichkeit sich seines Geheimnisses vergewissert. Das, was er sagt (verbergen), und das, was er tut (öffentlich sprechen), widersprechen einander.
	performatives Verb	Verb, welches genau das bedeutet, was die Sprecherin tut, indem sie es ausspricht, z.B. in *„Ich warne dich!"*

Glossar

P	Philologie	(griech. *philos* = Freund, *logos* = Wort, Rede, Buch) Sprach- und Textwissenschaft, die sich mit Problemen der Sprachgeschichte, Textkritik, Textauslegung und Literaturgeschichte beschäftigt; Gesamtheit der theoriegeleiteten Erschließung (durch Textkritik, Edition und Kommentar) und der poetologischen und historischen Reflexion (durch Exegese, Interpretation, Textanalyse) sprachlicher (zumeist literarischer) Dokumente: Philologie ist diejenige Wissenschaft, die sich um Sicherung, Verständnis und Vermittlung literarischer Texte und deren geistiger, kultureller und sozialer Zusammenhänge bemüht.
	Phonem	kleinste bedeutungsunterscheidende Einheit in der Sprache, z.B. /l/, /r/ (im Gegensatz zum *Morphem*).
	Phonetik	Wissenschaft von den lautlichen (akustischen) Ereignissen und Prozessen der sprachlichen Kommunikation.
	Phonologie	Lehre von den Phonemen.
	Poetik	Lehre von den Prinzipien und Regeln dichterischen Schreibens, daher ein Teilbereich der Ästhetik. Im Unterschied zur älteren Regelpoetik, die Normen über das, was Literatur sei, spezifiziert, dominieren heute Abweichungs- und Verfremdungspoetiken.
	Poproman	Textsorte, die sich an Lebensformen und Erwartungshaltungen in der medial geprägten Massenkultur orientiert.
	Prädikat	das verbale Satzglied, das zusammen mit dem *Subjekt* einen Satz bildet.
	Pragmatik	Lehre von der Beziehung der Zeichen zu ihren Benutzern, untersucht den Gebrauch sprachlicher Ausdrücke in Äußerungssituationen.
	Präsumptivvariante	Ausdruck der Textphilologie, nach der alternative Fassungen eines Werkes nicht mehr als verderbte Überlieferung, sondern als eigenständige Realisierungen eines Werkes aufgefasst werden.
	Prolog (griech. Vorrede)	fiktionsexterne oder zumindest deutlich vom fiktionalen Geschehen der Haupthandlung abgesetzte Einleitung in ein Drama; literarischer Ort der Kontaktaufnahme (Vorausrede) zwischen Autor (Vortragendem) und Publikum (prologus praeter rem) und der Einführung in das Werk (prologus ante rem).
	propositionaler Gehalt	der sachliche Gehalt eines Sprechaktes ohne die gleichzeitig hergestellte Beziehung zwischen Sprecher und Hörer, z. B. ‚nicht noch einmal sagen' in *„Sag das nicht noch mal!"* (zugehöriger Gegenbegriff: *illokutionäre Rolle*).

Glossar

P	Prosaroman	historischer Romantypus des 15./16. Jahrhunderts, der den Übergang von älteren Erzählformen (Heldenepik, höfischer Roman) zur Prosaform markiert, ohne schon den bürgerlichen Romantyp des 18. Jahrhunderts zu repräsentieren, z.B. *Melusine, Hug Schapler, Faustbuch, Fortunatus* etc.
	Protagonist	Hauptfigur einer Dramen- oder Erzählhandlung.
R	Rahmenerzählung	Bezeichnung für ein Erzählverfahren, in dem eine umschließende Erzählung eine fiktive Erzählsituation vorstellt, die zum Anlass einer oder mehrerer in den Rahmen eingebetteter *Binnenerzählungen* wird.
	Regel	innerhalb einer Sprachgemeinschaft meist unbewusst anerkannte Richtlinie des Sprachgebrauchs.
	Rhetorik	Lehre von den Kunstregeln guter Rede.
	Rückwendung	auch *Analepse*, nachträgliche Erzählung eines Ereignisses, das vor dem Zeitpunkt stattgefunden hat, an dem sich das epische Geschehen gerade befindet.
S	Sammelhandschrift	Überlieferungsträger (Handschrift), der auf mehrere Textzeugen zurückgeht.
	Sangspruch	im Vortrag gesungene Strophe; politische oder moralisierende Lyrik des Mittelalters.
	Satz	grammatisch und inhaltlich geschlossene Einheit aus *Subjekt* und *Prädikat*.
	Satzbauplan	Strukturmodell zur formal korrekten Bildung eines Satzes.
	Satzglied	strukturelles Grundelement eines Satzes, definiert aus seiner Beziehung zu anderen Satzgliedern, z.B. Dativobjekt (zu unterscheiden von *Wortart*).
	Schöne, das	Grundbegriff der Ästhetik, der sich auf die formalen und inhaltlichen Eigenschaften von Kunst bezieht. Was als schön gilt, unterliegt historischem und kulturellem Wandel.
	Schrift	konventionalisiertes System zur visuellen Darstellung sprachlicher Äußerungen.
	Schriftlichkeit	Kommunikation in geschriebener Sprache (Gegenbegriff: *Mündlichkeit*). (Vgl. auch *Literalität*.)
	Schriftsinn, mehrfacher	mittelalterliche Tradition der Exegese biblischer Schriften, die Text nach ihrem wörtlichen Sinn (sensus litteralis), dem allegorischen Sinn (sensus allegoricus), dem moralischen Sinn (sensus tropologicus/moralis) und anagogischen Sinn (sensus anagogicus) auslegt.

Glossar

S	Sehflächen	Flächen, auf denen Texte und Bilder in geplantem Layout gemeinsame Bedeutungseinheiten bilden, z.B. Plakatwände, Warenverpackungen und Webseiten.
	Semantik	Bedeutungslehre.
	Semiotik auch Semiologie	Bezeichnung für die allgemeine Theorie von Zeichen. Sie umfasst Semantik (untersucht die Bedeutung von Zeichen), Pragmatik (Gebrauch von Zeichen), Syntax (Verknüpfung von Zeichen) und Sigmatik (Verhältnis von Zeichen und Referent).
	Signa data	Zeichenstatus gegebener Dinge.
	Signa naturalia	Zeichenstatus natürlicher Dinge.
	Signaturen	Zeichenstatus der natürlichen Dinge (Pflanzen, Steine, Tiere, Sterne usw.) in Bezug auf ihre medizinisch-magische Wirkung.
	Signifikant/ Signifikat	strukturalistische Begriffe für Bezeichnendes (*Ausdruck*) vs. Bezeichnetes (*Inhalt*).
	Simultangestalt	gleichwertige alternative Fassung eines Werkes. Im Minnesang etwa die Präsentation eines Liedes in abweichender Strophenzahl oder Strophenordnung.
	Soziolekt	schichtenspezifisch verbreitete Sprach*varietät*.
	Spannung: Ob-Spannung	Motivierungstechnik, deren Spannungsbogen davon zehrt, den Ausgang der Erzählung offen zu halten.
	Spannung: Wie-Spannung	Motivierungstechnik, die die Spannung eines Erzählvorgangs aufrechterhält, obwohl der Ausgang bekannt ist. Kennzeichen älterer epischer Erzählungen.
	Spatium (lat.)	Zwischenraum, insbesondere in der Schrift zur Abgrenzung von Wörtern.
	Sprachbewusstsein	(engl. *language awareness*) aktive Kenntnis sprachlicher Elemente, Regeln und Konventionen und aufmerksamer Umgang damit.
	Sprache	geistiges Werkzeug zur Kommunikation, insbesondere *Sprachsystem*.
	Sprachgebrauch	(frz. *parole*) konkrete Anwendung sprachlicher Regeln in einzelnen Situationen (Gegenbegriff: *Sprachsystem*).
	Sprachgemeinschaft	Gruppe von Menschen, welche die gleichen sprachlichen Regeln teilen.
	Sprachgeschichte	Gesamtheit aller sprachlichen Veränderungen in der Zeit.
	Sprachlos	Linguistenschicksal

Glossar

S	Sprachspiel	Kommunikationseinheit aus sprachlicher und nichtsprachlicher Tätigkeit, z.B. einen Antrag stellen.
	Sprachsystem	(frz. *langue*) Menge der innerhalb einer Sprachgemeinschaft geltenden sprachlichen Elemente und Regeln (Gegenbegriff: *Sprachgebrauch*).
	Sprachwissenschaft	Wissenschaft von der menschlichen Sprache.
	Sprechakt	kleinste sprachliche Äußerungseinheit, sie verbindet *illokutionäre Rolle* und *propositionalen Gehalt* miteinander.
	Sprechakttheorie	Theorie über Sprechen als Handeln.
	Staben	Gleichklang (Assonanz) von Wörtern im An- oder Inlaut. Älteres metrisches Verfahren einer Oralitätskultur, um Erinnerung zu stabilisieren, z.B. *„Mann und Maus"*.
	Stil	charakteristischer Sprachgebrauch, der sich von dem sonst Erwarteten leicht absetzt.
	Stoff	(1) der hierarchisch gegliederte und erzählbare Inhalt eines Textes im Unterschied zum Motiv; (2) ältere und narratologisch weniger prägnante Bezeichnung für die *histoire/plot* (Ordnung der Geschehenspartikel in ihrer logischen, chronologischen und psychologischen Abfolge) einer Erzählung im Unterschied zu *discourse/story*, der tatsächlichen Anordnung in einer Erzählung.
	Struktur	innere Form: die Art und Weise, wie Teile und Ganzes aufeinander bezogen sind; Gesamtheit der zwischen den Elementen einer Menge bestehenden Beziehungen und der sie bestimmenden Regeln.
	Strukturalismus	im 20. Jahrhundert begründete und entwickelte Methodik zur Untersuchung des *Sprachsystems* (im Gegensatz zur Untersuchung des *Sprachgebrauchs*).
	Subjekt	in der Syntax das nominale Satzglied, das zusammen mit dem *Prädikat* einen Satz bildet.
	Symbol	(1) (symbolisches Zeichen) erhält seine Bedeutung allein durch konventionelle Zuschreibung, z.B. ein sprachlicher Ausdruck (Gegenbegriffe: *Ikon, Index*); (2) real vorhandenes Sinnbild für einen gemeinten Bereich, das in einem naturhaften oder kulturell vermittelten Verweisungsverhältnis zum Gemeinten steht. Im Unterschied zur *Allegorie* und zum *Emblem*, die nach festen Regeln konstruiert und einsinnig aufgelöst werden können, ist das Symbol polyvalent und kann individuell gesetzt werden. Es ist eine moderne Form der „uneigentlichen" Rede. Z.B. *„Es war die Nachtigall und nicht die Lerche"*, statt *„Es ist noch (Liebes-)Nacht, nicht schon (trennender) Morgen"*.

Glossar

S	Symbolfeld	situationsunabhängiger Bezugsrahmen zur Interpretation der sprachlichen Zeichen in einer Sprechsituation (Gegenbegriff: *Zeigfeld*).
	Synekdoche	Tropus der Ersetzung eines Ausdrucks durch einen anderen, der innerhalb desselben Begriffsfeldes bleibt; z. B. *„Dach"* für *„Haus"*.
	Synonyme	verschiedene Ausdrücke, welche die gleiche Bedeutung tragen, z.B. *Orange* und *Apfelsine*.
	Syntagma	Menge der Elemente, die in *syntagmatischer* Beziehung untereinander stehen, z.B. *„die in syntagmatischer Beziehung untereinander stehen"* (Gegenbegriff: *Paradigma*).
	syntagmatische Relation	Kombinierbarkeit sprachlicher Elemente in einer Zeichenkette, z.B. die Beziehung zwischen den beiden Wörtern in *„die Flasche"* (Gegenbegriff: *paradigmatische Relation*).
	Syntax	in der Semiotik Lehre von den Beziehungen der Zeichen untereinander, in der Linguistik insbesondere Satzlehre.
	szenisches Erzählen	auch *showing*, epische Darstellung ohne jede kommentierende Einmischung der Erzählinstanz. Im Gegensatz dazu meint *telling* die epische Darstellung mit kommentierender Einmischung der Erzählinstanz.
T	Text	formal durch Anfang und Ende markierte sprachliche, insbesondere schriftliche Äußerung, z.B. eine inhaltlich zusammenhängende und abgeschlossene Folge von Sätzen.
	Textanalyse	regelgeleitete Untersuchung von Texteigenschaften als Vorbereitung einer Textinterpretation.
	Textkritik	philologische Technik der Textrekonstruktion anhand der überlieferten Handschriften, Fassungen oder Drucke.
	Textlinguistik	Wissenschaft zur Untersuchung von Eigenschaften und Sorten von Texten.
	Textschema	Verbindung von syntagmatischer Verkettung und paradigmatischer Opposition zu einem regulierten Textzusammenhang. Abhängig vom institutionellen Ort der Realisierung: z.B. Predigt, Plädoyer, Vorlesung.
	Textsorte	konventionelles Muster für sprachliche Handlungen mit gleichen situativen, funktionalen und strukturellen Merkmalen, z.B. Wetterbericht.
	Theatralität	(1) die Gesamtheit, der das Theater prägenden medialen Bedingungen (Sprache, Mimik, Gestik, Körpersprache, Licht, Musik, Kostüme, Bühne, Zuschauer). (2) Aspekte der Aufführung, Inszenierung oder Wahrnehmung, die für das Theater typisch sind aber auch in anderen Gesellschaftsbereichen (Feste, Rituale, Performance) zu beobachten sind.

Glossar

T	Topik	(1) Lehre von der Findung, Ordnung und Anwendung standardisierter Argumente; (2) Arsenal von Topoi im Sinne konventioneller Gemeinplätze für einzelne Redegattungen und Redesituationen, besonders beliebt im Barock.
	Trope	Stilfigur der Rhetorik und Poetik. Die Lehre von den Tropen sammelt und ordnet die Fülle der Stilfiguren nach ihren Funktionen.
	tropologischer Sinn	moralische Sinndimension des vierfachen Schriftsinns, nach der Phänomene über eine metaphorische Operation auf einen moralischen Gehalt hin ausgelegt werden, z.B. *Jerusalem = Seele*.
	Typographie	Herstellung und Gestaltung des Druckbildes von gedruckten Werken; auch künstlerische Buchgestaltung.
	typologischer Sinn	Geschichtsdimension geistlicher Schriftdeutung, in der Ereignisse des Alten Testaments als Ankündigungen des Neuen Testaments (Erfüllung) aufgefasst wurden, z.B. *Adam-Christus; Eva-Maria*.
U	Ut pictura poiesis	(lat. Die Dichtung sei wie die Malerei) Topos der Verlebendigung.
V	Varianten	man unterscheidet Entstehungsvarianten, das sind Veränderungen des Textes durch den Autor, und Überlieferungsvarianten, das sind absichtliche oder zufällige Veränderungen des Textes durch fremde Hand.
	Varietät	von unterschiedlichen (z.B. regionalen, sozialen, historischen) Faktoren bestimmte spezifische Ausprägung einzelsprachlichen Verhaltens, z.B. *Fachsprache*.
	Verfremdung	Begriff vor allem in Verfremdungspoetiken wie dem Russischen Formalismus für die literarischen Texten zugeschriebene Eigenschaft, Normalsprache zu verändern und zu variieren, so dass durch die Abweichung ihre formale Sonderqualität hervortritt.
	Verifikation	Bestätigung einer wissenschaftlichen Aussage durch einen Beleg.
	Verschriftlichung	Anpassung der Textualität an die Bedingungen des schriftlichen Mediums, z.B. Lautumsetzung, markierter Wortabstand, Interpunktion etc.
	Verschriftung	getreue Umsetzung von Mündlichkeit in Schrift.
	verstehen	einen Zusammenhang geistig erfassen; in der Wissenschaft insbesondere einzelne Fälle in ihrem (z.B. situativen oder historischen) Zusammenhang deuten (Gegenbegriff: *erklären*).
	verstehende Wissenschaften	Wissenschaften, die vorwiegend die besonderen Merkmale einzelner Erscheinungen geistig erfassen wollen, z.B. Literatur- und Geschichtswissenschaft, Teile der Sprachwissenschaft.

Glossar

V	Vokalität	bezeichnet den Umgang mit Schriftlichkeit unter den Bedingungen der Mündlichkeit; eine semiorale Zwischenstufe, in der Schrift noch vorgelesen, Lesen noch stimmlich begleitet wurde.
	Vorausdeutung	auch Prolepse, vorgreifende Erwähnung eines Ereignisses, das später stattfindet als zu dem Zeitpunkt, an dem sich das epische Geschehen gerade befindet.
W	Werbesprache	für Werbung charakteristischer Sprachgebrauch.
	Werk	Textkorpus, das einem Autor zugeschrieben wird und durch allen Texten gemeinsame Merkmale ausgezeichnet ist. Die Texte dieses Korpus können zur Interpretation eng aufeinander bezogen werden.
	Wiedererzählen	spezifisch mittelalterliches Verfahren der Textproduktion, das sich an Vorlagen orientiert und nicht wie in der Moderne an Originalität. Durch Wiedererzählen entstehen keine Übersetzungen, sondern Bearbeitungen und neue Werkkonzeptionen.
	Wissenschaft	gesellschaftliche Einrichtung zur methodisch gezielten Sammlung, Systematisierung und Produktion von Wissen; dient der bewussten, nachprüfbar kontrollierten Verarbeitung menschlicher Erfahrungen mit der Welt, um sie zu verstehen und für praktisches Handeln besser verfügbar zu machen.
	Wort	in geschriebener Sprache alles, was zwischen zwei Leerräumen (Spatien) steht.
	Wortart	Klasse von Wörtern mit gemeinsamen Merkmalen, z.B. Nomen (zu unterscheiden von *Satzglied*).
	Wortbildung	Verfahren der Konstruktion von Wörtern aus sprachlichen Mitteln.
	Wortschatz	Menge der Wörter, über die eine Sprache, ein Text oder ein Sprecher verfügt.
Z	Zauberspruch	mündliche Gattung der althochdeutschen Zeit, die der Heilung und dem Zauber gewidmet ist. Eine performative Textsorte, die sich aus Erzählsequenzen und Appellformeln zusammensetzt.
	Zeichen	alles, das für anderes steht als sich selbst, Einheit von *Ausdruck* und *Inhalt*.
	Zeigfeld	die spezifische Person-Raum-Zeit-Struktur einer Sprechsituation mit ich-jetzt-hier als Koordinaten-Nullpunkt der Orientierung (Gegenbegriff: *Symbolfeld*).